Philipp Nathanael Stubbs
Die Morde von Whitechapel
Steampunk-Roman

Rodderik & Storm

Band 3

Impressum

Dies ist ein belletristisches Werk. Alle in diesem Buch erwähnten Namen, Charaktere, Orte, Marken, Organisationen, Medien und Ereignisse entstammen entweder der Fantasie des Autors oder werden fiktiv und mit kreativen Veränderungen verwendet. Jegliche Ähnlichkeit mit lebenden oder toten Personen, Unternehmen, Ereignissen oder Örtlichkeiten ist rein zufällig.

Web: PhilippNathanaelStubbs.de
Mail: kontakt@PhilippNathanaelStubbs.de
Korrektorat: Daniela Frankenstein

Post über:

Matthias Czarnetzki
Seebogen 16
04207 Leipzig

Herstellung und Druck über tolino media GmbH & Co. KG,
Albrechtstr. 14, 80636 München. Printed in Germany.
Fragen zu Produktsicherheit an: gpsr@tolino.media.

Philipp Nathanael Stubbs

Die Morde von Whitechapel

Steampunk-Roman

Rodderik & Storm
Band 3

Inhaltsverzeichnis

Über dieses Buch

Bei einem Videospiel würde man dieses Buch einen DLC nennen, eine Erweiterung zum Hauptspiel. Sie können dieses Buch lesen, ohne *Rodderik & Storm 2: Die verlorene Welt* zu kennen - aber dann macht es viel weniger Spaß. Na ja, und manche Sachen werden echt verwirrend.

Es folgt der Versuch einer spoilerfreien Zusammenfassung.

Was bisher geschah

Aether ist eine wunderbare Sache: unerschöpfliche Energiequelle, vielseitig einsetzbar und umweltfreundlich. Nur einen kleinen Nachteil hat der Stoff: in großen Mengen komprimiert gelagert, bringt er das Zeit-Raum-Gefüge durcheinander.

Das bemerkt der Datenanalyst Graham, als er im heutigen London auf der Flucht vor einer Gruppe Rowdys ist. Im letzten Augenblick kann er sich in eine enge Gasse retten, die zwei Sekunden vorher noch gar nicht da war. Um anschließend festzustellen, dass der Weg heraus schwieriger ist als hinein und dass er nicht durch ein Method-Acting-Camp stolpert, sondern tatsächlich durch das viktorianische London. Zwar schafft es Miranda - geniale Erfinderin menschenähnlicher Mechanoiden und Besitzerin der erwähnten großen Menge komprimierten Aethers - ihn wieder in seine Zeit zurück zu katapultieren, aber die Zeitreise bleibt nicht ohne Konsequenzen.

Dass mit seiner Zukunft etwas nicht stimmt bemerkt Graham, als sein bester Freund sich erstens als Mechanoid entpuppt und zweitens versucht, ihn umzubringen. Mit Hilfe einer Sonde, die Miranda durch die Zeit geschickt hat, springt Graham in die Vergangenheit zurück, um dort herauszufinden, dass Miranda und er nur Schachfiguren im Spiel eines erbarmungslosen Genies mit Weltherrschaftsgelüsten sind. Es gibt nur eine Möglichkeit, es aufzuhalten: Die vollständige Vernichtung des Aethers.

Gefangen in der Vergangenheit und ausgerüstet mit dem Wissen der Zukunft - auch wenn es zum größten Teil aus Fernsehserien und Kinofilmen stammt - versucht Graham sich mit der Situation zu arrangieren, ohne dabei ein Zeitparadoxon auszulösen, welches im schlimmsten Fall die Menschheit, im besten Fall nur ihn auslöschen würde. Was nichts daran ändert, dass auch ein Zeitreisender einen Job braucht, um Essen und Miete zu bezahlen. Keine einfache Aufgabe in einer Gesellschaft, in der Handwerker einen höheren Status genießen als BWLer. Als Assistent bei einer Forschungsreise des bekannten Professors Challenger mitzureisen, klingt da wie eine gute Idee.

Im Rückblick gesehen war es das nicht.

Die Expedition um Lord John Roxton und Professor Challenger hat aus dem Dschungel des Amazonas etwas mitgebracht. Etwas Einzigartiges, Atemberaubendes. Etwas, was die Welt noch nie gesehen hat. Oder besser gesagt, seit ein paar Millionen Jahren nicht mehr gesehen hat: einen Velociraptor. Und leider ist er ihnen entwischt.

Als Graham in der Zeitung von der grausam ermordeten Mary Ann Nichols liest, weiß er, was kommen wird; schließlich stammt er aus einer Zukunft, in der diese Frau am Anfang einer der berühmtesten Mordserien der Welt steht. Und er weiß, dass er einen Teil der Schuld am Tod von sechs Frauen trägt, wenn er nichts tut.

Ein kaum bemerkenswerter Vorfall

»Wo ist Roxton?« blaffte Graham den betagten Butler an, der in der Tür zur Stadtresidenz Lord John Roxtons stand. Besagter Butler bereute wahrscheinlich in diesem Augenblick, auf das Stakkato-Klopfen des aufdringlichen Besuchers hin, selbst geöffnet zu haben, statt die Hunde zu schicken. Er reagierte mit jahrzehntelang trainierter Ignoranz.

»Wen... was darf ich melden?« fragte der Frackträger mit einer Hochnäsigkeit, die eine der vielen Einstellungsbedingungen für den Job sein musste[1]. Und stellte fest, dass er in die leere Luft sprach. Graham hatte sich vorbeigedrängelt und in die Tiefen des Hauses aufgemacht. Wenn er eins seit seiner Ankunft im viktorianischen England gelernt hatte, dann die Tatsache, dass Etikette gut und schön war, man aber ohne sie viel Zeit sparte. Von früheren Besuchen in diesem Stadtpalais wusste Graham Rodderik, dass der Lord sich bevorzugt in der Bibliothek aufhielt, die ihm gleichzeitig als Arbeitszimmer und Labor diente. Viel half Graham diese Erkenntnis nicht: Das Haus glich einem Labyrinth. Und im Gegensatz zu Mirandas Labor kamen aus Roxtons Refugium keine Lagehinweise in Form von Explosionen oder strengen Gerüchen. Ratlos stand er an einer Kreuzung von

1 Zusammen mit dem Willen, für sehr wenig Geld sehr viel zu arbeiten, kein eigenes Leben führen zu wollen und auf jegliche Karriereoptionen zu verzichten. Eine Familie kam für den Mann sowieso nicht in Frage; soweit Graham ihn kennengelernt hatte, würde sich keine Frau freiwillig mit einem derart griesgrämigen Charakter abgeben.

drei exakt identisch aussehenden Fluren. Rechts von ihm materialisierte sich der Butler.
»Es entzieht sich meiner Kenntnis, ob seine Lordschaft im Haus ist.« Er hieß Edward, fiel Graham ein. Es war der vergebliche Versuch seines Hirns, hilfreich zu sein.
»Dann sind Sie der falsche Mann für Ihren Job.« Edward schnappte nach Luft, aber Graham achtete nicht darauf: Das Faktotum versuchte, den Weg nach rechts zu blockieren, also musste das der richtige Weg sein. Graham schob ihn zur Seite; einer der wenigen von Roxtons Angestellten, bei denen Graham das konnte. Roxton beschäftigte sonst Männer, die sich genauso zur Seite schieben ließen wie der Mount Everest.

Die Doppeltür am Ende des Flures kam Graham schließlich bekannt vor: dahinter lag die Bibliothek. Graham stieß die Tür auf und rannte in den Butler.
»Mr. Graham Rodderik!« verkündete der gerade. »Er besteht darauf, Sie zu sprechen, Euer Lordschaft.« Unter anderen Umständen wäre Graham von Edwards Erscheinen verwirrt gewesen, aber heute gab es Wichtigeres. Roxton faltete die Zeitung zusammen, legte sie auf den Tisch vor sich und wies auf den zweiten Sessel neben dem Kamin.
»Nehmen Sie Platz, Mr. Rodderik. Kann ich Ihnen etwas anbieten? Einen Kaffee oder einen Tee vielleicht? Etwas zur Beruhigung?« Graham winkte ab. Ihm war nicht nach Beruhigung zumute - die unerschütterliche Ruhe des Lords regte ihn sogar noch weiter auf - und er setzte sich nicht, sondern tigerte vor Roxton hin und her. Edward hatte sich auf ein kaum wahrnehmbares Nicken hin entfernt und die Tür hinter sich geschlossen. Roxton schaute Graham eine Weile zu.
»Der liebe Edward scheint zutiefst erschüttert zu sein. Das ist eine völlig neue Erfahrung für ihn. Was haben Sie ihm angetan?« sagte Roxton nach einer Weile.
»Nichts«, antwortete Graham. »Ich habe ihn bloß ignoriert.«
»Ah, ich verstehe. Eine Umkehrung der Rollen. Ich hoffe nur,

Edward kommt darüber hinweg.« Wenn Roxton das lustig fand[2], konnte Graham diesen Humor nicht verstehen. Statt dessen versuchte er, die richtigen Worte zu finden, die die Ungeheuerlichkeit dessen beschrieben, was er auf dem Herzen hatte. Ein Vorgang, der Roxton eindeutig zu lange dauerte. »Ihr Verhalten ist außergewöhnlich. Darf ich den Grund dafür erfahren?« fragte er. Graham sah die Zeitung auf dem Tisch. Wenn er schon keine eigenen Worte fand, ein anderer hatte es bereits getan. Er griff nach dem Blatt und zeigte auf den Artikel auf der Hauptseite. Es mochte ein Zeichen der Zeit sein oder ein Zeichen der niedrigen gesellschaftlichen Stellung von Mary Ann Nichols, dass ihr Tod nur eine kurze Notiz am unteren Rand wert war und nicht mit einer Zwei-Inch-Überschrift in blutroten Lettern über der Falz prangte. Wobei letzteres an den immer noch vorhandenen Problemen mit dem Farbdruck liegen konnte.

»Lesen Sie das!« befahl Graham. Roxton hob gerade einmal die Augenbrauen.

»Das habe ich bereits. Arme Frau. Wirklich bedauerlich. Doch wie ich leider feststellen muss: nicht ungewöhnlich.«

»Diese schon.«

»Und was ist an Mary Ann Nichols so besonders?«

»Annie Chapman, Elizabeth Stride, Catherine Eddowes, Mary Jane Kelly, Lilly Honeycomb. Mary Ann Nichols war die Erste.« Widerstrebend nahm Roxton die Zeitung und las den Artikel noch einmal.

»Woher kennen Sie diese Namen?«

»Der Fall ist eine Legende. Grausam, bestialisch und nie aufgeklärt.«

»Wollen Sie sich eine Karriere als Detektiv aufbauen? Wie ich gehört habe, hat Lady Hastings Ihnen die Sicherung eines eigenen Auskommens nahegelegt.« Graham ignorierte die Anspielung. Ja, es hatte Differenzen zwischen ihm und Miranda gegeben, die auf einer unterschiedlichen Ansicht über die Ehe in der näheren Lebensplanung basierten. Aber das hier war etwas anderes.

---

2 Was er tat, nach dem hintergründigen Lächeln zu urteilen, welches Roxton zur Schau trug.

Außerdem waren sie sich in Südamerika einander wieder näher gekommen. Doch jetzt Schluss mit der Ablenkung!

»Kommen Sie, Roxton! Kehle und Unterleib wurden aufgeschlitzt! Sie wissen genau, wer so jagt!« Roxton rieb sich über das Kinn, Graham konnte das Schaben der Finger über die Bartstoppeln hören. Erst jetzt fiel ihm auf, wie übernächtigt der Lord aussah. Dann klingelte Roxton mit einem Glöckchen, das auf seinem Frühstückstablett stand. Aus dem Nichts materialisierte sich sein Butler.

»Sie wünschen, Mylord?«

»Kontaktieren Sie Scotland Yard. Bringen Sie diskret in Erfahrung, wer sich mit der Angelegenheit Nichols beschäftigt.«

»Sehr wohl, Mylord.« Edward dematerialisierte sich.

»Die Peeler werden ihn nicht finden. Die suchen einem Menschen.« Die Peeler. Graham hatte sich erst daran gewöhnen müssen, dass es noch keine Polizei gab, wie er sie kannte. Die New Metropolitan Police, von Sir Peel gegründet, hatte Achtungserfolge vorzuweisen, genauso wie spektakuläre Fehlschläge. Ohne Fingerabdrücke, DNA-Nachweise und Forensik waren die Ermittlungsergebnisse durchwachsen: Verbrechen wurden aufgeklärt und Verdächtige gehenkt, verbannt oder in Gefängnisse gesteckt. Ob diese Personen etwas mit den jeweiligen Verbrechen zu tun hatten, ließ sich dabei nicht immer genau sagen. In solchen Fällen wurden Graham die Lücken in seinem Geschichtswissen bewusst. Er hatte keine Ahnung, ob Scotland Yard aus Peels Organisation hervorgegangen war, oder ob es sich um eine konkurrierende Institution handelte. Solches Wissen war in hundert Jahren nicht überlebensrelevant, wäre aber hier und jetzt interessant gewesen.

»Die sollen ruhig weiterhin nach einem Menschen suchen«, erwiderte Roxton. »Ich möchte ihnen dabei nur nicht in die Arme laufen. Die Beamten neigen dazu, wenn sie einen Menschen suchen, jeden Menschen zu verdächtigen, der ihnen über den Weg läuft.«

»Als ob die Polizei jemals Lord John Roxton verdächtigen würde.«

»Sie würden sich wundern, in wie vielen Ländern Behörden mich wegen aller möglichen Sachen verdächtigen. Das Einzige, was sie davon abhält, mich zu verhaften und in einer Zelle verrotten zu lassen, wenn sie mich schon nicht vor ein Erschießungskommando stellen können, ist mein Name und die Furcht vor dem Empire.«
»Aber wir sind hier in London. Bekannt als das Zentrum der Zivilisation.« Roxton lächelte Graham vollkommen humorlos an. »Meine Abneigung gegen die Sklaverei und mein Kampf dagegen hat einige der einflussreichsten Familien England nicht arm, aber etwas ärmer gemacht. Glauben Sie mir: Auf dem Plateau war ich weniger Gefahren ausgesetzt als in dieser Stadt.«
»Klingt ja fast, als hätte jemand Auftragskiller auf Sie angesetzt.«
»Eine durchaus zutreffende Beschreibung für die zwei Herren, die mich letzte Nacht besucht haben.« Erst jetzt fiel Graham auf, dass der Lord sich während des Gesprächs nicht aus seinem Sessel erhoben hatte. Äußerst ungewöhnlich für den dynamischen, athletischen Mann.
»Wurden Sie verletzt?« fragte Graham, aber Roxton winkte ab.
»Nichts, was nicht von allein wieder heilt. Nur beim Lachen zieht es unangenehm.«
»Das dürfte kein Problem sein. Ich habe Sie während unserer gesamten Expedition nie lachen sehen. Nur dieses sardonische Grinsen.« Roxton sah Graham entgeistert an.
»Quälen Sie eigentlich gern andere Menschen?«
»Verzeihung. Ich dachte, Sie scherzen.«
»Der Mangel an Lachen dürfte ein Hinweis gewesen sein.«

Nach einigen Augenblicken betretenen Schweigens betrat Roxtons Butler wieder die Bibliothek. Dafür, dass man in der Prä-Fax-Ära lebte, hatten die Leute hier eine äußerst effiziente Art, Aufträge zu erledigen.
»Inspector Abberline, Sir«, waren die einzigen Worte, die er sagte.
»Gut«, sagte Roxton und der Mann verschwand.
»Gut, weil Sie beste Kontakte zu ihm haben, gut, weil er ein exzellenter Ermittler und unseren Hinweisen gegenüber aufgeschlossen ist oder gut, weil er ihr Zimmergenosse an der Uni

war?«
»Gut, weil er nicht die hellste Kerze im Kronleuchter ist. Er dürfte uns kaum im Weg stehen.«
»Wir könnten ihm helfen.«
»Wir könnten uns auch Bambussplitter unter die Fingernägel schieben.« Graham dachte einige Sekunden nach.
»Warum sollten wir das tun?«
»Exakt.« Roxton verzog leicht das Gesicht, als er zum Tisch hinübergriff und die Karaffe nahm. Für das Glas reichte es nicht mehr; er setzte gleich an und nahm ein paar tiefe Züge. »Schon viel besser«, sagte er nach einem Moment. »Warum sind Sie nicht zu Horatio gegangen? Miranda hält große Stücke auf ihren Mentor. Vielleicht hilft Ihnen sein Verstand mehr als meine Büchse.«
»Horatio ist seit dem Aether-Vorfall nicht mehr auffindbar.«
»Tot?«
»Möglich. Ohne Leiche schwer zu sagen.« Aber Grahams Zurückhaltung hatte einen anderen Grund: Horatio hieß nicht einfach nur Horatio. Sein voller Name lautete Professor James Horatio Moriarty. Horatio, so wie Graham ihn kennengelernt hatte, war ein netter, älterer Herr und Mirandas väterlicher Freund und Mentor. Das passte auf den ersten Blick nicht zu dem kriminellen Genie, welches aus den Sherlock Holmes Romanen bekannt war. Das waren zwar nur Bücher, aber schon öfter hatte Graham festgestellt, dass einige Geschichten einen wahren Kern hatten. Und es gab einige nicht hell ausgeleuchtete Punkte in der Vergangenheit des Mannes, die Grahams Vertrauen in ihn empfindlich dämpften. Das Miranda nichts unternahm, diese Zweifel auszuräumen[3], machte es nicht besser. Von diesen Hintergründen musste Roxton nichts erfahren, genauso wenig wie Miranda.
»Wie sicher sind Sie sich der Umstände der Verbrechen, Mr. Rodderik?« Graham überlegte. Es gab einen Haken.
»Ziemlich.« Roxton hob eine Augenbraue. Auf eine äußerst aristo-

3 Graham hatte subtile Fragen gestellt. Vielleicht waren sie zu subtil gewesen und Miranda hatte die Tragweite und deren Bedeutung nicht erfasst. Zumindest redete Graham sich das ein.

kratische Art, die mehr sagte als tausend Worte.

»Der Name stimmt, das Datum stimmt. Aber nicht das Jahr. Der Ripper ist erst 1888 aufgetaucht.«

»Das ist in zwanzig Jahren.«

»Vielleicht haben wir die Vorgänge beschleunigt. Vielleicht hat in meiner Vergangenheit Challenger seine Expedition erst zwanzig Jahre später finanzieren können.«

»Vielleicht ist es eine zufällige Namensgleichheit.«

»Ich möchte mich nicht auf den Zufall verlassen, wenn davon das Leben von fünf Frauen abhängt.«

»Eine bemerkenswerte Einstellung. Ich muss zugeben, das erregt meine Bewunderung. Und nun sollten wir uns den praktischen Aspekten der Jagd widmen. Ich schlage vor, wir suchen zuerst Challenger und Summerlee auf. Die beiden haben das Vieh aufgezogen, sie sollten uns etwas mehr über seine Gewohnheiten erzählen können.«

»Sie helfen mir also?«

»Natürlich. Schließlich hängt das Leben von fünf Frauen davon ab.« Und wie üblich wusste Graham nicht, ob Roxton das ironisch, sarkastisch oder ernst meinte. Dafür entging Graham das leichte Zögern nicht, als Roxton sich aus dem Sessel hochstemmte. Er musste ernsthaft etwas abbekommen haben. Vielleicht war es keine gute Idee gewesen, ihn um Hilfe zu bitten.

Andererseits: Statt zur Tür war Roxton zu einem Regal an der Wand gegangen und hatte dort ein Buch herausgezogen. Sofort schwang die halbe Wand geräuschlos zur Seite und gab eine Nische frei, aus der Roxton eine Elefantenbüchse zog. Es reichte nur für einen kurzen Blick, aber Graham wusste sofort Bescheid: Wenn nicht gerade der größte Teil der Armee des britischen Empires vor seiner Haustür auftauchen würde, hatte Roxton in Bezug auf Feuerkraft nichts zu befürchten. Graham dagegen befühlte den Gegenstand in seiner Jackentasche. Miranda hatte es ihm gegeben, als er sich allein auf die Suche nach dem Velociraptor aufgemacht hatte, das war am Tag nach dessen Verschwinden aus der Akademie gewesen. Grob gesagt, war es eine Art Taser; Miranda hatte es Blitzpistole genannt und etwas in der

Art von Leidener Flasche als Energiequelle erwähnt, die sie ein wenig verbessert hatte. Sie behauptete, es würde den Saurier nicht töten, sondern nur betäuben, solange der kleine Hebel an der Seite auf Nullposition stände. Nach seiner Erfahrung mit Mirandas Opimierungen ging Graham davon aus, dass diese Blitzpistole beim Wirkungsgrad zwischen Tischfeuerwerk und Atombombe lag. Vorteil war, dass der elektrische Blitz sich sein Ziel selbst suchen würde. Der Nachteil lautete, dass es nur einen Schuss gab. Danach musste sich die Waffe erst wieder aufladen, was einige Minuten dauern konnte. Roxton dagegen würde mit Munitionsmangel kein Problem haben.

»Glauben Sie, dass wir den Raptor so schnell finden?« Roxton prüfte das Gewehr und steckte noch etwas mehr Ersatzmunition ein, bevor er antwortete.

»Nein, das glaube ich nicht. Aber ich möchte Informationen von den Professoren. Die Büchse ist nur für den Fall, dass die beiden Herren uns auf der Suche begleiten wollen.« Unter anderen Umständen hätte Graham den Einsatz von Gewalt, beziehungsweise die Androhung derselben, scharf gerügt. Allerdings hielt sein Gegenüber eine geladene Elefantenbüchse in der Hand. Außerdem kannte Graham Challenger und Summerlee. Allein die Vorstellung, die zwei am Hals zu haben... Roxton wertete das Schweigen als Zustimmung. Es hatte in der Vergangenheit Differenzen über das Töten von Menschen gegeben - Graham war dagegen, Roxton nicht - aber in diesem Fall heiligte der Zweck die Mittel.

»Edward!« rief Roxton.

»Die Kutsche wartet bereits, Euer Lordschaft«, kam die Antwort. *Dieser Butler ist echt gruselig*, dachte Graham.

Die Frau in Alkohol

Challengers Anwesen hatte sich seit Grahams letztem Besuch kaum verändert. Der Garten war zwar während der langen Abwesenheit des Hausherren verwildert, aber das wäre er auch, wenn Challenger da geblieben wäre. Roxton hielt sich nicht mit solchen Beobachtungen auf[4], sondern schritt zum Eingang, straffte sich und klopfte, während Graham sich wunderte, wo der Mann unter dem schmal geschnittenen Gehrock seine Büchse versteckt hatte. Die Tür schwang nach einer Weile energischen Pochens auf.

»Sch! Isch hab Kopfschmerzen!« nuschelte die Frau, die geöffnet hatte. Die Bezeichnung Frau kam Graham in den Sinn, da die Person ein Kleid trug. Ansonsten bestand nicht die geringste Ähnlichkeit mit Challengers Gattin, die Graham vor ein paar Monaten kennengelernt hatte: Damals war sie eine charmante, liebenswürdige Person, die in allen das Gute sah, mit ihrem Lächeln jeden Raum erhellte und Fröhlichkeit in alle Richtungen versprühte. Der menschgewordene Sonnenstrahl eines Frühlingsmorgens. Aber das war einmal: Jetzt sah sie aus wie eine zu lange den Herbststürmen ausgesetzte Vogelscheuche mit Krähennestkrone. Außerdem frönte Mrs. Challenger einer neu gefundenen Begeisterung für Whisky. Der schwappte mit verlockender Viskosität und intensiv goldkaramell glänzend in ihrer großen Tasse hin und her.
»Hey Süsssser. Nett dass su vorbei schaust.« Es war morgens, noch nicht einmal zehn Uhr und die Frau des Hauses war blau wie eine Strandhaubitze.

4 Oder seine geschärften Jagdsinne nahmen solche Details instinktiv in Sekundenbruchteilen auf, ohne dass andere Sterbliche davon etwas mitbekamen.

»Madame Challenger«, sagte Roxton ungerührt. »Ich bin hier, um ihren Mann zu sprechen. Und Professor Summerlee.«
»Nö!« sagte Madame Challenger und zielte mit dem Zeigefinger auf Roxtons Brust. Es gelang beim dritten Versuch. »Sie sin hier um Summerlee mitsunehmen!«
»Sind wir das?« Mrs. Challengers Augen wurden zu schmalen Schlitzen.
»Sons könnse gleisch wieder gehn!« Ratlos drehte sich Roxton zu Graham um. Der zuckte mit den Schultern.
»Wir könnten Professor Summerlee in unserer Kutsche mit zurücknehmen und bei ihm zu Hause absetzen. Er hat doch ein eigenes Zuhause?«
»Hat er. Un er übersieht jeden desenten Hinweis, endlich dahin zu gehen! Er is Professor! Der solle doch wissen, was *Verpiss disch!* heißt!«
»Wir nehmen ihn mit«, versicherte Graham nachdrücklich. Obwohl er sich alle Mühe gab, es sich nicht anmerken zu lassen: Der Niedergang dieser Frau erschütterte ihn zutiefst. Summerlee und Challenger hatten sich während der Expedition ständig über Kleinigkeiten in den Haaren gelegen, über wissenschaftliche Detailfragen Rededuelle geliefert und dem jeweils anderen jegliche Kompetenz abgesprochen; selbst die, die eigene Nase mit Hilfe eines Spiegels und eines Anatomieatlanten zu finden. Für die anderen Expeditionsteilnehmer waren die andauernden Frotzeleien Hintergrundgeräusche geworden, die sie nach einer Weile gar nicht mehr wahrnahmen. Offensichtlich hatte Mrs. Challenger solche Schutzmechanismen nicht rechtzeitig entwickeln können.
»Treten Sie ein«, lallte Mrs. Challenger und nahm einen kräftigen Schluck aus ihrer Tasse. Roxton und Graham zwängten sich an ihr vorbei, denn die Dame des Hauses hatte nicht vor, auf die Stabilität des Türrahmens zu verzichten. Geistesabwesend winkte sie mit einer Hand Richtung Obergeschoss. »Die Klugschwäzzer sin im Büro und pal... pallalawa... pallabern da. Ups. Isch kann nich mitkommen. Muss nachfüllen.« Die Tasse war tatsächlich leer, obwohl eben noch Flüssigkeit bis zum Rand darin

schwappte. Die Professorengattin musste einen Zug wie ein Kamel haben. Und sie hatte den schwankenden Gang wie eins, als sie in Richtung Küche verschwand. Graham hörte noch »Rhodododennderonn«, aber vielleicht spielten ihm nur seine Schuldgefühle einen Streich und sie hatte sich nur geräuspert. Was nichts daran änderte, dass er die Mrs. Challengers Lieblingspflanze vor einigen Monaten mit einer Harpune erledigt und noch keine Wiedergutmachung geleistet hatte. Aber ganz sicher war das nicht der Grund ihres Niedergangs.
»Arme Frau«, murmelte Roxton.
»Wir müssen sie von Summerlee befreien.« Roxton schüttelte energisch den Kopf.
»Wir können uns nicht mit dem Professor belasten, wenn wir das Biest jagen.«
»Aber wir können Madam Challenger nicht so zurücklassen!«
»Ich hätte immer noch meine Elefantenbüchse mit.«
»Nein!«
»War nur ein Vorschlag. Vielleicht finden wir eine andere Lösung.«

Als sie den ersten Stock erreicht hatten, brauchten sie bloß dem Geräusch endloser Wortströme zu folgen, die von dort herabkamen. Und in denen, soweit Graham das beurteilen konnte, schon Hunderte bis Tausende Studenten umgekommen sein mussten.
»Ohren zu und durch«, murmelte Roxton, bevor er die Tür aufstieß und sie Challengers Refugium betraten.

Zu sehen war erst einmal nichts. Der ganze Raum war gefüllt von grauem Zigarren- und Pfeifenqualm, der die Sichtweite auf weniger als zwei Fuß senkte. Roxton war das scheinbar von seinem Gentlemen-Club gewohnt, Graham dagegen nicht. Er kämpfte sich zur gegenüberliegenden Wand und riss das nächste Fenster auf. Dicke Rauchschwaden quollen in Richtung Himmel. Wenn es Telefone gegeben hätte, würden die ersten Notrufe bei der Feuerwehr eingehen; wobei sich Graham nicht sicher war, ob es schon eine Feuerwehr gab.

»Die Fenster zu!« rief Summerlee mit hoher Stimme. »Die Notizen! Challenger! Schützen Sie die Notizen!« Ein gewaltiger Rums signalisierte, dass der Angesprochene dem Aufruf folgte und sich mit seiner gesamten Körperfülle auf die Blätter warf, um sie vor dem Verweht werden zu beschützen.
»Welcher Wahnsinnige tut so etwas!« beschwerte sich Summerlee. Graham drehte sich nicht um. Er würde dieses geöffnete Fenster notfalls mit seinem Leben verteidigen. Kein großes Risiko, soweit er Summerlees Statur im Kopf hatte: groß, dünn und muskellos, das hieß leicht zu treffen und wenig Widerstand. Graham scheute körperliche Auseinandersetzungen nur, wenn dabei die Gefahr bestand, zu verlieren.

Nach einigen Augenblicken lichtete sich der Qualm. Und wenige Minuten später war die Luft drinnen klar genug, dass die Professoren die Besucher erkennen konnten.
»Sie sind es, Roxton! Was für ein Vergnügen, Sie zu sehen«, sagte Challenger.
»Es wäre ein Vergnügen, wenn das Eindringen von Ihnen und Ihrem Freund nicht die Arbeit von Wochen zunichte gemacht hätte! So eine außergewöhnliche Expedition katalogisiert sich nicht von selbst!« nörgelte Summerlee. Graham drehte sich um. Roxton hatte in einem Sessel Platz genommen, die Beine übereinander geschlagen und einen Bourbon aufgetrieben. Ruhig ließ er die bernsteinfarbene Flüssigkeit im Glas kreisen. Wahrscheinlich war das Leben als Adliger nicht nüchtern zu ertragen.
»Es gibt dringendere Probleme als die Katalogisierung«, bemerkte er. Beide Professoren starrten Roxton fassungslos an.
»Von einem ungebildeten Kretin hätte ich so etwas erwartet«, sagte Challenger schließlich. »Aber Sie sind ein Mann von Welt! Wo bleibt Ihr Respekt vor der Wissenschaft?«
»Irgendwo hinter meinem Respekt vor dem Leben. Auch wenn es darüber unterschiedliche Ansichten gibt«, fügte er nach einer kurzen Pause mit einem Seitenblick auf Graham hinzu. Graham wusste, was der Lord damit meinte. Roxton hatte in Südamerika viel für die Verlängerung des Lebens von Sklaven getan, was die Verkürzung des Lebens von Sklavenhaltern einschloss.

»Ich verstehe nicht«, erwiderte Challenger vorsichtig. Er wusste, Roxton konnte ein großartiger Freund sein. Oder ein furchtbarer Feind.
»Mr. Rodderik wird es Ihnen erklären. Erzählen Sie den Beiden die Geschichte, die Sie mir heute Morgen erzählt haben.« Graham zog die London Times aus seiner Jackentasche, die er bei Roxton hatte mitgehen lassen und las die wenigen Zeilen vor, die dort über die Ermordung Mary Ann Nichols standen.
»Bedauernswertes Weibsbild. Und warum sind Sie nun hier?« lautete Challengers Reaktion. Graham zählte leise bis zehn.
»Ihr wurde die Kehle und der Unterleib aufgeschlitzt. Mit einem langen Messer mit mäßig scharfer Klinge.«
»Das stand aber nicht im Zeitungsartikel«, stellte Challenger fest.
»Korrekt. Das steht im Polizeibericht.« Die Professoren zogen die Augenbrauen hoch.
»Darf ich erfahren, woher Sie den Inhalt des Polizeiberichts kennen?«
»Weil ich befürchtet habe, dass so etwas passieren könnte. Und deshalb einigen stark unterbezahlten Staatsbediensteten unter die Arme gegriffen habe, die mich aus Dankbarkeit mit entsprechenden Informationen versorgten.«
»Ich sehe nicht, was uns das angeht. Verbrechen sind Sache der Polizei. Dafür zahlen wir schließlich Steuern!« stellte Challenger fest.
»Wir«, presste Graham durch die Zähne, »haben einen Velociraptor mit nach London gebracht. Und Sie haben das Vieh entwischen lassen. Das macht uns verantwortlich!«
»Unsinn!« fuhr Summerlee dazwischen. »Jack würde so etwas niemals tun!«
»Jack?« fragten Graham und Roxton unisono.
»Ja.« Summerlee und Challenger wurden bemerkenswert leise. »Das ist sein Name. Als er seinen süßen kleinen Kopf zum ersten Mal aus dem Ei streckte, das war ein Anblick, bei dem uns das Herz aufging. Dabei sah er so... Jack-mäßig aus, dass wir ihn Jack the Raptor genannt haben.«
»Wurde er getauft?« fragte Roxton. »Und warum wurde ich nicht

zum Paten ernannt? Ich habe das Ei...«
»...seinen Eltern aus dem Nest geklaut?«
»Wohl kaum. Ich habe es aus einem Pteranodonten-Nest geholt. Es dürfte dort in der Abteilung Speisekammer gelegen haben.«
»Dann sind Sie mindestens genauso sehr dafür verantwortlich!« Summerlees Falsett überschlug sich, als er mit dem Zeigefinger auf Roxton zeigte. Der neigte nur den Kopf.
»Exakt. Und ich habe vor, mich dieser Verantwortung zu stellen.«
»Moment!« Challengers dröhnende Stimme zog jede Aufmerksamkeit auf sich. »Ich habe mich in meinen früheren Forschungen mit den Abgründen der menschlichen Seele beschäftigt und den Abscheulichkeiten, zu denen sie fähig ist. Und Mittel und Wege erforscht, den Schuldigen zu finden, den seine kriminelle Energie übermannt hat. Und dabei ist mir ein Zusammenhang überdeutlich geworden.« Gemäß seiner nach Aufmerksamkeit gierenden Persönlichkeit fügte Challenger hier eine dramatische Pause ein. »Das Wissen des Ermittlers über einen Fall wird nur vom Wissen des Mannes übertroffen, der die Tat begangen hat! Rodderik, heraus mit der Sprache! Warum wollen Sie den Verdacht unbedingt auf unseren Velociraptor lenken! Doch wohl nur, um ihre eigenen Taten zu verschleiern!«
Graham blieb die Luft weg. Dieser fette, aufgeblasene Kerl besaß die Frechheit, ihn des Mordes zu beschuldigen! Und das trotz der Tatsache, dass Challenger es war, der den Velociraptor vom Amazonas nach London gebracht hatte!

Typisches Verdrängungsverhalten. Den schwarzen Peter einem Unschuldigen[5] zuschieben! Challenger konnte zwar nicht wissen, woher Graham über die Morde Bescheid wusste und Graham würde es tunlichst vermeiden, den Professoren darüber Auskunft zu geben. Denn es bestand die nicht zu unterschätzende Gefahr, dass er dann auf schnellstem Weg in die nächste Irrenanstalt eingeliefert würde; eine Erfahrung die Graham nicht wiederholen wollte. Aber darum ging es nicht: Da draußen war eine Bestie unterwegs, die ausgeschaltet werden musste! Doch Graham kam

---

5 Graham

nicht dazu, etwas zu erwidern.
»Mr. Rodderiks Integrität steht in dieser Angelegenheit außer Zweifel«, bemerkte Roxton aus der Tiefe des Sessels heraus. Er hielt das Glas Bourbon noch in der Hand. Und es war genauso voll wie vorher. Der Satz konnte also nicht das Produkt einer alkoholbedingten Unzurechnungsfähigkeit sein – Roxton musste das ernst meinen. »Ich verbürge mich für seine Unschuld in dieser Angelegenheit«, kam die Bekräftigung. Challenger schwieg. Einen namen- und mittellosen Tinkerer anzugehen, traute er sich, aber Roxton war ein anderes Kaliber. So eine Attacke gänge gesellschaftlich in die falsche Richtung.
»Und wie kommen Sie zu dieser Überzeugung, wenn ich fragen darf?«
»Das dürfen Sie fragen. Ich werde Ihnen allerdings nicht antworten. Und von nun an werden wir uns auf die dringlichste Angelegenheit konzentrieren und die besteht darin, dass ein Biest, welches möglicherweise – und ich sage bewusst möglicherweise – Menschen angreift. Da wir dieses Tier nach London gebracht haben, liegt es in unserer Verantwortung, es unschädlich zu machen. Und das, ohne dabei unseren eigenen Ruf aufs Spiel zu setzen. Beziehungsweise, ohne dass unsere Namen überhaupt mit dieser gesamten Angelegenheit in Verbindung gebracht werden.«
»Und wie sollen wir dabei helfen? Londons Straßen sind gepflastert. Wir werden nicht die geringste Spur von Jack finden«, knurrte Challenger. Graham zuckte zusammen, als er den Namen hörte. Eine Tatsache, die Roxton nicht entging.
»Zuerst brauchen wir alle Informationen, die wir über das Tier bekommen können. Was frisst es, wie viel, hat es Eigenheiten, schläft es nachts?«
»Und was soll das bringen?« Roxton seufzte das Seufzen eines Profis, der gezwungen ist, mit Amateuren zusammen zu arbeiten.
»Im Gegensatz zu Ihnen, Professor Challenger, habe ich Erfahrung mit der Jagd auf gefährliche Bestien. Je mehr ich über meinen Feind weiß, desto besser kann ich mich auf ihn einstellen. Denn ich habe nicht wirklich vor, den Raptor zu jagen. Ich habe vor, genau zu wissen, wo er zu einer bestimmten Zeit sein wird

und ihn dort zu erwarten.« Wow. Graham beschloss, solche Sätze in Zukunft in ein Notizbuch zu schreiben. Damit ließ sich ein Coaching-Business aufziehen. Man ersetze einfach die wilden Tiere durch CEO, CTO, CIO und sonstige Abkürzungen, von denen zwar keiner wusste, was sie heißen, sich aber auch keiner traute, nachzufragen. Weil man dann dumm dastehen würde. Im Grunde funktionierte die moderne Geschäftswelt genauso wie der Dschungel. Ob das im viktorianischen England genauso war? Nach dem, was Graham vom Mit- und Gegeneinander der gehobenen Gesellschaft mitbekommen hatte: Ja.

Challenger und Summerlee sahen sich an.
»Sie wollen Jacks Kopf an Ihre Trophäenwand hängen?« Roxton faltete die Hände.
»Nein. Ich würde es bevorzugen, ihn auf eine Tasse Tee einzuladen und in einem zivilisierten Gespräch dazu zu bewegen, sich künftig von Kohlrüben zu ernähren.«
»Dann ist ja gut.« Graham hatte nicht wirklich geglaubt, dass jemand so *unbedarft* sein könnte, Roxtons Worte ernst zu nehmen. Roxton ebenfalls nicht, wenn man die Art betrachtete, wie er mit seiner Hand über die Stirn rieb. Und Challenger gab seinem Kollegen einen Klaps auf den Hinterkopf und eine geflüsterte Einführung in Ironie und Sarkasmus.
»Oh«, sagte Summerlee. »Und warum sagt er nicht, was er denkt?«
»Fokussieren wir uns auf das drängendste Problem. Wo wird sich der Raptor am wahrscheinlichsten aufhalten?« Als Graham seine eigenen Worte hörte, begriff er, was er gerade gesagt hatte. Wann würde der Raptor wo sein? Graham wusste es. Er wandte sich an Roxton. »Wir sind hier fertig. Gehen wir.«
»Heißt das, dass wir...«, begann Challenger.
»Nein«, schnitt ihm Roxton das Wort ab. »Professor Challenger, sie werden ein vollständiges schriftliches Dossier über den Velociraptor anfertigen und jedes Detail erwähnen, welches Ihnen einfällt. Auch wenn es Ihnen vollkommen unbedeutend erscheint, es könnte wichtig sein.« Die Autorität in der Stimme des Lords erstickte jeden Widerspruch.
»Gut, Professor Summerlee und ich werden...«

»Nein«, unterbrach ihn Roxton wieder. »Professor Summerlee wird exakt das Gleiche tun, aber in seiner Wohnung. Wenn Sie zusammenarbeiten, besteht die Gefahr, das Erinnerungen verfälscht werden. Professor Summerlee, wir werden Sie sofort in unserer Kutsche mitnehmen.« Summerlee, der von Natur aus nicht mit dem Geist des Widerstandes gesegnet war, fügte sich. »*Das sind wir Madame Challenger schuldig*«, flüsterte Roxton Graham zu, als er an ihm vorbei zur Tür ging. Graham widersprach nicht.

Sie begegneten Mrs. Challenger auf dem Weg nach draußen. Roxton hatte Summerlee bereits zur Kutsche vorgeschickt, um dem Fahrer das Ziel anzugeben, als die Dame des Hauses auf die beiden Männer zustürzte.

»Danke!« rief sie. Und Graham glaubte, Tränen in ihren Augen zu sehen. »Danke! Danke!«

»Ich werde einen meiner Männer abstellen, der dafür sorgt, dass Summerlee in den nächsten zwei Tagen in seiner Wohnung bleibt. Und Sie sollten Ihre Dienerschaft genauestens instruieren, wer dieses Haus in Zukunft betreten darf. Das gelingt am besten nüchtern«, fügte er nach einer kurzen Pause hinzu.

»Das werde ich, Lord Roxton, das werde ich.« Selten hatte Graham eine solche Freude im Gesicht eines Menschen gesehen. Summerlee musste der absolute Albtraum gewesen sein.

Die nächsten zwanzig Minuten, die Graham in Gesellschaft des Professors verbrachte, überzeugten ihn davon restlos. Etwas Engstirnigeres hatte Graham noch nicht erlebt. Dazu kam, dass Roxton sich in die Kutsche zurückgelehnt, den Hut über die Augen gezogen hatte und so tat, als würde er schlafen. Damit konnte er Graham nicht täuschen: Der Lord war hellwach, er wollte sich nur nicht mit Summerlee abgeben. Etwas, was Graham ihm bei Gelegenheit zurückzahlen würde. Er selbst benutzte die altbewährte Lächeln-und-Nicken-Taktik. Summerlee schien den Unterschied zu echtem Interesse nicht zu bemerken und redete endlos vor sich hin. Als die Kutsche hielt, beugte sich Roxton vor und legte Summerlee die Hand auf den Arm.

»Vergessen Sie nicht, Summerlee: Jedes Detail ist wichtig! Ich werde übermorgen einen Boten schicken, um Ihren Bericht abzuholen. Lassen Sie nichts aus. Wer weiß? Vielleicht liegt in Ihrer Erinnerung der Schlüssel dazu, das Leben Ihres Schützlings zu retten.«

»Wirklich?« fragte Summerlee hoffnungsvoll. *Naiv*, korrigierte Graham gedanklich. Roxton zuckte mit den Schultern.

»Mr. Rodderik hat eine Abneigung gegen unnötiges Blutvergießen.«

»Ich wusste nicht, dass sich das auch auf Tiere bezieht.«

»Das tut es«, bestätigte Graham mit so viel Ernsthaftigkeit, wie er aufbringen konnte.

»Dann werde ich mich unverzüglich an die Arbeit begeben. Ich werde mich Tag und Nacht dem gewünschten Dossier widmen und nicht ruhen.«

»Sehr löblich«, kommentierte Roxton.

»Alles, um meinen kleinen Liebling zu schützen.«

»Es wäre hilfreich, wenn Sie sofort beginnen würden.« Summerlee, der bisher keine Anstalten gemacht hatte, die Kutsche zu verlassen, begriff endlich.

»Aber ja, natürlich!« Ungelenk stieg Summerlee aus und Roxton klopfte gegen das Kutschendach.

»Ist Summerlee eigentlich verheiratet?« fragte er, als der Professor sie nicht mehr hören konnte.

»Falls ja, dann ist seine Gattin zu bedauern.« Statt eines Kommentars, sah Roxton Graham nachdenklich an.

»Ihre Reaktion vorhin hat mich überrascht. Es ist essenziell für einen Jäger, das Verhalten der Beute zu antizipieren. Und plötzlich waren die Informationen der Professoren irrelevant?«

»Weil wir nichts antizipieren müssen. Jack wird in acht Tagen im Hinterhof von 29 Hanbury Street, Spitalfields sein. Zumindest wird die Leiche von Annie Chapman dort entdeckt.«

»Wie praktisch. Ich wünschte, bei all meinen Jagdzügen hätte ich so präzise Zeit- und Ortsangaben. Das nimmt fast den Spaß aus der Sache!« Roxtons Grinsen verschwand so schnell wie es gekommen war, als er Grahams Gesicht sah. »Verzeihung, das war

unsensibel. Und welche Bemerkung der verehrten Professoren hat Sie so erschreckt, das Ihr Gesicht beinahe jede Farbe verloren hat?« Graham brauchte einen Moment, um sich zu erinnern, was Roxton meinte.
»Der Name«, sagte er schließlich. »Die Identität des Mörders wurde nie geklärt, aber er wird gemeinhin Jack the Ripper genannt.«
»Jack der Aufschlitzer«, murmelte Roxton. »Wie passend.«
»Und ich befürchte, das ist kein Zufall. Sie haben ihn Jack genannt, genauso wie der Mörder Jack genannt wurde. Weiß jemand von dem Tier?«
»Es gab eine behördliche Suchaktion, die erfolglos blieb. Die offizielle Verlautbarung sagt, dass das mitgebrachte Tier das warme Klima Südamerikas gewohnt ist und im Londoner Klima nicht überlebt. Man hat übrigens peinlichst darauf geachtet, weder das Wort Saurier noch das Wort Raubtier zu verwenden, um keine Panik auszulösen. Die Akte ist geschlossen und beiseite gelegt.«
»Von wo sie auch schnell wieder genommen und aufgeschlagen werden kann.«
»Das Wort eines königlichen Beamten ist wohlüberlegt und fundiert. Wird es geäußert, steht es fest wie das britische Empire selbst. Wo kämen wir hin, wenn wir Zweifel an der Integrität unserer Behörden aufkommen ließen?«
»An den Rand des Zusammenbruchs?« fragte Graham.
»Exakt.« Roxton dachte eine Weile nach. »Die Behörden haben den Raptor nicht auf dem Schirm. Und Jack ist ein Allerweltsname. Challenger und Summerlee haben ihn wahrscheinlich gewählt, weil ihnen mit ihrem Mangel an Phantasie kein anderer eingefallen ist.«
»Hoffen wir, dass das stimmt«, murmelte Graham und sah aus dem Fenster. Roxton beobachtete ihn mit dem typisch unergründlichen Lächeln auf seinen Lippen.
»Nun, nachdem wir soweit gekommen sind, was haben Sie als nächstes geplant, Mr. Rodderik?«
»Ich? Gar nichts. Jagd ist Ihr Spezialgebiet. Deshalb bin ich zu

Ihnen gekommen.«
»Und jetzt wollen Sie wissen, was ich vorschlage?«
»Das wäre ein Anfang.«
»Auf einer normalen Großwildjagd würde ich mich zuerst mit dem Habitat der Beute vertraut machen.«
»Whitechapel?« Graham kannte Whitechapel. Keine Gegend, in der er unbedingt eine Nacht verbringen wollte.
»Korrekt. Ich denke, wir sollten dort logieren.«
»In Whitechapel?!«
»Ebenfalls korrekt. Und vor allem sollten wir uns der örtlichen Bevölkerung anpassen.«
»Wenn du in Ägypten bist, dann laufe wie ein Ägypter.«
»Im Prinzip richtig, aber ich dachte eher an einen Wechsel unserer Bekleidung. Oder präziser ausgedrückt: meiner Bekleidung. Sie dürften auch so als mein Stallbursche durchgehen.« Graham sah an sich herunter. Er trug das, was er in den Schränken der Dienerschaft in Hastings Manor gefunden hatte. Die Klamotten waren nicht so geschniegelt wie die von Mirandas Ex-Mann, aber Graham fühlte sich in ihnen bedeutend wohler. Und sie waren immer noch besser als das, was er in seiner Zeit getragen hatte. »Eine andere Frage, aus reiner Neugier: Weiß Lady Hastings von den ganzen Vorfällen?«
»Nein. Und sie soll nichts davon erfahren.«
»Beschützerinstinkt?« fragte Roxton. Der ironische Unterton entging Graham nicht.
»Sie soll sich keine unnötigen Vorwürfe machen.«
»Ah.« Ein weiterer Kommentar kam nicht von Roxton. Der erinnerte sich ebenfalls an die Nacht, als der Velociraptor aus der Akademie entwischt war. Graham hatte in einem ersten Impuls sofort die Verfolgung aufnehmen wollen, aber Miranda war kalt gewesen und sie war verängstigt. Also hatten die beiden Männer sie nach Hause gebracht. Ein Fehler, der jetzt bereits eine Frau das Leben gekostet hatte und - wenn Graham recht behielt - für fünf weitere das gleiche Schicksal bereithielt. Er schwieg eine Weile. »Ich werde Sie in meinem Stadthaus entsprechend ausstaffieren. Von dort aus lasse ich eine Nachricht nach Hastings

Manor senden, dass Ihre Dienste im Moment für mich nötig und Sie unabkömmlich sind. Das sollte Lady Hastings davon abhalten, nach Ihnen zu suchen.« Graham, der in den letzten Tagen nur mit Hilfe von Mrs. Tingles Miranda lange genug aus ihrer Werkstatt bekam, so dass sie etwas aß, bezweifelte, dass Miranda seine Abwesenheit bemerken würde. Er widersprach aber nicht. Der Vorschlag war vernünftig und in gewissen Dingen konnte man nicht vorsichtig genug sein. Denn die Vision, dass Miranda nachts allein durch Whitechapel lief, behagte ihm überhaupt nicht.

Mr. Euridides Boyle

Ein paar Stunden später passte Graham seine neue Ausstattung überhaupt nicht. Roxton hatte seinem Diener befohlen, Graham als Burschen eines mittelmäßig erfolglosen Kaufmanns vom Land auszustaffieren. Roxton wollte sich als ein solcher ausgeben und so tun, als wäre er in der Stadt, um Geschäfte abzuschließen.

Seine Bediensteten, das heißt Edward, waren überzeugt davon, dass die Kleidung des Burschen eines solch erfolglosen Herrn zum größten Teil aus Löchern, kratzendem Stoff und, dem Geruch nach zu urteilen, aus Pferdemist bestand. Graham hatte sich geweigert, auf seine Unterwäsche zu verzichten. Seine Rolle mochte dadurch nicht hundertprozentig authentisch wirken, aber irgendwo musste man eine Grenze ziehen; besonders gegen die Invasion von Flöhen und Läusen. Und Graham hatte auf Schuhen bestanden, durch die die Straße nicht direkt spürbar war. Roxton dagegen sah aus wie ein Model aus einem Landleben-Magazin.

»Äußerst realistisch«, bemerkte Roxton.

»Ich könnte den Kaufmann übernehmen und Sie den Burschen«, erwiderte Graham.

»Den würde man mir nicht abnehmen. Genauso wenig wie Ihnen den Kaufmann.«

»Sagen Sie. Wie oft haben Sie bereits in der Großstadt gejagt?«

»Touché. Machen wir das Beste daraus. Apropos Jagd: Ich kann es mir nicht leisten, diesen Fall mit einem Kompagnon zu verfolgen, der in der entscheidenden Situation nicht in der Lage ist, eine Waffe abzufeuern.«

»Ich habe bereits gesagt, dass ich keine Menschen erschieße.«

»Zum Glück fällt ein Velociraptor nicht unter diese Kategorie; um alle anderen Unannehmlichkeiten kümmere ich mich selbst.

Bevor wir uns nach Whitechapel begeben, werden Sie das edle Waidhandwerk erlernen.« Daran hatte Graham nichts auszusetzen, vor allem, weil er bei dem Gedanken, dem Velociraptor mit einer möglichst großen Schußwaffe in der Hand gegenüberzustehen wesentlich besser schlafen konnte, als ihm nur das Peace-Zeichen entgegenzuhalten.

Roxton hatte auf einer Mietdroschke bestanden, auch wenn ihm das hinter seinem Rücken eine gerunzelte Stirn von Edward eingebracht hatte. Aber diese war unauffälliger als seine eigene und der Kutscher würde den Weg nach Little Woods genauso leicht finden wie Roxtons Chauffeur. Sogar Graham kannte Little Woods. Es war ein kleines Wäldchen außerhalb der Stadt, klassischerweise der Austragungsort aller in London verabredeten Duelle. Die waren zwar offiziell verboten, da aber der Brauch des Duellierens vor allem durch diverse Adlige am Leben gehalten wurde[6], welche sich nicht wie gewöhnliche Sterbliche durch das Gesetz gebunden fühlten, war der Reiseverkehr nach Little Woods genauso rege wie eh und je. Als Roxton mit Graham in dem kleinen Wäldchen ankam, war schon eine andere Partie mit Vorbereitungen beschäftigt. Deren Sekundanten liefen auf Roxton zu.
»Sir, wir sind untröstlich. Hier sind gerade zwei Gentlemen mit der Klärung einer höchst delikaten Angelegenheit beschäftigt. Wir möchten Sie bitten, später wiederzukommen.« Roxton zog das Papier der universellen Freundschaft in Form einer Fünf-Pfund-Note aus seiner Jackentasche und zeigte sie den Sekundanten. Das verschaffte ihm deren ungeteilte Aufmerksamkeit.
»Wer?« fragte er.
»Graf Ludwig Grasmere und Lord Stewart Hakenshaw.«
»Grasmere wird sowieso nicht treffen und Hakenshaw ist zu ängstlich, um eine Waffe abzufeuern. Sagen Sie den beiden, sie sollen sich eine weitere Demütigung ersparen und verschwinden. Alles andere empfinde ich als persönlichen Affront gegen mich. Und sagen Sie Grasmere, seine Schwester ist fett. Statt also jedem

6 Klingt ironisch, nicht wahr?

Mann der zu klaren Worten neigt, eine Kugel in den Kopf jagen zu wollen, sollte er ihr den Kuchen streichen, wenn er dafür Manns genug ist.« Grasmeres Sekundanten blieb der Mund offen stehen, aber er sagte nichts. Offenbar hatte er bereits von Roxton gehört. Hakenshaws Diener war bereits zu seinem Herren gelaufen. Wenige Minuten später war von den Kutschen der Heroen nur noch eine Staubfahne am Horizont zu sehen.

»Wollen Sie mir jetzt beibringen, wie man sich duelliert?«

»Ich würde es bevorzugen, Situationen zu vermeiden, in denen Sie auf mich zielen. Es wäre mir lieber, wenn Sie in die gleiche Richtung wie ich schießen.«

»Ich wusste gar nicht, dass Sie so eine hohe Meinung von meinen Schießkünsten haben.«

»Nein. Mir kommt dabei ein deutsches Sprichwort in den Sinn. Es hat etwas mit Korn und einem blinden Huhn zu tun. Leider gibt es keine direkte Übersetzung, aber es geht um Anfängerglück. Und ich habe Respekt vor Querschlägern.«

»Ich glaube, ich sollte mich beleidigt fühlen.«

»Wir können gern später ein Duell vereinbaren. Und jetzt kommen Sie mit. Es gibt eine Art Arena für weniger risikobereite Duellanten.« Wie es aussah, gab es tatsächlich intelligente Menschen, die festgestellt hatten, dass - um herauszufinden, wer von beiden der bessere Schütze war - niemand aufeinander schießen musste. Statt dessen schoss man auf eine Zielscheibe und stellte anhand der Treffer fest, wer das Kräftemessen gewonnen hatte. Dafür gab es in Little Woods eine kleine Arena mit Zielscheiben, zu der Roxton Graham führte. Er blieb exakt fünfundzwanzig große Schritte vor der nächsten Zielscheibe stehen, winkte Graham zu sich und hielt ihm ein Jagdgewehr entgegen. Es hatte ein Zielfernrohr. Graham mochte Gewehre mit Zielfernrohren. In Call of Duty konnte man sich damit in einem gemütlichen Plätzchen einrichten und seine Gegner einzeln eliminieren, ohne sich unnötig in Gefahr zu begeben. In der Realität gab es Unterschiede. Zum Beispiel war ein echtes Gewehr signifikant schwerer als eine Maus. Und es gab Wind. Und Sonne. Und es gab Hebelkräfte, die es nicht gerade leicht machten, die

Waffe geradeaus zu richten und still zu halten.

Fünfundzwanzig Schritte schienen nicht viel zu sein, aber durch das Zielfernrohr die Zielscheibe überhaupt zu finden war schon ein Geduldsspiel. Roxton wartete mit verschränken Armen.
»Affen leben auf Bäumen«, bemerkte er schließlich.
»Muss ich das verstehen?«
»Das heißt der Raptor wird uns auf dem Boden begegnen. Deshalb wäre es klüger, nicht in die Baumkronen zu zielen. Er wird es Ihnen nicht danken, wenn Sie sein Leben verschonen wollen.«
»Weiß man's?« Wieder einmal hatte Graham schneller gesprochen als gedacht.
»Laut meiner Erfahrung wird kein wildes Tier, welches angreift, plötzlich stoppen und Ihre pazifistische Einstellung wertschätzen. Wenn es darauf ankommt, heißt es er oder Sie.« Roxton stellte sich neben Graham und korrigierte die Haltung. Für einen kleinen Augenblick sah Graham durch das Fernrohr die Zielscheibe und vor Begeisterung zog sich alles in ihm zusammen; besonders der Zeigefinger am Abzug.

Es krachte ohrenbetäubend. Roxton zuckte nicht einmal zusammen, dafür zerstob die Zielscheibe in einer Holzsplitterwolke.
»Ich hab getroffen!« rief Graham.
»Anfängerglück«, knurrte Roxton.

Mit der Einschätzung sollte der Lord recht behalten: in den nächsten drei Stunden traf Graham kein weiteres Mal. Dafür wurde er immer öfter das Ziel von Roxtons spöttischen Bemerkungen. Und das zu recht. Nach einer Weile zitterten Grahams Arme so stark, dass im Umkreis von fünfzig Fuß um das Ziel herum nichts seines Lebens sicher war. Die jungen Bäume hinter den Zielen wurden erst entlaubt und anschließend entästet, während die Zielscheibe unberührt dastand.
»Vielleicht sollten Sie auf die Bäume dahinter zielen.«
»Jetzt ist nicht der Zeitpunkt für Reverse Psychology!« zischte Graham.

»Was soll das sein?«
»Man versucht das Gegenteil dessen, was man erreichen will. So als würde man einem Teenager befehlen, sein Zimmer aufzuräumen.«
»Was ist ein Teenager?« fragte Roxton ehrlich verblüfft. »Und warum hat er kein Hausmädchen, dass das für ihn erledigt? Aber Sie haben recht. Vielleicht weigert sich Ihre pazifistische Neigung, ordentlich zu schießen. Zielen Sie auf den Vogel da oben.« Der Vogel war eine Taube. Und wer in London aufgewachsen ist, stand auf dem Trafalgar Square mindestens einmal in seinem Leben auf der falschen Seite des Verdauungstraktes, wenn die Tiere abhoben. Es mochten Lebewesen sein, aber sie hatten den falschen Mann angekackt. Graham hob das Gewehr, zielte und drückte ab. Die Zielscheibe fiel in der Mitte getroffen um.
»Wie hieß das? Reverse Psychology? Sollte ich mir merken.« Graham starrte Roxton wütend an.
»Wie hoch ist eigentlich die Wahrscheinlichkeit, dass wir gemütlich irgendwo warten, Jack vorbeikommt und wir ihn mit einem Gewehr ausschalten können?« Roxton zuckte mit den Achseln.
»Zwanzig Prozent, schätze ich. Es wird mehr auf eine Jagd hinauslaufen.«
»Durch die engen Gassen von Whitechapel.«
»So sieht es aus.«
»Wäre es dann nicht vernünftiger, wenn ich es mit einer handlicheren Waffe versuche? Einer, mit der ich durch Whitechapel jagen kann, ohne dass gleich die ganze Armee auf meinen Fersen ist?« Roxton kramte in der Tasche und zog einen Colt heraus.
»Sowas hier?«
»Ja.«
»Glauben Sie, damit könnten Sie dem Saurier ernsthaft schaden?«
»Ich hoffe es. Ich könnte durch das Auge direkt ins Hirn schießen.« Roxton sah Graham ungläubig an.
»Auf jeden Fall würde es das Tier ablenken, bis ich anlegen und zielen kann«, sagte er schließlich. »Und wenn nicht, sind Sie auf jeden Fall näher an ihm dran als ich.« Graham ignorierte den

Sarkasmus und griff nach dem Colt. Roxton schob Graham nach vorn. »Fünfzehn Yard. Alle Treffer von weiter weg sind Zufall.«
»Damit bin ich bisher sehr gut gefahren.«
»Zufall heißt auch Querschläger. Und die können in einem dicht besiedelten Gebiet jeden treffen.« Damit hatte Roxton recht. Graham spürte, dass seine Ohren rot wurden, wie immer, wenn er sich ertappt fühlte. Er hatte nicht im geringsten an die praktische Seite der Jagd gedacht, dass es dabei außer Jäger und Gejagtem noch eine Menge unbeteiligte Zuschauer a.k.a. Kanonenfutter gab. Solche, die er eigentlich schützen wollte. Sollte einer dieser Menschen durch seine eigene Schuld zu Schaden kommen - das war etwas, über das Graham nicht einmal nachdenken wollte. Er gab Roxton den Colt zurück.
»Das Training ist zu Ende. Ich schieße nicht.«
»Und wie wollen Sie sich gegen den Saurier verteidigen?«
»Damit.« Graham zog Mirandas Blitzpistole aus seiner Jackentasche. Roxton starrte das Geräte eine Weile an.
»Lady Hastings Erfindergeist in allen Ehren«, sagte er schließlich, »aber ich würde das Ding nicht einmal abfeuern, wenn mir eine ganze Herde wütender Nashörner auf den Fersen wäre.«
»Zweifeln Sie etwa daran, dass diese Waffe den Velociraptor aufhalten könnte?«
»Ich zweifle daran, dass ich den Einsatz einer derartigen Erfindung überleben würde.« Graham steckte die Waffe wieder ein.
»Sie haben ein echtes Vertrauensproblem.«

Der Kutscher hatte die ganze Zeit auf sie gewartet. Der Mann sah nervös und mitgenommen aus.
»Was war das für ein Geballer? Ich habe gedacht, wir sind wieder im Krieg. Wenn Sie mich schon bezahlt hätten, dann wäre ich längst in die Stadt zurückgefahren.«
»Das ist exakt der Grund, warum ich sie noch nicht bezahlt habe. Hier draußen ist es unmöglich eine Kutsche zu bekommen und die Stadt ist sehr weit weg, wenn man zu Fuß unterwegs ist.«
»Wem sagen Sie das«, murmelte Graham, der die schwere Tasche mit den Waffen allein tragen musste - angeblich, um mit seiner

Rolle vertraut zu werden.
»Zum Greenstable Inn!« befahl Roxton und schwang sich in die Kutsche.
»Greenstable Inn?« fragte Graham.
»Ein formidables Etablisement, nach allem, was ich gehört habe.« Wenn Roxton jagte, dann mit Stil.

Eine kurze Kutschfahrt und einen für Graham anstrengenden Fußmarsch später, standen die beiden Männer vor dem Greenstable Inn, der vor sehr, sehr, sehr langer Zeit bessere Tage gesehen hatte. Eine große Toreinfahrt führte in den Innenhof, der Platz für sechs oder sieben Pferdewagen bieten mochte, aber jetzt nur zwei beherbergte. Vom Hof führten Holzstiegen hinauf zu einer umlaufenden Galerie, über die die Zimmer zu erreichen waren. Die Fachwerkbalken hatten seit ihrer Erbauung keine Farbe gesehen und die ehemals weiß gekalkten Lehmwände waren hüfthoch mit Schlamm und Pferdemist bespritzt. Ein mürrisch aussehender Knecht schaufelte Heu in die Scheune und beachtete die Neuankömmlinge nicht. Dafür flog eine Tür im Erdgeschoss auf und heraus kam ein fetter Mann, dessen ganze Aura *Wirt* schrie und der aussah, als würde er für das freundliche »Guten Morgen, die Herren!«, welches er ihnen entgegen schmetterte, bereits zwei Pence berechnen. In diesem Moment wurde Graham Zeuge, wie Roxton sich in einen komplett anderen Menschen verwandelte. Er war nicht mehr der distinguierte Lord, sondern ein naiver Farmer aus Cornwall[7] der zum ersten Mal in seinem Leben London besuchte.
»Da ist ja der Wirt dieses hervorragenden Etablissements!« rief Roxton dem Mann entgegen. »Was für ein wundervoller Tag! Sagen Sie, guter Mann, es wäre wohl nicht möglich, einen Raum für mich und meinen Burschen zu bekommen? Mit einer separaten Kammer für meinen Burschen, der schnarcht wie ein Holzfäller.« Der Wirt, der Hühnchen erkannte, die er ausnehmen konnte, selbst wenn sie die Form von Menschen hatten, kratzte sich am Kopf und setzte eine betrübte Miene auf.

---

7 Das erscheint hier nur, um die Rosamunde Pilcher Fans abzuholen.

»Mein lieber Mann, mein lieber Mann. Das ist jetzt gerade sehr ungünstig. Gerade für heute Nachmittag hat sich die walisische Handelsvereinigung angemeldet. Formidable Männer, aber eine große Truppe. Ich befürchte, jedes einzelne meiner Zimmer ist ausgebucht. Sogar die Besenkammer!« *Zweifellos zum Preis einer Suite*, dachte Graham.
»Das ist betrüblich, wirklich betrüblich! Mein lieber Mister...?«
»Lutton. Mein Name ist Lutton. Und nun ja, ich kann einen Landsmann natürlich nicht auf der Straße schlafen lassen. In der Küche...«
»Ich befürchte, das ist nicht möglich. Ich bin nach London gekommen, um Geschäfte abzuschließen. Vertrauliche Geschäfte, sie verstehen, was ich meine. Die Verhandlungen erfordern ein ruhiges Zimmer.« Roxton steckte die Hand in die Tasche und klimperte mit dem Inhalt. Das Geräusch zog Luttons volle Aufmerksamkeit auf sich. Roxton beugte sich vor und brachte seinen Mund an Luttons Ohr. »Vor allem sollte niemand lauschen können.« Der Wirt tat, als würde er nachdenken. Und nicht nur nachdenken: Es schien, als würde er einen harten Kampf mit sich selbst führen. Es dauerte, bevor er sich selbst niedergerungen hatte.
»Ich denke, ich könnte Ihnen meine eigenen Räume vermieten, mein werter Herr. Meine Missus wird davon natürlich nicht begeistert sein.«
»Ein großes Opfer, zweifellos. Ich bin natürlich bereit, ihre Missus für die Unannehmlichkeiten entsprechend zu entschädigen«, erwiderte Roxton und zog dabei eine Münze aus der Tasche - mit dem Ergebnis, dass Lutton fast die Augen aus dem Kopf fielen. Roxton ließ die Münze durch die Finger gleiten und erzeugte damit eine fast hypnotische Wirkung.
»Wir benötigen Verpflegung...«
»Nur vom Besten, mein Herr...«
»Werden auf dem Zimmer speisen...«
»Samuel wird Ihnen dafür zur Verfügung stehen...«
»Und absolute Diskretion.« Lutton erwachte aus seiner Trance.
»Aber wenn eine Kontrolle kommt? Ich könnte meine Lizenz

verlieren!« Auf magische Weise gesellte sich eine zweite Münze zur ersten.

»Ich bin sicher, Ihr werdet eine Lösung finden.« Roxton senkte seine Stimme, als würde er gleich ein großes Geheimnis enthüllen. »Ich habe Rosensamen. Exquisite Pflanzen. Eine Eigenzüchtung, mit der ich ein Vermögen mache! Es ist unabdingbar, dass niemand davon erfährt, bevor die Geschäfte abgeschlossen sind! Auch unter Rosenzüchtern gibt es Missgünstlinge und Neider«, flüsterte er verschwörerisch. Und mit Erfolg. An Luttons Blick erkannte Graham zwei Fakten: dass dieser glaubte, einen kompletten Idioten vor sich zu haben und dass ihm das vollkommen egal war, solange dieser Idiot noch Geld in den Taschen hatte. Welches nicht lange dort bleiben würde.

»Das ist verständlich, äußerst verständlich«, beeilte sich der Wirt zu versichern. »Vertraut mir, Euer Geheimnis ist bei mir sicher, Mr. ....?«

»Boyle. Euridides Boyle. Und das ist mein Bursche Grams.« Graham zuckte zusammen. Roxton hatte zielsicher den einzigen Namen ausgewählt, den Graham hasste. Es würde sich Gelegenheit bieten, ihm das zurückzuzahlen; und wenn nicht, würde Graham eine schaffen. »Wären Sie so freundlich uns die Räume zu zeigen? Grams, trag die Sachen nach oben. Und sei vorsichtig.« Graham verzog sein Gesicht zu einem Grinsen, als er das Gepäck anhob und sich dabei bemühte, es leicht und locker aussehen zu lassen. Dabei waren die Taschen mit ungefähr fünfzig Pfund Metall gefüllt; meist in Form von Hieb-, Stich- oder Schusswaffen.

Lutton führte Roxton und Graham nach oben zu einem Raum, der auf der Galerie der Toreinfahrt gegenüber lag. Er war geräumig, aber mit einer niedrigen Decke. Wenn normalerweise Luttons Familie hier leben sollte, dann verzichteten sie auf überflüssigen Luxus. Möbel zum Beispiel. Das Zimmer war leer bis auf einen Tisch mit vier Stühlen und einer Truhe. Nach links führte eine Tür in ein Schlafzimmer, nach rechts eine weitere in eine kleine Kammer. Dort stand eine mit Stroh gefüllte Kiste, die wohl als Bett herhalten sollte.

»Großartig!« befand Roxton, nachdem er einen kurzen Blick aus dem Fenster geworfen hatte. »Genau das, was wir gesucht haben.« Mit einem lässigen Schnippen warf er dem Wirt eine Münze zu. »Die eine Hälfte jetzt, die andere bei Abreise. So machen wir das in Cornwall.«
»Hier in London machen wir es eigentlich...«
»Natürlich sind die Preise in Cornwall wesentlich niedriger. Vielleicht sollte ich...«
»Nein, nein, das geht schon in Ordnung. Alles für meine Gäste, sage ich immer. Und man soll ja auch von seinen Landsleuten lernen.«
»Ganz recht. Ich glaube, ich werde mich zu einem Nickerchen zurückziehen. Grams, pack die Sachen aus und mach diesen Platz repräsentabel. Ich möchte, dass sich meine Geschäftspartner wohlfühlen, wenn wir uns hier treffen. Und ich würde gern Schlag sechs Uhr meine Mahlzeit einnehmen.« Den letzten Satz hatte er an Lutton gerichtet.
»Sechs Uhr? Das ist ungewöhnlich zeitig.«
»Auf dem Land stehen wir früh auf und gehen früh zu Bett. Ich befürchte, außerhalb der großen Stadt gibt es keine so hervorragende Gasbeleuchtung. Wir müssen uns an die Vorgaben von Mutter Natur halten.«
»Sechs Uhr«, grummelte der Wirt. »Ich werde sehen, ob ich den Ofen so früh bereits anheizen kann.«
»Das wäre wirklich nett.« Nett schien nicht zum Geschäftsmodell des Wirtes zu gehören. Dann aber erinnerte er sich an die Münze in seiner Hand und die zweite in Roxtons Tasche und ein breites Lächeln erschien auf seinem Gesicht.
»Bei mir ist der Kunde König. Samuel wird Ihr Essen mit dem Glockenschlag bringen.« Rückwärts und mit einer Verbeugung nach der anderen verließ der Wirt das Zimmer. Graham schloss die Tür hinter ihm. Kaum klickte das Schloss in der Tür, stöhnte Roxton:
»Endlich!«
»Der Typ hat uns abgezockt!« Roxton winkte ab.
»Das Zimmer ist den Preis wert.« Der Lord stand am Fenster und

inspizierte die Umgebung. Die Räume selbst schienen ihn nicht zu interessieren.

»Für das Geld hätten wir das beste Zimmer im ersten Haus am Platz bekommen können!«

»Zweifellos. Aber ich wollte unbedingt ein Zimmer an exakt diesem Platz.«

»Und wieso?« Roxton winkte ihn zum Fenster.

»Sehen Sie selbst.« Graham schaute nach draußen. Was er sah, war ein verwahrloster Hinterhof, noch dreckiger als der des Gasthofes. Müll und Unrat lagen in den Ecken und auf der Fläche verteilt. Die meisten Fenster der angrenzenden Häuser waren mit Brettern vernagelt. Apropos Fenster: Roxton brauchte es nicht zu öffnen[8], denn Graham wusste, wie die Luft da draußen riechen würde: nach Urin und Kot.

»Die Aussicht ist Gold wert.«

»Zumindest für unser Anliegen. Das ist der Hinterhof von 29 Hanbury Street, Spitalfields.« Graham blieb der Mund offen stehen - wovon Roxton zum Glück nichts mitbekam, denn der war ins Nebenzimmer gegangen.

»Sie wissen nicht zufällig, wo genau man Mrs. Chapman findet?« fragte er von dort. Graham folgte ihm. Durch den günstigeren Winkel konnte man vom Schlafzimmer aus gut zwei Drittel des Hofes überschauen. Um mit geballter Call-of-Duty-Erfahrung zu sprechen, es war die ideale Position für einen Sniper.

»Nein, leider nicht. Sie wurde kurz vor ihrem Tod auf der Straße gesehen, also muss sie durch die Toreinfahrt dort vorn kommen.«

»Falls es keinen zweiten Zugang gibt.«

»Warum sollte es?«

»Warum sollte es nicht? Diese Häuser wuchsen über die Jahrhunderte. Gut möglich, dass das alles hier einmal zusammengehörte und ein paar der alten Durchgänge noch offen sind.«

»Sie rechnen mit allem, oder?«

»Ein guter Jäger überlasst nichts dem Zufall. In der Tasche ist übrigens ein Schloss. Wir sollten es an der Tür zum Schlafzimmer

8 Graham würde sogar Gewalt anwenden, um zu verhindern, dass er das tat.

anbringen, um uns vor unliebsamen Überraschungen zu schützen.«
»In Form eines blutrünstigen Velociraptors?«
»Ich dachte eher an die Form eines langfingrigen Wirtes oder seines Knechts. Es gibt nichts Unangenehmeres, als die perfekte Situation für einen Abschuss, um festzustellen, dass einem das Gewehr geklaut wurde. Wären Sie so freundlich?« Als Roxton Graham das Schloss zuwarf, musste der grinsen. Es handelte sich dabei um eins von Mirandas Patentschlössern. Dafür gemacht, Türen abzusichern, so dass sie unmöglich von Unbefugten geöffnet werden konnten. Sie ließen sich überall installieren, ohne dabei den Türrahmen oder die Tür selbst anbohren zu müssen. Die fehlende Notwendigkeit, Löcher zu bohren oder Türrahmen ausfräsen zu müssen, basierte auf Grahams schonungsloser Analyse seiner handwerklichen Fähigkeiten. Miranda war mit ihrer Erfindung erst zufrieden gewesen, als sogar Graham das Schloss ohne Hilfe anbringen konnte. Leider hatten sich die Patent-Reiseschlösser als Flop herausgestellt. Offensichtlich betrachtete es die High Society als einen Affront, wenn man durch das Anbringen eines Schlosses am Gästezimmer ein gewisses Misstrauen gegenüber dessen Angestellten, Mitgästen oder dem Gastgeber zum Ausdruck brachte.
»Sehr gut«, sagte Roxton schließlich. »Und nun werde ich mich zurückziehen und ein wenig ruhen. Ich schlage vor, Sie tun dasselbe, denn heute Abend werden wir die Gegend erkunden.«

Ein paar Augenblicke später hörte Graham das Klicken des Schlosses gefolgt vom Quietschen des Bettes. Gegen eine kleine Pause hatte Graham nichts einzuwenden und ging in seine Kammer, wo er ratlos vor der Strohkiste stand. Die Frage hieß, ob seine Müdigkeit groß genug war, um eine eventuelle Floh-, Laus- und Wanzeninvasion zu riskieren oder ob er sich die Zeit lieber etwas anders vertreiben sollte. Nach einer Weile entschied er, dass eine Art Tagebuch mit Notizen über ihre Erkenntnisse und Fortschritte eine gute Idee wäre, setzte sich an den Tisch und begann zu schreiben.

Samuel, der am Nachmittag noch den Pferdemist auf dem Hof weg geschaufelt hatte, brachte Schlag Sechs das Essen. Graham bezweifelte, dass der Mann zwischendurch einen Hygiene fördernden Kontakt mit Wasser gehabt hatte, aber das Essen war solide, schmackhaft und reichlich; Qualitäten, auf die es Graham ankam. Kaum hatte Samuel das Zimmer verlassen, schnappte das Schloss zum Schlafzimmer auf und Roxton kam herein. Der Lord sah ganz und gar nicht ausgeruht aus, sondern eher, als hätte er einen Zwanzig-Meilen-Lauf hinter sich.
»Ah, Essen!« rief er beim Anblick des... Graham vermutete, dass es Stew war, wollte es aber nicht weiter hinterfragen. Roxton auch nicht, denn er setzte sich an den Tisch und löffelte die Suppe in sich hinein wie ein Verhungernder. Solche Manieren hätten ihm gewaltigen Ärger mit Miranda eingebracht[9], aber Graham verkniff sich jeden Kommentar. Denn wer redet, isst nicht und wer nicht isst, für den blieb schnell nichts mehr übrig.
Erst als der Topf leer war, wandte Graham sich an Roxton.
»Sie sehen nicht aus, als ob Sie geschlafen hätten.«
»Habe ich auch nicht. Ich habe mich draußen umgesehen. Durch das Fenster kommt man auf das Dach und von dort in den Hof. Es gibt sieben Zugänge, drei sind von unserer Position aus nicht einsehbar. Aber das Tor steht offen und lässt sich nicht schließen. Praktisch jeder kann dort herein marschieren.«
»Sie sind über das Dach geklettert?« Roxton stutzte.
»Ja, natürlich. Was sonst? Ich glaube nicht, dass unser Wirt weiß, was Diskretion bedeutet.«
»Vielleicht hätten Sie keine Fremdwörter benutzen sollen.«
»Würde auch nichts nützen. Typen wie er verkaufen ihre eigene Mutter für ein paar Pennies. Und ein Kaufmann, der nachts in den Straßen unterwegs ist, während Frauen ermordet werden, wirkt verdächtig. Besser wir bleiben ungesehen.« Das *wir* hinterließ ein unangenehmes Echo in Grahams Gedanken.
»Und am helllichten Tag über die Dächer zu klettern ist unauffällig?«
»Wie oft schauen Sie nach oben?« Der Punkt ging an Roxton.

9 und noch größeren mit Mrs. Tingles

Menschen waren Gewohnheitstiere und hatten die einzigartige Fähigkeit, alles, was außergewöhnlich erschien, innerhalb kürzester Zeit wegzuerklären.

»Außerdem habe ich schwarze Sachen getragen, wie ein Schornsteinfeger.« Das war logisch. Ein Schornsteinfeger kletterte auf Dächern herum und kein Mensch fand das verdächtig. »Ich zeige Ihnen nachher den Weg. Für Ihre eigenen Streifzüge, während Sie hier die Stellung halten.« Das ließ Graham aufhorchen.

»Hier die Stellung halten? Und Sie?«

»Wie Sie bereits sagten, wird in den nächsten sieben Tagen hier nichts geschehen. Aber sieben Tage an einem Ort zu bleiben ist im Augenblick für mich nicht ratsam.«

»Was für Typen sind hinter Ihnen her?« Roxton lächelte nur gönnerhaft.

»Die sind mein Problem, das hier ist Ihres. Ich halte es für besser, die beiden nicht zu vermischen.« Was im Notfall hieß, dass Graham allein einem Velociraptor ins Angesicht[10] schauen würde. Was auf der anderen Seite aber auch hieß, dass, da Roxton Mahlzeiten für zwei Personen bestellt hatte, eine Menge für Graham übrig blieb.

---

10 Oder wahrscheinlicher: ins Maul

A Maze Thing

Möglicherweise hatte ein schlechtes Gewissen Roxton dazu veranlasst, Graham nicht unbewaffnet zurückzulassen. Im Schlafzimmer lagerte die halbe Waffensammlung des passionierten Großwildjägers, genug um einen ganzen Schwarm Velociraptoren auszurotten. Diese Taktik war verständlich; wer nur mit einem Hammer umzugehen weiß, sieht in der Welt nur Nägel. Gleiches galt für Waffen. Graham entschloss sich zu lächeln und Roxton zuzustimmen - schließlich hatte der besagte Waffen in der Hand.

Danach hatte Roxton Graham gezeigt, wie er durch das Fenster, über das Dach und am Regenrohr entlang nach unten klettern konnte. Dazu war im Grunde genommen nur festes Schuhwerk nötig; da hier eher mit Lehm als mit Stahlbeton gebaut wurde, reichte ein kräftiger Tritt gegen die richtige Stelle, um einen festen Halt für den Fuß zu schaffen.
»Achten Sie darauf, dass niemand Sie sieht. Schornsteinfeger klettern zwar auf Dächern herum, aber hier in der Gegend kann es sich keiner leisten, jeden Tag einen kommen zu lassen.« Graham hatte nicht vor, mehr Zeit als nötig auf den Dächern zu verbringen. Er ging davon aus, dass er Annie Chapman dort kaum finden würde. Die war eher auf der Straße unterwegs oder ließ sich in Spelunken volllaufen, soweit er sich erinnern konnte. Wenn er sie vorher fände, würde das ein neues Problem aufwerfen: Sollte sie nicht zur richtigen Zeit am richtigen Platz sein[11], würde der Gang der Ereignisse verändert. Und damit Grahams Wissen über die Whitechapel Morde wertlos machen. Nein, es war besser, dort zu warten, wo der Angriff auf Chapman

11 Oder am falschen: Das hängt vom Blickwinkel der betroffenen Personen ab.

stattfinden würde und den Angreifer auszuschalten. Roxton hatte versprochen, am Abend des siebten Septembers wieder im Inn zu sein und dann die genaue Strategie zu besprechen. Graham hätte nichts dagegen, mit dem Jagdgewehr in der Hand am offenen Fenster zu warten, bis sich der Saurier zeigte, und dann zuzuschlagen. Beziehungsweise abdrücken zu lassen. Ein Schuss, ein Treffer - saubere Sache, wie es hieß. Roxton hob nur kurz eine Augenbraue.
»Laut meiner Erfahrung ist es nie eine saubere Sache, wenn Kugeln im Spiel sind.«
»Gilt das auch für Roulette?« erwiderte Graham und grinste.
»Korrekt«, lautete die kühle Antwort. Dann war Roxton verschwunden. Der Lord war eindeutig kein Mann für fortgeschrittene Wortspiele.

Damit blieb Graham fast eine Woche, Zeit totzuschlagen. Wie hatte Roxton es ausgedrückt? Ein Jäger sollte das Habitat seiner Beute kennenlernen. Aber heute war es dafür zu spät: Sich die Gegend anzusehen erforderte Licht und davon gab es in Whitechapel gegen Abend, egal ob elektrisch, gas- oder kerzenbasiert, nicht sonderlich viel. Graham ging früh ins Bett und wachte erst auf, als es im anderen Zimmer rumpelte.

Mit durch die Gefahr geschärften Sinnen sprang Graham aus dem Bett, glitt zur Tür, riss sie auf und überraschte den Eindringling. Der stank, hieß Samuel und hatte das Frühstück gebracht. Wenn er von Grahams Auftritt beeindruckt war, dann ließ er sich das nicht anmerken. Allein ein vielsagender Blick erst auf Graham und dann auf die kleine Kammer, die eigentlich für das Dienstpersonal gedacht war, ließen Graham vermuten, was exakt der Mann dachte. Und er wusste sofort, dass es sinnlos war zu dementieren. Für den ersten Eindruck gab es keine zweite Chance und diesen hier hatte er vergeigt.
»Danke«, murmelte er.
»Bringn ses Gschirr nachher runter in die Wirtsstube. Dann brauch ich se un Ihrn Boss nich zu störn.«

Ein ausgedehntes Frühstück später verließ Graham den Inn durch die gleiche Toreinfahrt, durch den sie das Etablissement am Tag zuvor betreten hatten; den Weg über die Dächer hob er sich für spätere Gelegenheiten auf. Dann stand er auf den Straßen von London. Wobei das wesentlich beeindruckender klang, als es wirklich war. Historiker wurden nicht müde zu behaupten, dass London im Grunde genommen nichts als der Zusammenschluss einer handvoll Dörfer sei. In hundertfünfzig Jahren würde man das kaum glauben. Im Finanzdistrikt reihten sich Wolkenkratzer, bei denen in jedem einzelnen mehr Menschen unterkommen konnten als in besagter handvoll Dörfer. Aber das war ferne Zukunft. Kleine Fachwerkhäuser, enge Straßen, Kopfsteinpflaster, Hühner, die zwischen den Füßen der Menschen nach Fressbarem pickten, das Grunzen von Schweinen aus den Hinterhöfen - das war Dorfleben pur. Zugegeben, es war ein großes Dorf und es würde ein paar Stunden dauern, es von einem Ende bis zum anderen zu durchqueren, aber wenn man nach oben schaute, konnte man tatsächlich den Himmel sehen. Sicher gab es ein paar große Gebäude. Der Tower, der schon seit Ewigkeiten an der Themse stand, die St.-Pauls-Cathedral oder Nelsons Column, aber die waren weit weg. Whitechapel dagegen hatte sich seinen Dorfcharakter bewahrt. Keines der Häuser in Sichtweite hatte mehr als zwei Stockwerke - mit Ausnahme der zahlreichen Kirchtürme. So kam es, dass Graham sich nicht von einem Touristen unterschied, der hundert Jahre später durch London laufen würde: Er starrte dieses fremde Leben mit offenem Mund an.

Graham lebte zwar schon ein paar Monate in diesem alten London, aber er war noch nie dazu gekommen, Zeit einfach totzuschlagen. Oder durch London zu spazieren, weil er nichts anderes zu tun hatte. In den ersten Wochen war er damit beschäftigt, vor Mechanoiden davonzurennen, die ihn umbringen wollten, dann musste er vor Gläubigern davonrennen, die ihn ausnehmen wollten. Der Abstecher nach Südamerika, wo er vor fressgierigen Sauriern davonrennen musste, war nur eine andere Szenerie gewesen. Aber hier in Whitechapel war die Situation vollkommen anders: Zum ersten Mal seit langem hatte Graham Zeit, nichts zu tun. Was machte man da eigentlich?

Graham hatte den Inn wie ein zivilisierter Bürger durch die breite Toreinfahrt verlassen und war auf die Straße getreten; eine Straße voll mit Menschen, die zielstrebig unterwegs waren. Auch wenn dieses Ziel bei mehr als einem hieß, sich genug Alkohol zu besorgen, um damit den Rest des Tages auszuknipsen. Aber selbst diese Alkoholiker mussten sich die Pennies für den nächsten Pint verdienen oder wenigstens erbetteln. Frauen waren unterwegs, um Besorgungen zu machen, Männer trugen Werkzeuge durch die Straßen, um irgendwo einen Job zu erledigen. Im modernen London konnte man ohne aufzufallen Tage und Wochen damit verbringen, durch die Straßen zu schlendern und in Schaufenster zu schauen; eine Möglichkeit, die hier mangels Schaufenstern entfiel. Und dadurch hatte Graham das Gefühl, in der Masse dieser Menschen aufzufallen wie ein bunter Hund. Ja, es gab ein paar Kinder, die spielten. Oder so taten. Sie konnten auch kleine Spione sein, die für ihre Auftraggeber - Taschendiebe, Dirnen und Kaufleute - lukrative Opfer ausspähten. Hatte Dickens Fago nicht so ähnlich beschrieben? Sicher hatte diese Geschichte einen wahren Kern. Und was war mit den Frauen? Ein paar standen herum und unterhielten sich, aber Graham war überzeugt, dass sie ihm zwischendurch, wenn er nicht hinschaute, forschende, verdächtigende und anklagende Blicke zuwarfen. Oder war er paranoid? War das Leben hier so eigenartig, weil es ganz normal weiterging? Mary Ann Nichols war erst ein paar Tage tot, aber niemanden schien das sonderlich zu berühren. Graham fröstelte.

Stroh dämpfte das Rumpeln der Kutschen und Leiterwagen auf der kopfsteingepflasterten Straße, um den Lärm erträglicher zu machen. Zumindest hoffte Graham, dass es Stroh war; es konnten auch breitgefahrene Pferdeäpfel sein. Die hatten für die Akustik die gleiche Wirkung und Nachschub wurde automatisch geliefert. Graham versuchte, zielstrebig durch die Straßen zu gehen, um nicht aufzufallen und mit der Menschenmasse zu verschmelzen. Was hatte Dickens eigentlich über seine Landsleute zu sagen? Natürlich hatten sie in der Schule die Pickwicker durchgenommen, die Abenteuer jenes verschrobenen englischen Gentleman, der wegen knappen Budgets und großer Bequemlichkeit sich der Erforschung seiner Mitmenschen widmete, von denen es praktischerweise vor der Haustür genug gab. Alles feine Menschen, aber Pickwick konzentrierte sich auf die gehobene Gesellschaft. Die Individuen hier schienen Graham härter zu sein. Leidgeprüft. Misstrauisch. Verschlagen.

Eine Woche lang ziellos durch Whitechapel zu laufen, war auf Dauer zu auffällig. Und es würde für sein Vorhaben nichts bringen, sondern im Gegenteil, es würde Graham in den Augen der Einwohner verdächtig machen. Und nach dem nächsten Mord würden sie der Polizei von einem seltsamen Mann berichten, der schon eine Woche lang durch den Stadtteil schlich - sofern der Mob die Sache nicht in die eigene Hand nahm. Was Graham brauchte, war ein Plan. Einer, der ihm eine Art Legitimation verschaffte. Und es ihm erlaubte, jede Straße entlangzugehen, sich Notizen zu machen und in jeder verborgenen Ecke herumzuschnüffeln[12]. Nahezu automatisch ging ein Licht in seinem Kopf an, wurde hell und formte sich zu einer Neon-Leuchtreklame, die nur ein einziges Wort in die Dunkelheit schrieb: Steuereintreiber. Niemand würde sich einem Steuereintreiber der Krone in den Weg stellen; niemand würde überhaupt mit ihm zu tun haben wollen. In diesem Aspekt waren sich Finanzbeamte und die Kaste der Unberührbaren in Indien ähnlich. Er könnte einfach behaupten, dass er die Korrektheit der eingetragenen Glasfenster überprüfte - soweit Graham sich erinnerte, wurden die zu dieser Zeit noch exorbitant besteuert. Niemand würde sich ihm in den Weg stellen. Es würde ihm zwar keine Türen öffnen[13], aber er konnte unbehelligt seinen Plan durchführen und sogar sein Notizbuch mit Daten füllen, die später jeden EU-Datenschutzbeauftragten in Schnappatmung versetzt hätten. Und jeder, sogar der hinterhältigste Straßenräuber, wusste, dass ein Angriff auf einen Beamten der Krone[14],

12 Natürlich nicht zu intensiv, es konnte ja sein, dass Jack sich genau in einer solchen Ecke versteckte.

13 Wie Graham später feststellte, schlossen sich die Türen sogar sehr schnell, sobald er in Sichtweite kam.

14 besonders eines Finanzbeamten der Krone

nicht ratsam war. Das Imperium würde mit voller Härte zurückschlagen. Ein Umstand, der Graham Sicherheit versprach.

Im Kopf machte sich Graham eine Liste der für einen Velociraptor geeigneten Verstecke: Alte, unbewohnte Häuser, verfallene Kirchen, schlecht gesicherte Scheunen. Die Kanalisation. Gab es in New York nicht angeblich riesige Alligatoren in den Kanälen unter der Stadt, die von gelangweilten Stadtbewohnern per Klospülung dorthin befördert wurden, sobald sie aus dem winzigen Terrarium rausgewachsen waren? Was wäre, wenn sich Jack dort unten versteckte? Graham machte eine mentale Notiz, eine Karte aller möglichen Verstecke und aller Zugänge zur Kanalisation anzulegen. Die Sache mit der Karte klang einfacher, als sie wirklich war, wenn man Erstens: keine Ahnung von der Gegend hatte, die man kartieren wollte und Zweitens: Keine Ahnung vom Kartieren hatte. Einfacher wäre es, eine Karte zu haben, auf der man die interessanten Stellen markierte. Graham schaute sich auf der Straße um. Sein Blick blieb an einem Schild über einer Tür zwei Häuser weiter hängen. The Map Maker. Ein Kartenmacher. Manchmal musste man einfach Glück haben. Außerdem fing es an zu regnen.

Der Laden entsprach dem, was Graham von einem Kartenmacher-Laden erwartete: Viel Papier mit allen möglichen Karten darauf. Andererseits fehlte ein erkennbares Ordnungssystem. Und das kleine Zimmerchen wurde mit Kerzen erleuchtet, was in der Nähe von so viel Papier nicht die klügste Option schien. Auf der anderen Seite würde sich in diesem Räumchen kein Feuer rasend schnell ausbreiten, da schlicht und ergreifend Sauerstoff fehlte.

An der Wand gegenüber zuckte etwas zusammen, als Graham den Laden betrat und die kleine Glocke über der Tür anschlug. Dort, in einem Alkoven, thronte der Kartenmacher über seinen Erzeugnissen. Er hatte ein wenig von einem Hobbit in seiner Höhle: alt,

lange Haare, langer Bart, eine qualmende Pfeife im Mund[15], eine Brille und einen kompletten Mangel an Zähnen. Bekleidet war das Männchen mit einer braunen Cordhose, einer grünen Weste und einem karierten Hemd.
»Seid gegrüßt, junger Mann! Willkommen in meinem Laden! Ihr seid neu in der Gegend, edler Herr. Ich kann mich nicht erinnern, Euch schon einmal hier gesehen zu haben.« Oder irgendwo sonst, wenn man nach der Dicke seiner Brillengläser ging. »Ich bin Corelius Vanderbild. Was kann ich für Euch tun? Sucht Ihr eine Karte der neuen Welt? Die Grenzen von Terra Incognita? Ich habe sie alle!«
»Auch Australien?« fragte Graham. Der Kontinent war das Erste, was ihm einfiel und er wollte nicht unhöflich erscheinen. Unsicher blieb er bei der Tür stehen; er wusste beim besten Willen nicht, wo er sonst hintreten sollte. Selbst der Boden war mit Karten bedeckt. Graham hob eine auf und betrachtete sie.

Weder Name noch Form des dargestellten Landes sagten ihm etwas. Die Karte war hervorragend gezeichnet, detailgetreu bis zum letzten Pinselstrich - aber es gab keinen einzigen Hinweis darauf, wo sich dieses Fleckchen Erde befinden sollte.
»Ah. Borelias Magnifica. Ein faszinierender Ort. Vollkommen unerforscht, rätselhaft und voller Geheimnisse.« Corelius war neben Graham aufgetaucht - entweder hatte er einen Weg gefunden, über die Papiere zu fliegen oder in seinem Alkoven versteckte sich ein funktionsfähiger Teleporter - und machte ganz den Eindruck eines Mannes, der einen jungen, hoffnungsvollen Abenteurer eine Schatzkarte aufschwatzen will. Natürlich gegen einen gewissen Obolus. Aber was sind ein paar Münzen schon gegen die sichere Aussicht auf einen riesigen, märchenhaften Schatz?
»Wenn es unerforscht ist, woher kommt dann die Karte?« Logik konnte so ein Biest sein! Graham spürte die leichte Irritation, die seine Frage bei Corelius auslöste. Das war aber nichts, was ein

---

15 Ein wirksames Mittel, um den wenigen Sauerstoff, den die Kerzen übrig gelassen hatten, auch noch zu vernichten. Es geht eben nichts über Brandschutz.

gewiefter Krämer nicht innerhalb von ein paar Sekundenbruchteilen überwunden hätte.

»Eine ganz traurige Geschichte. Ganz, ganz traurig.« Corelius strich sich gedankenverloren über seinen Bart, seinen Blick auf längst versunkene Erinnerungen gerichtet. »Es war in der Bibliothek von Alexandria, wo ich ihn traf. Damals war ich ein junger Mann, selbst noch ein Reisender, der jeden Winkel der Welt erforschte. Der Tag war heiß und trocken. Ich hatte die Wüste als Träger mit einer Karawane durchquert und war froh darüber, wieder zurück in der Zivilisation zu sein. Von meinem Lohn hatte ich ein kleines Zimmer gemietet, mir ein Mahl gekauft und die Strapazen der Reise hinter mir gelassen. Aber einen wahren Forscher kann nichts von einer Bibliothek fernhalten und die von Alexandria hatte eine von Weltruf.« Graham konnte den Bären brummen hören, der ihm da gerade aufgebunden werden sollte. Andererseits hatte sich das leichte Nieseln mittlerweile zu einem beachtlichen Guss weiterentwickelt, der gegen die Fenster des Ladens trommelte. Hier war es warm und niemand war hinter ihm her, der ihn auffressen wollte. Es gab Schlimmeres, als im Austausch gegen trockene Füße einem Märchen zuzuhören. »Dort begegnete ich diesem Mann. Alt, uralt. Schon weit über seiner Zeit, aber noch immer mit einem Feuer in sich, welches ich auch in mir zu spüren glaubte.« Der Typ hätte Schriftsteller werden sollen. »Wir kamen ins Gespräch und meine Expertise über fremde Länder und meine Abenteuer haben ihn überzeugt.« Graham brauchte einige Sekunden, bis er bemerkte, dass der einlullende Singsang der Worte verstummt war. Er schaute zu Corelius. Der Mann musterte ihn mit einem weit aufmerksameren Blick, als er dem Spinner eigentlich zugetraut hatte. Vielleicht war es besser, den Kartenmacher nicht zu unterschätzen.

»Wovon überzeugt?« fragte Graham, nachdem er im Geiste die letzten Worte des Ladeninhabers rekapituliert hatte. Vielleicht war die Pause wirklich nur ein Aufmerksamkeitstest.

»Verzeiht, junger Freund. Wie unhöflich von mir. Ich rede und rede und habe Euch nicht die Gelegenheit gegeben, Euch selbst

vorzustellen.« Jetzt wurde Graham aufmerksam. Vor dem forschenden Blick aus den grauen Augen seines Gegenübers musste man auf der Hut sein.
»Ich bin nur auf der Durchreise.« Langsam wurde es kompliziert: Auf der Straße ein Steuereintreiber, im Inn ein Bursche, hier ein Reisender. Erstens musste Graham sich selbst merken, welche Geschichte er wo einsetzen musste und zweitens konnte er nur hoffen, dass sich nie jemand an allen drei Stellen nach ihm erkundigen würde. Deshalb lohnte es sich immer, bei der Wahrheit zu bleiben.
»Ebenfalls ein Reisender! Wie schön! Ich unterhalte mich gern über fremde Länder, jetzt, wo das Alter es mir nicht mehr erlaubt, sie selbst zu besuchen. Woher kommt Ihr?«
»Italien«, erwiderte Graham in der Hoffnung, dass der Alte darüber nicht so viel wusste, dass Grahams eigene Wissenslücken zu schnell aufflogen.
»Ein wunderschönes Land! Rom, die Ewige Stadt, Venedig, Florenz! Seid Ihr von dort?«
»Leider nein. Ich komme aus Sizilien.«
»Seltsam, ihr seht gar nicht aus wie ein Sizilianer.« In einem halbwegs modernen Computerspiel würde jetzt die Misstrauensanzeige aufleuchten.
»Ich bin schon seit ein paar Jahren fern der Heimat. Und meine Haut ist mittlerweile so bleich wie die Sonne eines englischen Sommers.« Corelius lachte und klopfte Graham auf die Schulter.
»Das ist ein wahres Wort. Die Sonne Italiens lässt sich nicht mit der meines geliebten alten Englands vergleichen.«
»Nichts lässt sich mit der Sonne der Heimat vergleichen«, fügte Graham hinzu und erntete dafür ein weiteres zustimmendes Schulterklopfen.
»Wie wahr, wie wahr. Wie ist Euer Name, mein Freund?«
»Gorgio Armani.« Graham hatte keine Sekunde mit seiner Antwort gezögert. Das war wichtig, um Sicherheit und Selbstvertrauen auszustrahlen. Es verlieh der Lüge mehr Glaubwürdigkeit. Okay, Armani war vielleicht nicht die klügste Option, aber Corelius würde den noch ungeborenen Modeschöpfer nicht

kennen. Trotzdem entschied sich Graham, falls er wider Erwarten in seine Zukunft zurückkehren sollte, sein Aktienportfolio um Anteile des Modeimperiums zu bereinigen. Es wäre nicht gut für den Kurs, wenn der Name des Designers mit einem grausamen Serienmord in Verbindung gebracht würde. Egal, ob das rein zeittechnisch möglich gewesen wäre. Der sagenumwobene Markt mochte alles regeln, verhielt sich aber nicht immer vernünftig. Und ein Seitenblick auf Corelius versicherte Graham, dass der alte Mann jedem Polizisten - oder jedem, der sich in Hörweite begab - von dem seltsamen italienischen Fremden erzählen würde, der hier kurz nach dem ersten Mord aufgetaucht war und so gar nicht in die Gegend passte.
»Borelias Magnifica ist ein sonnendurchflutetes Stückchen Erde, wie mir der Besitzer dieser Karte versicherte.« Graham schaute noch einmal auf das Papier. Die Insel hatte sogar einen eigenen Drachen, der auf einem Topf voll Gold saß. Ihn beschlich die Vermutung, dass sich der Gestalter dieser Karte einige Freiheiten rausgenommen hatte und nicht alle Details auf exakten wissenschaftlich korrekter Beobachtungen fußten. Möglicherweise - oder ganz sicher, wenn Graham den Mann vor sich richtig einschätzte - basierten alle Details dieser Karte auf den Mangel an Sonnenlicht und Sauerstoff in diesem rauchgeschwängerten Zimmerchen.
»Ich befürchte, die Reise dorthin kann ich mir nicht leisten. Ich suche eine Karte von etwas näher gelegenem.«
»Wie nahe schwebt Euch vor?«
»Whitechapel.«
»Häh!?«
»Exakt. Ich brauche eine Karte von Whitechapel.«
»Warum in aller Welt das?« Was Graham in Corelius Stimme hörte, war reinstes Erstaunen. Als würde ein Kunde vom Bauern hören wollen, wie seine Schweine gelebt haben.
»Weil ich mich hier nicht auskenne.«
»Warum interessieren Sie sich für Whitechapel? Ich kann Ihnen gern erklären, wie Sie am schnellsten von hier weg kommen. Das war bisher das Einzige, was ich jemals über Whitechapel gefragt

wurde.«
»Verständlich. Aber ich möchte mich gern hier ein wenig genauer auskennen. Und ich habe festgestellt, dass dieser Teil der Stadt das reinste Labyrinth ist. Wenn man sich nicht auskennt.«
»Sie könnten jemanden fragen, der sich hier auskennt.«
»Einen Kartenmacher vielleicht?« Corelius legte Graham die Hand auf die Schulter.
»Hören Sie zu, junger Freund. Ich verkaufe Karten von bester Qualität und von Orten, zu denen Menschen hin wollen, um ihre Träume zu erfüllen. Und niemand, absolut niemand, wird sich hier in Whitechapel einen Traum erfüllen. Wer nach Whitechapel kommt, hat seine Träume ermordet und beerdigt. Hier ist der Friedhof der Träume. Das, was einem Traum am nächsten kommt, ist der Wunsch, Whitechapel zu verlassen. Dafür braucht es keine Karte und deshalb verkaufe ich auch keine von Whitechapel. Wirklich, es ist eine Beleidigung für jeden Kartenmacher auch nur anzudeuten, dass er eine Karte von Whitechapel machen soll. Also. Welche Karte wollt Ihr wirklich, mein Herr? Ich hätte hier eine von Terra Incognita. Oder Australien, wenn es nach diesen neumodischen Bezeichnungen geht.« Corelius fischte aus dem Meer an Papier eine Rolle heraus und breitete sie mit gekonntem Schwung vor Graham aus. Die Umrisse kamen Graham vage bekannt vor; es konnte sich dabei tatsächlich um eine grobe Zeichnung des kleinsten Kontinents handeln. Die Küstenlinie war aber nicht deutlich zu erkennen, wegen der vielen Einhörner, geflügelten Pferde, vielköpfigen Hunde, Drachen, Harpyien, Gargoyles und weiteren Fabelwesen, die das ganze Land bedeckten. »Gefährlich, aber sicher eine Reise wert. Und für den der es wagt, hält das Land große Reichtümer bereit. Und die Reise ist billig; Ihr braucht nur auf dem Markt dem falschen Bäcker ein Brot zu stehlen und die Krone wird Euch kostenlos dorthin bringen.«
»Aber nur die einfache Strecke.«
»Die Rückreise sollte sich ein echter Abenteurer, wie Ihr es seid, ohne weiteres leisten können. Bei den Reichtümern, die auf einen solch wagemutigen Mann warten.«

»Wir reden hier von Verbannung. Rückreise ist keine Option.«

»Es handelt sich möglicherweise um eine unorthodoxe Art der Reisefinanzierung. Und mit genügend finanziellen Mitteln stehen Euch später alle Möglichkeiten offen.«

»Mag sein. Ich hätte trotzdem lieber eine Karte von Whitechapel.«

Corelius sah Graham tief in die Augen und seufzte.

»Ihr seid ein hoffnungsloser Fall. Gut, setzt Euch da drüben auf den Stuhl und wartet eine Weile, ich werde Euch eine zeichnen.«

Das war ein Vorschlag, gegen den Graham nichts einzuwenden hatte; draußen regnete es immer noch.

Weniger als eine Stunde später präsentierte Corelius eine Karte, bei der Graham fast die Augen aus dem Kopf fielen. Natürlich nur metaphorisch, denn Graham wusste, dass, würde er sich seine Begeisterung auch äußerlich ansehen lassen, der Preis sofort auf das drei- bis vierfache stiege. Corelius hatte mehr als einen Straßenplan gezeichnet, er hatte *Whitechapel* gezeichnet. Und das, was Whitechapel ausmachte, waren die Menschen. Von denen wimmelte es auf der Zeichnung des Kartenmachers. Natürlich gehörten dazu die typischen Bilder von Gassenjungen, die sich gegenseitig jagten - oder gemeinsam vor einem Mann wegliefen, dessen Brieftasche der schnellste Bube wie eine Trophäe vor sich her trug, von Laufburschen und Lieferanten, vom Postboten und Zeitungsjungen[16], sittsame junge Mädchen, die mit gesenktem Blick schnellen Schrittes durch die Straßen eilten, nicht so sittsame junge Mädchen, die an den Ecken standen und mit forschem Blick nach potenzieller Kundschaft Ausschau hielten, der Pfarrer, der seinem Ministranten mit einem Rohrstock die Sünde austrieb, die Hausfrau, die ihr Haus sauber hielt und deshalb den Inhalt des Nachttopfes aus dem Fenster schüttete, Pferdefuhrwerke und Handkarren, mit denen Waren von einem Ort zum anderen gebracht wurden, mal mit dem Wissen der Eigentümer, mal ohne. Und bei all diesen Personen - besonders bei einem Taschendieb - hatte Graham das Gefühl, sie eben noch selbst auf der Straße gesehen zu haben. Er tastete unauffällig nach

16 Beziehungsweise eines Zeitungsjungen, der sich dem Aussehen nach zu urteilen nur nach Whitechapel verlaufen hatte.

seiner Brieftasche; die war noch da.
»Das ist...«, sagte Graham und machte eine kleine Pause auf der Suche nach dem richtigen Wort. »...bemerkenswert.« Der Kartenmacher würde im Notfall der Polizei keine Beschreibung von Graham liefern, sondern eine so lebensechte Zeichnung, dass ein unerfahrener Beamter gleich die verhaften würde. Corelius lächelte hintergründig.
»Wenn man so lange in Whitechapel lebt wie ich, hat dieser Ort keine Geheimnisse mehr. Und es ist kein kompliziert aufgebautes Viertel, wie manche in Alexandria oder Kairo. Das sind echte Labyrinthe. Whitechapel dagegen ist ein einfaches Dorf mit einfachen Menschen.«
»Und einem Monster.« Graham wusste nicht, warum er das sagte. Corelius sah ihn nachdenklich an.
»Das sucht Ihr also. Nicht alle Monster sind als solche zu erkennen.«
»Ich befürchte, dieses schon.«
»Dann muss es sich sehr gut verstecken, denn in dieser kleinen Welt passiert nichts, ohne dass der eine oder andere es mitbekommt.«
»Und wo wäre dieses Versteck?« Corelius schwieg eine Weile.
»Ich nehme an, Euer Name ist nicht wirklich Gorgio Armani.«
»Ich komme nicht mal aus Italien.«
»Woher soll ich wissen, dass Ihr nicht das Monster seid?«
»Ein Mann mit einer solchen Beobachtungsgabe?« Graham wies auf die Karte. »Ich denke, Ihr erkennt ein Monster, wenn Ihr eins seht.« Wieder sah Corelius Graham prüfend an und gab Graham damit das Gefühl, dass er gerade einem wichtigen Test unterzogen wurde. Dann nahm Corelius die Karte zurück und fügte mit schnellen Strichen einige Details hinzu.
»Das sind die Eingänge zur Kanalisation. Man sagt, die Römer selbst hätten sie noch erbaut. Groß genug, dass ein erwachsener Mann darin laufen könnte, sogar der Riese. Und an einigen Stellen hoch genug für eine Kreatur, die noch etwas größer als ein erwachsener Mann ist.« Die Erwähnung der Kreatur machte Graham hellhörig. Ein Riese, das konnte vorkommen, aber eine

Kreatur? Wenn sie einem Mann wie Corelius auffiel, der angeblich schon alles gesehen hatte, dann konnte das nur Jack sein.

»Habt ihr so etwas gesehen?«

»Einen Schatten. Er reichte aus, um jeden Wunsch im Keim zu ersticken, dem Schattenwerfer zu begegnen.«

»Und wo?« Corelius sah erstaunt auf.

»Ihr habt vor, das Biest zu suchen?«

»Ich muss.«

»Dann seid ihr entweder ein Narr oder ein Held.«

»Woran merkt man den Unterschied?«

»Der Held überlebt«, erwiderte er. »Kommt morgen wieder. Ich war nie selbst in der Kanalisation, aber ich kenne einen Tusher. Ohne Plan ist man dort unten verloren.«

»Und wenn ich morgen wiederkomme, wartet Scotland Yard auf mich.« Corelius lachte nur.

»Das hier ist Whitechapel. Nicht mal die Ratten aus der Kanalisation reden hier mit den Peelern.«

Entweder hatte er einen Freund fürs Leben gewonnen oder bewiesen, dass er über eine ungesunde Gutgläubigkeit verfügte, dachte Graham, als er den Laden des Kartenmachers verließ. Corelius hatte etwas gesehen. Warum hatte er es dann nicht gemeldet? Richtig - kein Bewohner von Whitechapel würde mit der Polizei reden. Aber die anderen Bewohner warnen? Das Problem lautete: Niemand würde ihn ernst nehmen. Nicht in einem Stadtteil, in dem die einzige Möglichkeit, das Leben halbwegs erträglich zu gestalten, darin bestand, sich bereits morgens ein Pint zu genehmigen und den Rest des Tages dafür zu sorgen, dass der Alkoholpegel nicht weiter absank. Die meisten Menschen hier sahen Dinge, die unglaublich erscheinen mussten und die meisten davon leider nur in ihrem Kopf. Einen Saurier durch die Straßen rennen zu sehen? Vermutlich war es ein guter Tag und das Geld reichte bereits vor Zwölf für den ersten Rum. Das hieß, dass niemand ihm[17] glauben würde, wenn er die Leute

17 oder Corelius, der hier in der Gegend ein angesehener oder wenigstens bekannter Bürger war

vor einem freilaufenden, mörderischen Biest warnte.

Dazu das merkwürdige Desinteresse am Tod von Mary Ann Nichols, als würde Ähnliches jeden Tag passieren. Was es vielleicht auch tat. Häusliche Gewalt war kein Tabuthema, sondern normal. Mehr als einmal hatte Graham gehört, wie ein Betrunkener herumgrölte, dass er seine Alte mal wieder kräftig zusammenstauchen müsste und niemand hatte sich darüber aufgeregt. Glaubten die Menschen, dass Nichols Tod ein außer Kontrolle geratener Ehestreit war? Und hielten sie sich deshalb bedeckt, weil sie befürchteten, im Lauf der Ermittlungen für eigene Ausraster zur Verantwortung gezogen zu werden? Wenn seine Theorie stimmte, würde ihm niemand glauben. Für die meisten hier stellte er sowieso kaum mehr als ein Sparschwein auf zwei Beinen dar, welches man nach Einbruch der Dunkelheit ausnehmen konnte, aber zu diesem Zeitpunkt hatte Graham vor, in seinem von innen verschließbaren Zimmer zu sein.

Als er am Abend in den Inn zurückkehrte, hatte Samuel das Essen schon auf den Tisch gestellt. Gestampfte Kartoffeln, kalter Braten und eine Soße, die schon geronnen war und außer Fett nur noch Spurenelemente von Gewürzen enthielt, daneben ein Krug schales Bier. Aber Graham war ausgehungert und durstig und in seinem kulinarischem Universum schlug Quantität Qualität jederzeit. Er setzte sich an den Tisch und schlang die Mahlzeit in sich hinein. Später am Abend brachte er das Geschirr in die Schankstube, in die sich ein paar unverbesserliche Stammgäste eingefunden hatten und wurde von ihnen vollständig ignoriert. Er trank aus Höflichkeit einen Krug Bier, diesmal frisch vom Fass, was den Geschmack ein wenig verbesserte, und unterhielt sich mit dem Wirt über ein paar nichtssagende Banalitäten[18]. Es war Nacht geworden, als er allein in dem von innen abgeschlossenen Schlafzimmer stand und in den dunklen Hof starrte, wo Annie Chapman in weniger als einer Woche ihr Leben

18 Nur dass Graham gegenüber dem Wirt nie das Wort Banalitäten benutzt hätte; das Bildungsniveau des Mannes offenbarte schon nach drei Sätzen erschreckende Abgründe

verlieren würde.

Zeit ist ein kompliziertes Phänomen, wenn man sich einmal genauer damit beschäftigt. Naja, es reichte schon aus, alle Staffeln von Doctor Who zu sehen, um einen Eindruck davon zu bekommen, dass man mit solchen Sachen nicht leichtsinnig herumspielen sollte. Wenn er die Zeit hier verändern würde, die seine Vergangenheit war, wäre der Zug in seine Zukunft endgültig abgefahren. Diese Zukunft hielt nicht viel bereit, was er vermissen würde; von einem mit siebenundzwanzig Millionen Pfund gefüllten Bankkonto abgesehen. Welches aber im Vergleich zu Miranda deutlich an Attraktivität verloren hatte. Selbst wenn sein Verhältnis zu Miranda im Moment gerade kompliziert war.

Als er am nächsten Morgen den Laden des Kartenmachers betrat - nicht ohne denselben vorher ein paar Minuten beobachtet zu haben, um sicherzugehen, dass dort drinnen keine Hundertschaft Polizisten auf ihn wartete - überreichte ein ziemlich verkaterter Corelius ihm die versprochene Karte. Offensichtlich gewann man das Vertrauen eines Tushers weniger mit Geld und guten Worten, sondern eher mit Geld und einer Menge Alkohol. Dafür war das Ergebnis, für das er den Kartenzeichner angemessen bis fürstlich entlohnt hatte, ein Meisterwerk. Wie Corelius es geschafft hatte, sie in nur einer Nacht zu zeichnen, blieb Graham ein Rätsel. Was ihm kein Rätsel blieb, war die Tatsache, dass er das Labyrinth unter den Straßen auf keinen Fall allein betreten würde. Erstens bestand eine gute Chance, dass er zwar den Weg hinein, aber nicht den hinaus finden würde, zweitens bestand die Kanalisation aus Sackgassen, Nischen, Höhlen, Loops und Abgründen, in denen sich der Velociraptor schneller und verstohlener bewegen konnte als das Alien auf der Nostromo. Graham hatte nicht die geringste Lust so zu enden, wie die Besatzung dieses Raumschiffs. Nein, er würde sich nur in Roxtons Begleitung dort hinunter wagen.

Deshalb verbrachte Graham die folgenden Tage wie geplant damit, die Gegend kennenzulernen. Das Habitat der Beute. Seine Behauptung, ein Finanzbeamter zu sein, hielt ihm neugierige

Menschen vom Hals und senkte deren Hilfsbereitschaft so, wie Graham es vorausgesehen hatte. Fragen wurden nicht beantwortet, sodass Graham seine Informationen hauptsächlich durch das Belauschen tratschender Hausfrauen bekam. Aber nicht einmal während der ganzen Zeit hatte Graham gehört, dass die Menschen über Mary Ann Nichols redeten oder sich Sorgen machten, ob der Mann, der dafür verantwortlich war, auch bald geschnappt wurde. Was er auch nicht entdecken konnte, war eine Spur erhöhter Polizeipräsenz; nicht ein einziger Beamter lief ihm während der ganzen Zeit über den Weg. Dieser Stadtteil war abgeschrieben. Wer hier landete, war praktisch schon in der Gosse. Kein Wunder, dass Roxton in so einer Gegend nicht mehr Zeit als notwendig verbringen wollte.

Die Jagd...

Umso überraschter war er, als der Lord am Morgen des siebten September im Inn auftauchte. Graham hatte sich seit einigen Tagen in der kleinen Kammer eingerichtet. Nicht um Gerüchten vorzubeugen - dazu war es schon zu spät - sondern weil das Schlafzimmer zwar relativ groß, aber auch unbheizt war und die kleine Kammer sich schneller aufwärmte. Das Erste, was ihm auffiel, als er die Stube betrat, war, dass jemand das Frühstück aufgegessen hatte. Vollständig. Beide Portionen. Das Zweite, was ihm auffiel, war ein Geräusch aus dem anderen Zimmer. In der Hoffnung, den Missetäter auf frischer Tat zu ertappen[19], stürmte Graham ins Nebenzimmer und rannte Roxton fast um, der gerade ein langläufiges Jagdgewehr mit einem Fernrohraufsatz auf ein Gestell montierte. Er ließ sich von Grahams Erscheinen nicht stören - falls er es überhaupt mitbekommen hatte. Erst als er die Waffe fest mit der Halterung verschraubt und die korrekte Ausrichtung geprüft hatte, sah er zu Graham. Der fühlte sich an unzählige Thriller erinnert, in denen der psychopathische Scharfschütze genau die gleichen Vorbereitungen getroffen hatte.

»Guten Morgen, Mr. Rodderik.« Zivilisiert bis in die Haarspitzen. Das waren die Schlimmsten.

»Guten Morgen, Lord Roxton. Ich muss gestehen, ich habe Sie so früh nicht erwartet.«

»Sie sagten, dass Annie Chapman am Achten gefunden wird. Gefunden, nicht umgebracht. Der Mord muss vorher passiert

19 Hätte Graham an dieser Stelle rational gehandelt, wäre er vorsichtiger vorgegangen. Aber sein Hunger hatte ihn mit gerechtem Zorn gefüllt und den Mut verliehen, in einen Raum zu rennen, in dem sich auch eine Gruppe Raubmörder aufhalten konnte. So kann ein leerer Magen Helden erschaffen.

sein. Wie sieht die Frau überhaupt aus?«
»Keine Ahnung.« Roxton schaffte es, mit einer hochgezogenen Augenbraue so viel Enttäuschung zum Ausdruck zu bringen, dass Graham schlecht wurde.
»Ich habe eine Karte von Whitechapel besorgt«, brachte er zu seiner Verteidigung vor. »Ober- und unterirdisch.«
»Unterirdisch?« Das weckte Roxtons Interesse. Graham breitete Corelius' Karte aus und erklärte Roxton die Lage der Eingänge in die Kanalisation. »Das würde einiges erklären.«
»Was genau?«
»Warum niemand den Täter gesehen hat. Aber falls sich der Raptor durch die Kanalisation bewegt, dann ist es logisch, dass niemand ihn mitbekommt. Und es würde zu dem passen, was Challenger und Summerlee berichten.« Roxton wies auf die zwei dicken Stapel Papier, die er auf den Tisch gelegt hatte.

Die Professoren hatten ihren Auftrag wirklich ernst genommen. Und sie waren unübertroffen in der Schärfe ihrer Beobachtungen, die sich im Detailreichtum ihrer Berichte niedergeschlagen hatte. Sogar die Anzahl der Schuppen in den verschiedenen Altersstufen hatten sie aufgeschrieben; nicht dass das im Moment helfen würde. Jack, wie die beiden Akademiker den Saurier nannten, gehörte zwar zu den wechselwarmen Tieren und war auf entsprechend hohe Temperaturen angewiesen, allerdings hatten sie bei ihrem Exemplar eine bemerkenswerte Kälteresistenz festgestellt. Statt im verregneten London in Kältestarre zu verfallen, konnte Jack sich recht flott fortbewegen, sogar nachts, wenn die Sonne nicht schien und damit jede Wärmequelle fehlte. Theorien über das ungewöhnliche Verhalten des Tieres nahmen drei Viertel der Berichte ein, wobei man das Ganze in zwei Zeilen hätte zusammenfassen können: Jack war durch seinen Schlupf im kalten London an das hiesige Klima gewöhnt.

Roxton studierte die Karten.
»Wir sind hier. Und wenn Annie Chapman hier gefunden wird, dann muss der Raptor diesen Ausgang hier benutzen.« Roxton zeigte auf ein Kanalgitter auf der Straße in der Nähe der Hofein-

fahrt.
»Oder diesen hier«, sagte Graham und tippte auf einen zweiten. Der war auf der Zeichnung kaum zu erkennen. Ursprünglich lag auch dieser Eingang in die Kanalisation im Freien, aber irgendwann musste sich jemand gedacht haben, dass es eine tolle Idee wäre, eine Gerberei direkt darüber zu bauen. Vielleicht betrachtete der neue Eigentümer den Kanal als eine Art Bonus, eine zusätzliche und wenn man es geschickt anstellte, kostenlose Entsorgungsmöglichkeit für Abfälle aller Art.
»Der ist weiter weg«, stellte Roxton fest.
»Aber liegt verborgen. Und das Haus steht seit Jahren leer. Jack könnte sich hier im Dunkeln verstecken und seiner Beute auflauern.«
»Wäre möglich. Aber wir können nicht beide Ausgänge gleichzeitig im Blick behalten. Oder?« Graham hatte sich an Roxton gewandt, weil dieser der Experte für Großwildjagd war. Beide Ausgänge zu überwachen würde bedeuten, dass Graham an einem davon allein und bewaffnet auf Jack warten müsste. Was bedeutete, das er im Notfall auf den Saurier schießen müsste. Und da bestände die nicht zu vernachlässigende Möglichkeit, einen Unschuldigen zu treffen. Graham schüttelte den Kopf. »Auf welchen setzen wir?« fragte Roxton. Graham tippte auf die alte Gerberei. Es gab keinen logischen Grund, warum das der richtige Ausgang sein sollte, aber sein Bauch hatte es ihm gesagt. Und obwohl Graham stolz darauf war, ein vollkommen rationaler Kopfmensch zu sein, hatte sein Bauch in letzter Zeit erstaunlich oft richtig gelegen. Roxton nickte. »Ziehen Sie sich warm an. Es ist ein kalter Herbst.«

Warm anziehen war leichter gesagt als getan. Graham hatte sich in einem Second-Hand-Shop einen Mantel gekauft, wobei man das Second eher durch Seventh oder Eight ersetzen sollte. Der größte Vorteil bestand darin, das er dadurch mit der Umgebung verschmolz. Der größte Nachteil bestand darin, dass er praktisch überhaupt nicht mehr wärmte. Der Stoff war so abgetragen, dass er bei Tageslicht nicht einmal als Sichtschutz taugte. Außerdem stank das Teil erbärmlich. Aber im Shop hieß es entweder den oder gar keinen. Graham hatte bezahlt und gehofft, dass sich der Geruch auslüften würde. Ein Irrtum. Roxton war von der Geruchsphalanx überrascht, merkte aber an, dass sie als Vorbereitung für den Besuch in einer Gerberei gar nicht so schlecht war. Abgesehen davon umflatterte der dünne Stoff Grahams Statur so, dass Batman neidisch geworden wäre[20].

Graham kletterte hinter Roxton aus dem Fenster und die Regenrinne hinunter. Die Fenster der umliegenden Häuser waren dunkel, die Fensterläden geschlossen. Niemand beobachtete sie. Genausowenig wie ein paar Stunden später den Mord an Annie Chapman. Zudem war es auf dem Hof dunkel wie in einem Bärena... sehr dunklen Ort. Es klickte leise, als Roxton die kleine Ruhmkorffsche Lampe[21] anschaltete, aus der er dann einen schmalen Lichtstreifen über den Hof leuchten ließ.
»Wir sehen keine fünf Meter weit«, flüsterte Graham. »Wie sollen wir mitbekommen, wenn das Biest hier auftaucht?«
»Wenn Sie nichts sehen können, müssen Sie sich eben auf Ihre Ohren verlassen«, flüsterte Roxton zurück. Graham zweifelte, ob das etwas bringen würde. Die Expedition in den südamerikanischen Dschungel hatte ihn gelehrt, dass Tiere wirklich leise seine können. Wobei die Regel galt: Je gefährlicher, desto leiser. Zikaden hörte man gut, die taten aber auch nichts[22]. Panther zum Beispiel konnten lautlos bis auf fünfzehn Zentimeter an einen ahnungslos im Busch hockenden Mann herankommen, wenn dieser gerade mit Verdauungsproblemen zu kämpfen hatte. Zum Glück war das Tier äußerst allergisch gegen laute Geräusche und von denen machte Graham genug, als er endlich mitbekam, woher das Schnüffeln kam.

Aber ein Velociraptor auf der Jagd? Challenger hatte sich auf einigen Seiten in seinem Bericht darüber ausgelassen, inwiefern das Jagdverhalten der Raubsaurier erlernt oder angeboren war. Aufgrund der Jugendlichkeit des Tieres war das noch nicht genau festzustellen gewesen. Challenger ging aber davon aus, dass Jack

---

20 Natürlich kann man das schwer sagen, wegen der Maske des Superhelden und seiner Abneigung gegen Mimik.

hier Defizite aufwies, da er kein Rudel hatte, von dem er die Jagd lernen konnte. Natürlich war es überhaupt nicht hilfreich, dass Summerlee die komplett gegenteilige Position vertrat und diese in seinem Bericht ausführlich begründete. Mindestens genauso schlüssig wie sein Kollege, was den Laien, der zwischen diesen beiden Positionen stand, überhaupt nicht weiterhalf.

Wenn Roxton der Meinung war, er könnte den Saurier hören, dann gut. Solange er voranging. Was er im Moment tat. So schnell, dass Graham rennen musste, um den Anschluß nicht zu verlieren, denn Roxton schlich bereits zur Gerberei.

---

21 Ruhmkorffsche Lampen waren der letzte Schrei, seit in der Times der Bericht eines dubiosen Herrn Lidenbrock erschienen war, der behauptete, mit Hilfe eben jener Lampen in einen Vulkan eingestiegen und von dort bis zum Mittelpunkt der Erde gelangt zu sein. Eine maßlose Übertreibung, da war sich Graham sicher. Schließlich war allgemein bekannt - zumindest in seiner Zeit - dass der Erdmittelpunkt aus einem Kern flüssigen Eisens bestand; keine Gegend, in der man unbeschadet herumwandert. Wenn doch, dann waren Lampen da überflüssig.
Das änderte aber nichts daran, dass jeder Londoner mit ein paar Münzen zuviel in der Tasche exakt so eine Lampe haben wollte. Auf Grahams vorsichtigen Vorschlag hin, ein paar dieser Lampen zu produzieren, hatte er von Miranda nur einen bösen Blick kassiert und die verächtliche Bemerkung, dass eine echte Erfinderin sich nicht damit abgibt, billige Kopien einer anspruchslosen Technik herzustellen. Erst als Mrs. Tingles drei Tage hintereinander ihr Hassgericht[[Gegenteil von Lieblingsgericht]] Gräupchen servierte und meinte, dass nicht genug Geld in der Haushaltskasse war, etwas anderes zu kaufen und wie schön es wäre, wenn es in dem kleinen Tinkerershop, den Mirandas Vater ihr hinterlassen hatte, etwas zu verkaufen gäbe, auf das die Leute ganz wild wären und damit etwas anderes als Staubflusen in der Zuckerdose auf dem obersten Küchenbord landen würde, änderte sich Mirandas Einstellung. Ihre Lampen, kleiner, leichter und heller als die Modelle der Konkurrenz, wurden ein Verkaufsschlager und ein paar Tage lang brauchte Graham sich nicht in Hauseingängen und Toreinfahrten zu verstecken, wenn er den Bäcker oder den Fleischer auf der Straße sah. Dann war der Hype vorbei.
22 Außer hundemüden Reisenden den Schlaf zu rauben.

Die Tür war nicht verschlossen. Sie schwang nach einem leichten Druck geräuschlos auf, eine Tatsache, die Graham nervös machte. Das Gebäude selbst schien verlassen. Zumindest von Menschen, leider nicht von Spinnen. Und nach deren Netzen zu urteilen waren die so groß wie Ratten.

»Habe ich bereits einmal erwähnt, dass ich Spinnen nicht mag?«

»Nein. Aber der Verdacht kam mir bei dem Vogelspinnen-Vorfall im Dschungel.« Diesen Vorfall hatte Graham aus seinen Erinnerungen verdrängt. So wie Roxton grinste, erinnerte der sich aber bis ins kleinste Detail daran.

Der Lord ließ den Lichtstrahl seiner Lampe über die Wände, die Treppen in das obere Geschoss, die vernagelten Fenster und zahllose leere und zerbrochene Bottiche gleiten. Alles war von einer fingerdicken Staubschicht[23] bedeckt. Erstaunlich für einen Stadtteil, in dem mindestens genauso viele Menschen auf der Straße wie in den Häusern lebten. Dass die Gerberei leerstand und dazu noch relativ unberührt blieb, hatte einen einfachen Grund: der Gestank. Es roch nach Schimmel, Urin und noch mehr Urin. Graham wusste, dass die Gerber schon im alten Rom morgens durch die Straßen zogen und den Inhalt der Nachttöpfe einsammelten. Aus dem Urin wurde Harnsäure gewonnen, die zum Gerben von Leder benutzt wurde. Und zweitausend Jahre später war das immer noch die billigste Methode, Leder geschmeidig und haltbar zu machen. Und sie stank heute genauso wie damals, weshalb die Gerber definitiv keine Werkstatt in den besseren Vierteln der Stadt bekamen. Auch daran hatte sich in den letzten zweitausend Jahren nichts geändert.

Die Staubschicht auf dem Boden war unberührt bis auf einen breiten Streifen, der von einem Loch in der gegenüberliegenden Wand bis zu einem Haufen Lumpen führte, der neben einem offenen Kanaleinstieg lag. Roxton kniete bereits über dem Bündel. Und Graham befürchtete zu wissen, was es war.

---

23 Graham hatte nachgemessen.

...fällt aus.

»Wir kommen zu spät«, stellte Roxton nüchtern fest. Er untersuchte die Leiche wie ein Großwildjäger, der seine Beute ausnehmen will.

»Ist das...?« Graham hielt Abstand. Von einem Mord zu wissen ist eine Sache, neben einer Leiche zu stehen eine ganz andere. Auch wenn er in seinem Leben bereits tausende Leichen gesehen hatte: Denen auf den Bildschirmen fehlte der spezifische Geruch, der Graham hier massiv traf. Und er wusste, dass den meisten Opfern des Rippers innere Organe fehlten, aber er war nicht scharf darauf, es zu sehen.

»Ich befürchte ja.«

»Und wie lange...?« Roxton leuchtete auf die dunklen Flecken neben der Leiche von Annie Chapman.

»Ein bis zwei Stunden, so wie das Blut geronnen ist. Das ist seltsam.« Den letzten Satz hatte Roxton mehr zu sich gemurmelt. Der Lord kniete über der toten Frau, die Nase weniger als einen Inch von den klaffenden Wunden entfernt. Es schien, dass Roxton sich der Untersuchung mit unangemessenem Enthusiasmus widmete. Einer Begeisterung für Blut und Tod und sowas. Graham dagegen hatte Mühe, dass der Inhalt seines Magens blieb, wo er war.

»Hier, schauen Sie sich das an.« Das war etwas, was Graham vermeiden wollte.

»Mir genügt Ihre Zusammenfassung.« Roxton sah auf, dann begriff er. Wahrscheinlich war es für ihn unvorstellbar, dass Menschen nicht von Seen aus Blut begeistert waren.

»Diese Verletzungen« - dabei deutete Roxton auf ein paar oberflächliche Schnitte, wie Graham mit dem kürzestmöglichen Blick feststellte - »können durchaus von einer Kralle stammen. Aber die Schnitte hier drin, die sind von etwas schärferem.«

»Chili?« Unangemessener Sarkasmus war Grahams letzter Schutzwall vor dem endgültigen Kollaps.

»Ein Messer«, dozierte Roxton. »Sehen Sie hier.« Roxton griff in den Körper und zog mit einem schmatzenden Geräusch etwas heraus. Grahams letzte Mahlzeit schaffte es zurück in die Speiseröhre, bevor er sich wegdrehte und sich wieder in die Gewalt bekam. Aber er hatte genug gesehen; das, was Roxton ihm entgegengehalten hatte, war glatt abgeschnitten. Die Kralle eines Velociraptor mochte scharf sein, aber sie war nicht für chirurgisch exakte Schnitte vorgesehen. Dafür brauchte es ein Skalpell. Und Skalpelle wurden üblicherweise von Menschen benutzt.

»Und was bedeutet das?«

»Vielleicht suchen wir zwei Bestien.«

»O Universum, könntest du das Leben zur Abwechslung mal leichter machen?« Graham lauschte kurz, aber das Universum antwortete nicht. Dafür wurde er stutzig. »Wieso haben wir nichts gehört?«

»Ich glaube nicht, dass der Raptor sie hier drin erwischt hat. Wahrscheinlich eher dort draußen, dann hat er seine Beute hier herein geschleift, um zu fressen. Oder jemand anderes hat die Leiche gefunden und hierher gebracht, um sein Werk zu verrichten.«

»Sollten wir nachsehen?« fragte Graham und wollte der Spur folgen, die nach draußen führte. Roxton hielt ihn zurück.

»Nein. Nicht hierlang. Wir würden Spuren hinterlassen.« Graham schaute zur Tür, durch die sie gekommen waren. Und den zwei Reihen Fußabdrücken, die sie hinterlassen hatten.

»Das haben wir schon.«

»Kein Problem. Helfen Sie mir mal.« Graham starrte Roxton ungläubig an.

»Was soll ich?«

»Helfen. Wir ziehen die Leiche raus, legen sie auf den Hof und löschen gleichzeitig unsere Spuren aus.«

»Aber... das ist ein Tatort!«

»Und?«

»Wir könnten Spuren verwischen!« Roxton runzelte die Stirn.
»Das genau ist der Plan.« Graham überlegte, wie er dem Lord klar machen sollte, was er meinte. Hinweise auf CSI konnte er sich sparen; es gab ja noch nicht einmal Fernseher. Außerdem hielt er Roxton nicht für den Typ, der sich abends vor die Kiste setzte.
»Wir könnten Hinweise vernichten, die die Polizei auf die Spur des Täters bringen könnte.«
»Vor allem werden wir Hinweise vernichten, die die Polizei auf unsere Spur bringen würde. Außerdem wissen wir, wer dafür verantwortlich ist. Und sagten Sie nicht, die Leiche wird am Achten auf dem Hof gefunden?« Graham kratzte sich am Kopf.
»Ja, schon.«
»Dann sorgen wir dafür, dass die Fakten mit dem übereinstimmen, was Sie bereits kennen. Wenn wir den Körper hier drin liegen lassen, ist es möglich, dass er nie entdeckt wird. Oder glauben Sie, in den letzten Jahren ist hier ein Mensch gewesen?« Unbewusst kaute Graham auf einem Fingernagel, als er nachdachte. Es stimmte, Chapman war auf dem Hof gefunden worden. Warum nicht in der Gerberei? War die Vergangenheit, die er kannte, so, weil Graham sie selbst auf diese Weise gestaltet hatte? Er schaffte es nicht, seinen Gedanken zu Ende zu denken, als Roxton ihn an der Schulter rüttelte.
»Kommen Sie, ich möchte nicht entdeckt werden, solange ich neben einer Leiche stehe.« Graham nickte schwach.

Annie Chapman hätte eine etwas pietätvollere letzte Reise verdient, statt als eine Art überdimensionierter Wischlappen über den Boden gezerrt zu werden. Erst am Eingangstor hob Roxton den Körper hoch und trug sie auf den Hof. Diese Illusion von Menschlichkeit zerstörte Roxton mit der Erklärung, dass er damit eine Blutspur zur Gerberei vermeiden wollte. Nachdem er die Leiche abgelegt hatte, schloss Roxton das Tor und verkeilte es.
»Wird die Polizei nicht die ganze Gegend durchsuchen?«
»Ich kenne Abberline. Bei dem können wir froh sein, wenn er nüchtern auftaucht. Der hält sich nicht länger als nötig hier auf.«
»Und wenn das Yard einen anderen Inspektor schickt?«
»Das hier ist Whitechapel. Hierher wird keiner von der A-Liga

geschickt. Kommen Sie, ich will mir ansehen, wo Annie Chapman umgebracht wurde.«

Roxton hatte nur einen Blick auf die Karte geworfen, die Graham von Corelius besorgt hatte. Der Blick hatte maximal drei Sekunden gedauert und trotzdem fand sich der Lord in Whitechapel schon besser zurecht als Graham nach einer Woche. Ein Phänomen, das Graham bewunderte, obwohl er das nur über seine Leiche zugeben würde[24] Sie waren über das Regenrohr zurück ins Zimmer geklettert und hatten den Inn anschließend durch den Vordereingang verlassen. Das war viel cleverer als die bequeme Version zu nehmen und aus der Hofeinfahrt von Nummer 29 Hanbury Street zu spazieren, wo man gesehen werden konnte und schlimmer noch, wo sich jemand daran erinnern konnte, dass zwei Herren den Hof, auf dem einige Stunden später eine Leiche entdeckt werden würde, verlassen hatten. Roxton lief zielsicher durch das Labyrinth der Straßen, bis sie wenige Minuten später hinter einem großen Gebäude standen. Seine Nase sagte Graham, dass es die Rückseite der Gerberei war. Der Hof, auf dem sie standen, konnte nur deshalb so bezeichnet werden, weil die umstehenden Gebäude noch nicht in sich zusammengestürzt waren. Die Betonung lag auf *noch*. Unkraut, Gras, Sträucher und junge Birken hatten das Pflaster zur Seite gedrückt und den Boden für sich erobert. Im Dämmerlicht konnte man glauben, im Dschungel auf dem Plateau in Südamerika zu sein, dem natürlichen Habitat der Velociraptoren. Die abstoßende Wirkung der Gerberei wirkte selbst in ihre Nachbarschaft hinein.

»Das ideale Jagdgebiet«, stellte Roxton fest.

»Ja. Aber warum sollte Annie Chapman hierher kommen?« Roxton wies in die Dunkelheit.

»In der Nähe ist ein Boardinghaus. Damen mit einem verhandelbaren Maß an Zuneigung nutzen es gern als Schlafgelegenheit, wenn niemand zum Verhandeln da ist.«

»Woher...?«

---

24 Was beim Umgang mit Roxton sehr schnell der Fall sein konnte.

»Es mag nicht so aussehen, aber ich interessiere mich für Menschen. Auch für solche außerhalb meiner Klasse.«

»Ein wahrer Menschenfreund.«

»Nein, das nun gerade nicht.« Roxton machte einen Schritt vorwärts, mitten in das undurchdringliche Dunkel hinein. Graham erwischte ihn gerade noch am Jackenzipfel. »Was ist?« zischte Roxton.

»Und wenn er noch da ist?«

»Unwahrscheinlich. Er hat gerade gefressen. Normalerweise stellen satte Raubtiere keine Gefahr dar.«

»Weiß das auch Jack?«

»Vermutlich.« Roxton entzog Graham seine Jacke und arbeitete sich in die Ruine vor. Nach einem kurzen Zögern folgte Graham. Er hatte sich vorgenommen, dieses Monster unschädlich zu machen. Dazu gehörte es, Risiken einzugehen. Als sie weit genug von der Straße weg waren, um nicht mehr gesehen zu werden, schaltete Roxton seine Lampe wieder an. Akribisch untersuchte er den Boden vor sich und Graham tat das Gleiche. Und weil sie sich so auf den Boden konzentrierten, erschraken beide, als eine schmale Hand aus dem Schatten heraus nach Roxtons Ärmel griff.

Nummer Sechs lebt

»Ist Ihnen kalt, Sir? Ich kann Sie wärmen.« Aus dem Schatten eines vor langer Zeit zusammengestürzten Hauseingangs trat ein junges Mädchen. Junges Mädchen traf es nicht richtig: Es war ein Kind.
»Verdammt, ich habe mir fast in die Hosen gemacht!« entfuhr es Graham. Roxton entfuhr gar nichts, im Gegenteil: Der Lord war zu einer Salzsäule erstarrt. *Seltsam für einen Großwildjäger*, dachte Graham, als er dazu wieder in der Lage war. Das hatte eine Weile gedauert, aber Roxton hatte sich immer noch nicht gerührt. Hoffentlich war es kein Schlaganfall; das wäre für den weiteren Verlauf der Jagd auf den Velociraptor extrem ungünstig. Und für Roxtons Leben ebenfalls.

Solange Roxton sich nicht rührte, musterte Graham das Mädchen. Er schätzte sie auf fünfzehn oder sechzehn, doch so dünn und blass, sodass sie auch als zwölf durchgehen konnte. Der Stoff ihres Kleides war verschlissen, aber sorgfältig geflickt, was Graham sagte, dass es ihr einziges Kleidungsstück war. Die Schuhe an den Füßen waren dünn und löchrig, sodass sie keinen großen Unterschied zu Barfußlaufen machten. Möglicherweise waren diese Sachen ihre einzigen irdischen Besitztümer. Das Mädchen trug ihr rotes, hüftlanges Haar offen, wohl in der Hoffnung, dass es die Aufmerksamkeit von Männern auf sie ziehen würde. Aber die eingefallenen Wangen zeigten, dass sie schon seit einer Weile nicht mehr genug zu Essen bekommen hatte und die dunklen Augenringe sagten das Gleiche über genügend Schlaf. Roxton bewegte sich immer noch nicht, als das Mädchen einen Schritt auf ihn zuging und sich an ihn schmiegte.
»Ich bin ganz nett zu Ihnen, mein Herr«, sagte sie. Langsam machte sich Graham Sorgen um Roxton. Der sah aus, als hätte er einen Geist gesehen. Graham ging einen Schritt nach vorn, nahm

die Hand des Mädchens und lächelte vorsichtig.
»Wie heißt du?« fragte er mit einer Stimme, die klang, als hätte er eine Kröte verschluckt. Die junge Frau blickte scheu zu Boden. Vielleicht überlegte sie, ob es klug wäre, ihren Namen zwei wildfremden Männern zu verraten. Andererseits war den Namen zu verraten weniger intim als das, was sie eben noch anzubieten bereit war. Es dauerte trotzdem einen Moment, bis sie antwortete.
»Lilly«, sagte sie leise. »Lilly Honeycomb.«

Ein Schlag in die Magengrube hätte Graham nicht überraschender treffen können. Er ächzte, als hätte er wirklich einen abbekommen. Lilly zuckte zusammen, aber nur für den Bruchteil einer Sekunde. Dann gewann der Fluchtreflex. Sie drehte sich um und wollte in die nächste Nische verschwinden, aber damit löste sie Roxtons Blockade. Seine Hand schoss vor und erwischte ihren Arm.
»Lassen Sie mich los oder ich schreie!« rief Lilly. Und Graham, der Roxton für einen harten, eiskalten Jäger gehalten hatte, der seine Beute - oder das, was er fangen will - mit gezielter Technik flucht-, kampf- und vor allem schreiunfähig macht, reagierte unerwartet. Er nahm Lilly nicht in den Schwitzkasten und presste ihr auch nicht die Hand auf den Mund, um sie an der Flucht und am Schreien zu hindern. Statt dessen sagte er:
»Laufen Sie nicht weg. Bitte.« Etwas in seiner Stimme ließ Lilly und Graham aufhorchen. Graham hatte, soweit er sich erinnern konnte, Roxton noch nie das Wort *Bitte* verwenden hören; zumindest so, als würde er es auch meinen und es nicht nur aus reiner Sitte an einen Befehl anhängen. Aber Roxtons Stimme klang, als bemühte er sich mit aller Gewalt seine Emotionen zu unterdrücken. Verwirrt blieb Lilly stehen und Roxton räusperte sich. »Wir wollten Sie nicht erschrecken. Ich befürchte, wir haben uns verlaufen.«
»Ja. Wir sind komplett verloren«, bestätigte Graham. Lilly Honeycomb war Opfer Nummer Sechs und instinktiv wusste Graham, dass es das Beste wäre, sie in nächster Zeit nicht aus den Augen zu lassen. Was natürlich leichter war, wenn sie nicht weglief.

»Vielleicht würden Sie uns... den Weg zurück zu unserer Unterkunft zeigen?«
»Ich weiß nicht«, sagte Lilly. »Meine Mama wartet zu Hause auf mich.«
»Deine Freundlichkeit wird nicht unbelohnt bleiben.« Roxton steckte die andere Hand in die Hosentasche und klimperte mit dem Inhalt. Lilly erkannte den Klang. Es waren Münzen. Viele Münzen. Und es waren nicht die dünnen Blechplättchen, die hier in Whitechapel hauptsächlich kursierten, sondern ihre massiveren Geschwister.
»Natürlich«, sagte sie, den Blick fest auf die Quelle des Geräusches geheftet. »Natürlich helfe ich gern, meine ich.« Dabei schlang Lilly die Arme um ihren Körper und versuchte unauffällig, sich zu wärmen.
»Ist Ihnen kalt?« fragte Roxton.
»Ich... ich muss meinen Schal verloren haben.« Ohne ein weiteres Wort löste Roxton sein Halstuch und reichte es Lilly. Sie nahm es mit einem scheuen Lächeln entgegen.
»Wo wohnen die Herren?«
»Im Greenstable Inn.«
»Oh«, sagte Lilly nur. Der Ausdruck von Angst huschte über ihr Gesicht.
»Beunruhigt Sie etwas?«
»Der Wirt dort mag mich nicht besonders.«
»Ich versichere Ihnen, dass Sie sich um diesem Mann keine Sorgen machen müssen.« Lilly hatte den dargebotenen Arm genommen und war langsam mit Roxton zurück Richtung Straße gegangen. Graham lief hinter ihnen. Kaum kamen sie in die Nähe der Straßenlichter, zögerte sie wieder. Roxton spürte es und strich ihr beruhigend über die Hand. Seltsamerweise hatte die Geste etwas... väterliches.

Es war bereits dunkel, aber auf der Straße waren noch Passanten unterwegs. Auf zwei Beinen die, die in den Pub wollten, auf allen Vieren die, die von dort kamen. Keiner schien sie zu beachten, aber das täuschte. Wenn Graham eins über die viktorianische Zeit gelernt hatte, dann die Tatsache, dass jeder immer unter

Beobachtung stand. Und dass Klatsch und Tratsch der soziale Kitt waren, der die Gesellschaft zusammenhielt; leider oft auf Kosten einzelner Individuen, die nicht ganz ins gesellschaftliche Raster passten. In seiner Zeit hätte sich Graham keine Gedanken darum gemacht, was andere von ihm hielten; dort kümmerte sich keiner um den anderen. Jetzt und hier? Das war eine komplett andere Geschichte. Roxton dagegen kannte das Spiel schon viel länger und wusste genau, was es bedeutete, wenn man ihn, einen Lord, in so vertrautem Umgang mit einem moralisch fragwürdigen Mädchen am Arm in der Öffentlichkeit sehen würde. Lilly schaute zu Roxton auf. Der lächelte sie ermutigend an und nickte leicht. Dann traten sie in das trübe Licht der einzigen Straßenlaterne weit und breit.

Stolz aufgerichtet, wie es sich für einen Lord gehört, schritt Roxton durch die Straße. Die Blicke, die ihm zugeworfen wurden, von Neugier über Verachtung bis hin zu blanken Hass ignorierte er. Lilly an seiner Seite versuchte unsichtbar zu werden. Manche Männer riefen ihnen Kommentare zu, deren Anzüglichkeit dem jeweiligen Alkoholpegel entsprach. Manche Frauen schüttelten den Kopf, als sie Lilly sahen, andere nickten ihr ermunternd zu und sagten Dinge wie: *Netter Fang!* oder *Dicker Fisch! Der hält dich 'ne Weile satt.*
»Halt ihm das Bett schön warm, kleine Prinzessin!« rief eine alte Vettel und grinste hämisch. Mittlerweile hatte Lillys Gesicht ein tieferes Rot als ihre Haare. Vorsichtig warf sie einen Seitenblick zu Roxton. Doch wenn der die Bemerkungen gehört hatte[25], dann hatte er auch beschlossen, darauf nicht zu reagieren. Bis zum Greenstable Inn brauchten sie zwar nur ein paar Minuten, aber die Auswertung dieses unerhörten Vorgangs würde die Gespräche der nächsten Tage in Whitechapel beherrschen. Wenn es da nicht Annie Chapman geben würde.

Als sie den Inn erreichten und den Hof betraten, war Samuel der Erste, dem sie begegneten. Dem fiel die Mistgabel aus der Hand,

25 und so, wie Graham Roxtons Gehör kannte, hatte er jedes Wort mitbekommen

als er erkannte, wen Roxton am Arm hatte. Der lächelte ihn höflich an.
»Meine Nichte wird mit uns logieren. Und wir werden in Zukunft zu dritt auf dem Zimmer speisen. Es wäre nett, wenn Sie für die junge Dame ein Abendessen nach oben bringen würden.« Die Reaktion war ein Grunzen, das so ähnlich klang wie *Dame?*, dann verschwand Samuel in der Schankstube.
»Nach Ihnen«, wandte sich Roxton an Lilly und ließ ihr den Vortritt auf der Treppe nach oben. Nach einem kurzen Blick über den Hof, der aber jedes Detail in sich aufnahm, folgte Roxton und Graham schloss sich ihm an.

Im Zimmer machte Graham Feuer im Kamin. Es war zwar erst Anfang September, aber es war ungemütlich, nass und klamm. Die Erfindung der Doppelglasfenster lag noch in einer fernen Zukunft und von ordentlicher Dämmung hatte man hier auch noch nichts gehört.
»Sie sehen müde aus, Miss Honeycomb«, sagte Roxton. »Gehen Sie nach nebenan. Dort steht ein Bett und Sie können etwas ruhen.« Wieder flackerte die Unsicherheit in ihren Augen auf und etwas erschien darin, was Graham in diesem Moment nicht einordnen konnte. Es war so etwas wie Hoffnungslosigkeit oder Resignation. Sie schlich zum Schlafzimmer, welches Roxton ihr aufgeschlossen hatte und blieb an der Tür stehen.
»Was ist das?« fragte sie und deutete auf das Schloss. Erst später wurde Graham bewusst, dass die Konstruktion für Lilly wie eine Gefängnistür aussehen musste.
»Das erklären wir Ihnen, wenn Sie ausgeruht sind. Es ist nur besser, wenn Sie nichts davon anfassen. Ruhen Sie sich aus.« Jahrelange Erfahrung musste Lilly Honeycomb gelehrt haben, dass es keinen Sinn hatte, sich gegen zwei kräftige Männer zur Wehr zu setzen. Sie nickte, drückte die Tür auf und ging zum Bett, während Roxton die Tür hinter ihr schloss. Dann blieb er eine Weile gedankenverloren stehen und sah dabei mehr als je zuvor aus, als hätte er einen Geist gesehen. Roxton rührte sich nicht, bis es an der Tür klopfte.

Statt Samuel stand Lutton vor der Tür. Und das nicht lange, sondern er schaffte es, sich an Graham vorbei ins Zimmer zu schieben. Er setzte den dampfenden Topf auf dem Tisch ab und schickte sich nicht an, wieder zu gehen.

»Ist etwas?« fragte Roxton.

»Nun, mein Herr«, begann der Wirt. Lutton schwitzte dabei, als wäre es ihm unangenehm, das folgende Thema anzusprechen. Aber die Aussicht auf mehr Geld veranlasste ihn, es trotzdem zu tun: »Ich kam nicht umhin zu bemerken, dass Ihr in meinen Räumen ein Weibsbild beherbergt.«

»Meine Nichte.« Roxton sprach ruhig. Graham kannte diese Ruhe. Und er wäre ganz vorsichtig geworden. Der Wirt kannte diese Ruhe nicht. Und redete weiter.

»Ihre Nichte. Ich verstehe. Sicherlich habt Ihr Eure Nichte schon seit längerem nicht gesehen, denn diese hat einen gewissen Ruf und ich kann leider nicht gestatten, dass dieser Ruf auf mein Haus abfärbt. Möglicherweise kann ich einige Maßnahmen ergreifen. Doch die sind nicht billig.« Bei der Wahl, in einer solchen Situation Roxton oder dem Velociraptor gegenüber zu stehen, hätte Graham sich wahrscheinlich für das Reptil entschieden. Lutton kam zwei Sekunden später zu der gleichen Erkenntnis. Es rummste, als Roxton mit nur einer Hand den Wirt gegen die nächste Wand rammte und dort festhielt. Von dem dümmlichen Landei, als welches er sich eine Woche zuvor hier vorgestellt hatte - und welches nebenbei bemerkt der Hauptbestandteil ihrer Tarnung war - blieb nichts mehr übrig. Die gesunde, rote Gesichtsfarbe des Wirts wich schnell einem Luftmangel-Blau.

»Wollt Ihr andeuten, dass meine Absichten dem Mädchen gegenüber irgend etwas anderes als ehrenhaft sind?« fragte Roxton kalt. Die Antwort bestand aus einem Kopfschütteln. »Oder wollt ihr andeuten, dass die junge Dame sich ungehörigen Benehmens schuldig gemacht hat?« Hier dauerte es etwas länger, bis eine Reaktion kam. Offensichtlich musste Lutton nachdenken, was mehr wog: die Wahrheit oder sein Überleben. Er entschied sich für Kopfschütteln. »Gut«, sagte Roxton. »Denn wenn dem so wäre, würde ich mich gezwungen sehen, Satisfaktion zu fordern, nach den alten Regeln. Vor der Stadt, bei Sonnenaufgang. Natürlich würde ich Euch die Wahl der Waffen überlassen.«

»Wirklich?« krächzte Lutton. Roxton hatte seinen Griff wieder etwas gelockert.

»Genau wie den letzten siebzehn Männern.« Rot und Blau als Gesichtsfarbe waren durch, jetzt kam Weiß an die Reihe. »Und ich würde Euch empfehlen, diese kleine Episode mit keinem Wort zu erwähnen. Wenn jemand nach Reisenden oder dem jungen Mädchen hier fragt, dann werdet Ihr abstreiten, mich, meinen Diener oder das Mädchen jemals in eurem Leben gesehen zu haben. Andererseits wäre ich gezwungen, Euch aufzusuchen und Euch mein Missfallen deutlich spüren zu lassen. Haben wir uns verstanden, mein Freund?« Die Verwirrung war Lutton deutlich anzusehen. Er versuchte gerade herauszufinden, welche Definition von Freund auf diese Situation passte und fand, dass die des Ja-Sagers die höchste Überlebenswahrscheinlichkeit hatte.

»Ja, mein Herr«, beeilte er sich zu versichern. »Ich werde keiner Menschenseele von Euch erzählen. Oder dass das Mädchen bei Euch ist.«

»Gut. Dasselbe gilt für die Mitglieder Eures Haushalts. Ich mache Euch persönlich dafür verantwortlich. Und nun verschwindet.« Das ließ sich Lutton nicht zweimal sagen. Roxton schloss die Tür, drehte sich um und bemerkte Grahams fragenden Blick. »Was?«

»Ich befürchte, unsere Tarnung hat sich gerade in Luft aufgelöst.«

»Ich weiß. Es war die Wahl zwischen Skylla und Charybdis.«

»Pest und Cholera«, verbesserte Graham automatisch. »Ich befürchte, die Kenntnisse in griechische Literatur sind in meiner Zeit abhanden gekommen«, ergänzte er auf Roxtons fragenden Blick.

»Wie auch immer. Der Schutz von Miss Honeycomb erschien mir wichtiger.«

»Was hat es mit Miss Honeycomb überhaupt auf sich? Sie haben ausgesehen, als wäre Ihnen ein Geist begegnet.« Als hätte sie ihren Namen gehört, ging die Tür zum Schlafzimmer auf und Lilly betrat den Raum. Graham wandte seinen Blick sofort ab, nicht aber ohne vorher zwei Dinge über die junge Frau festzustellen: Sie brauchte Essen. Viel Essen: In ihrem jetzigen Zustand hätte sie ohne weiteres einen Job als Schauskelett im anatomischen Institut bekommen können. Und zweitens brauchte sie Kleidung. Viel Kleidung. Wobei es für den Moment genügte, wenn sie irgendwas anziehen würde.

Roxton reagierte ähnlich. Er schlug sich die Hand vor die Augen und bellte:
»Zurück!« Lilly sprang wieder ins Schlafzimmer, als wäre sie gestoßen worden. »Anziehen!« schnauzte Roxton hinterher. Einen Augenblick später kam sie zögernd wieder ins Zimmer. Dabei zitterte sie am ganzen Leib. Roxton zeigte auf den Stuhl, Lilly setzte sich. Dann zeigte er auf den Topf. »Essen!« Lilly zuckte zusammen und sah verunsichert von einem zum anderen. Graham lächelte und schaffte damit mehr Vertrauen als Roxton mit seiner Ein-Wort-Ein-Satz-Gesprächsführung.
»Essen Sie ruhig, Miss Honeycomb«, sagte er und gab ihr den Löffel. Vorsichtig probierte Lilly die Suppe. Nach dem ersten Löffel übernahmen ihre Überlebensinstinkte die Führung. In ein paar Minuten war der Topf leer. Drei Portionen. Weg[26]. Sie musste echt ausgehungert gewesen sein. Wenn sie gekonnt hätte, hätte sie ihren Kopf in den Topf gesteckt und alles ausgeleckt.

Und dann saß sie wieder da: klein, zusammengesunken, schuldig, als hätte sie etwas verbrochen. Graham setzte sich auf den zweiten Stuhl neben sie in einem Abstand, der hoffentlich nicht bedrohlich wirkte, und tappte ihr beruhigend auf die Hand. Roxton blieb ein paar Schritte entfernt stehen, mit einem Gesichtsausdruck wie ein Donnerwetter. Graham hatte keine Ahnung, was sein Problem war.
»Sie brauchen keine Angst zu haben«, sagte Graham. »Wir wollen Ihnen nichts tun.«
»Aber... warum?« Das traf Graham unvorbereitet. Sollte es nicht eigentlich normal sein, keine Angst zu haben?

---

26 In diesem speziellen Fall konnte Graham großzügig über die entgangene Mahlzeit hinwegsehen.

»Wovor fürchten Sie sich?« fragte Graham. Roxton schnaubte, als hielte er das für eine ganz und gar idiotische Frage. Lilly schlug die Augen nieder.
»Sie wissen, was ich bin«, sagte sie leise. Graham, der von solchen sozialen Situationen schon im Normalfall überfordert war, befürchtete das Schlimmste.
»Ja«, sagte Roxton ruhig. »Und ich weiß auch, dass es keine Mutter gibt, die zu Hause auf Sie wartet. Oder irgendeinen Menschen, der sich um Sie kümmert. Denn sonst würde er nicht erlauben, dass Sie in der Dunkelheit allein herumlaufen und Ihnen unbekannte Männer ansprechen.« Im Profil sah Graham, dass Lillys Unterlippe zu zittern begann. Gleich würde sie beginnen zu weinen und das wäre der GAU, denn Graham hatte überhaupt keine Ahnung, wie er mit einer weinenden Frau umgehen sollte. Roxton schien solche Bedenken nicht zu haben.
»Aber ich weiß auch, dass kein Mensch dazu gezwungen sein sollte, sich selbst zu verkaufen.« Lilly schniefte ein wenig.
»Aber das Geld? Ich dachte Sie...«
»Ich gebe Ihnen was Sie brauchen, aber nicht aus den Gründen, die Sie vermuten.« Lilly zögerte immer noch und schaute fragend zu Graham. Der zuckte nur mit den Achseln. Es sollte sagen: *Keine Ahnung, was der Typ neben Ihnen vorhat, aber wahrscheinlich meint er es gut.* Graham hatte keine Ahnung, ob seine Geste das rüberbrachte, aber Lilly schien es zu beruhigen.
»Und was passiert jetzt?«
»Sie werden bei uns bleiben. Sie werden in nächster Zeit diese Räume nicht verlassen. Hier sind Sie sicher.«
»Sicher?« fragte Lilly. »Sicher wovor?« Das war der Moment, in dem ein Mann auf dem Hof vor dem Fenster anfing, nach Hilfe zu rufen. Es dauerte ungefähr ein Augenblinzeln, bis Roxton alle Kerzen im Raum gelöscht hatte.
»Nicht bewegen«, raunte er Graham und Lilly zu. Das war vollkommen überflüssig, denn Graham hatte nicht vor, sich zu bewegen und Lilly war viel zu überrascht, das zu tun. Graham tastete in der Dunkelheit nach ihrer Hand und hielt sie fest. Nicht nur zu ihrer Beruhigung. Roxton stand am Fenster und

schaute auf den Hof.
»Die sind früh dran. Noch ist der Siebte.«
»Vielleicht wurde der Bericht der Polizei erst am Achten geschrieben.« Roxton öffnete vorsichtig das Fenster einen Spalt. Unten auf dem Hof der Hanbury Street 29 stritten sich ein paar mehr oder weniger[27] nüchterne Männer.
»Hol die Peeler.«
»Wenn ich einen Bullen hier sehe, steche ich ihn ab!«
»So wie die Frau hier?«
»Oh mein Gott! Ist das Annie?«
»Meine Fresse! Das ist Annie!« Im Dunkeln war Graham zu Roxton ans Fenster getreten. Die Laternen, die die Männer im Hof benutzten, waren nicht so stark, dass jemand sie hier oben am Fenster entdecken könnte. Sie waren nicht einmal so hell, dass man vom Inn aus genau sehen konnte, was unten auf dem Hof vor sich ging. Zu erkennen waren nur die Schemen von vier oder fünf Männern, die versuchten herauszufinden, was jetzt am besten zu tun war. Oder wie man geradeaus gehen konnte, ohne von einer Wand gerammt zu werden.

»Wir müssen runter, wenn wir mehr erfahren wollen«, sagte Graham.
»Wir wissen bereits alles, was wir brauchen. Und ein paar Trunkenbolde bringen uns nicht weiter. Sobald Abberline hier auftaucht, können wir ihm auf den Zahn fühlen.« Die beiden Männer zuckten zusammen, als direkt hinter ihnen Lillys Stimme erklang.
»Was ist mit Annie?« fragte sie. Statt zu antworten schob Roxton Lilly vom Fenster weg. Wahrscheinlich hätte er sie ins Bett geschickt und die Tür abgeschlossen, aber das Schlafzimmer hatte ebenfalls Fenster zum Hof. Graham dagegen fand, dass Lilly nicht dumm war. Und Menschen, die nicht dumm waren, sollte man nicht in künstlicher Dummheit halten.
»Die Männer dort unten haben eine Leiche gefunden. Die Leiche einer Frau.«

---

27 Okay, eher weniger.

»Und diese Frau ist Annie?« Das Entsetzen in Lillys Stimme war echt. Und tief.
»Annie Chapman. Kannten Sie sie?«
»Und ob! Annie schuldet mir noch fünf Pence!« Graham hielt die Klappe. Fünf Pence waren in einer Gegend wie Whitechapel in diesem Jahr ein kleines Vermögen. Solange er mit Roxton oder Miranda unterwegs war und sich in deren Kreisen bewegte, waren fünf Pence keine Summe, aber für die Bewohner von Whitechapel würde das Geld für ein paar Tage Unterkunft reichen oder ein bis zwei ordentliche Mahlzeiten[28]. Selbst wenn Lillys Entsetzen seine Wurzel eher im Verlust von fünf Pence als im Verlust eines Menschenlebens hatte, war es nicht Grahams Sache, es zu verurteilen.
»War sie eine nette Frau?« Lilly dachte nach.
»Manchmal. Wenn sie nicht besoffen war. Nur das war sie praktisch immer. Aber sie hat versprochen, dass sie mir sieben Pence zurückgibt. Für Südamerika.«
»Südamerika?« Graham war sich nicht ganz sicher, ob er richtig verstanden hatte. Abrupte Themenwechsel überforderten seine limitierten Small Talk Fähigkeiten. Lilly nickte.
»Ich spare für eine Schiffspassage nach Südamerika. Es heißt, in den Wäldern dort wachsen das ganze Jahr über Früchte. Da muss man doch nie hungern, oder? So stelle ich mir das Paradies vor.« Lilly machte eine kurze Pause. »Sie wussten, dass da unten eine Leiche liegt.« *Cleveres Mädchen.* Roxton starrte immer noch in die Dunkelheit. Als wollte er mit seinen Blicken die Nacht durchbohren und den Raptor gleich mit. Was bedeutete, dass Graham die Erklärung übernehmen musste.
»Wir haben sie gefunden, kurz bevor wir dich getroffen haben.«
»Und warum habt ihr nicht die Peeler gerufen? Ihr kommt nicht aus Whitechapel. Leute, die nicht aus Whitechapel kommen, rufen die Peeler. Oder die Schotten.« Roxton grunzte abfällig.
»Scotland Yard? Uns ist es wichtiger, den Mörder zu fangen. Peeler stehen dabei nur im Weg.« Graham bedachte Roxton mit einem warnenden Blick und gerunzelter Stirn. Was immer das

28 Solange man nicht darauf bestand, die Zutatenliste zu sehen.

Problem des Lords war, er sollte es besser nicht an dem Mädchen auslassen.

»Sie war noch nicht lange tot, als wir sie gefunden haben. Und wir hatten gehofft, ihren Mörder noch finden zu können. Oder Spuren.«

»Und warum wart...« Lilly wurde blass, als sie begriff, warum ihr die zwei Männer gerade dort über den Weg gelaufen waren, wo sie ihr über den Weg gelaufen waren. »Wurde Annie dort...«, hauchte sie.

»Möglich.«

»Dann hätte ich...«

»Ja«, bestätigte Roxton. »Wie gesagt: es wäre uns lieb, wenn Sie diese Räume in nächster Zeit nicht verlassen würden. Da draußen ist es im Moment für Sie nicht sicher.«

»Für mich? Warum für mich? Es gibt so viele Frauen da draußen. Jede könnte diesem Monster zum Opfer fallen!« Graham überlegte. Würde ein junges und von Schulbildung verschontes Mädchen einer Geschichte über einen Zeitreisenden aus der Zukunft, einer Expedition in den südamerikanischen Dschungel, eines tödlichen Mitbringsels in Form eines eigentlich ausgestorbenen aber jetzt menschenjagenden Sauriers, verstehen und glauben? Vielleicht wäre es ratsamer, ihr eine besser verdaulichere Lüge aufzutischen.

»Wir vermuten, dass der Mörder Sie dort in den Ruinen gesehen hat. Damit stellen Sie eine Gefahr für ihn dar und wenn er Sie findet...« Graham überließ Lillys Phantasie den Rest. Und so, wie sie reagierte, hatte sie eine ziemlich lebhafte Version davon.

»Wir werden dafür sorgen, dass Ihnen nichts geschieht«, sagte Roxton. »Aber wir müssen abwarten, bis Abberline wieder verschwunden ist, bevor wir die Jagd fortsetzen können.«

»Er ist eigentlich Großwildjäger«, flüsterte Graham auf Lillys fragenden Blick hin. Sie nickte verständnisvoll, als wüsste sie, was ein Großwildjäger ist. Vielleicht unterschätzte Graham Lilly Honeycomb. Man wird in einer Gegend wie Whitechapel als Waise nicht sechzehn Jahre alt, wenn man nicht den einen oder anderen Trick gelernt hatte.

»Sie können das Bett im Schlafzimmer benutzen. Mr. Rodderik schläft in der Kammer dort drüben. Wenn etwas ist, rufen Sie sofort nach ihm. Ich habe etwas zu erledigen. Bis zum Morgengrauen werde ich zurück sein.« Ohne ein weiteres Wort – geschweige denn eine Erklärung seines Verhaltens – verschwand Roxton.

Wissend, dass es mit dem Schlaf sowieso nichts werden würde, ging Graham zum Fenster. Auf dem Hof gab es einen Menschenauflauf, aber ein zehn Fuß durchmessender Kreis um Annie Chapmans Leiche blieb frei. Wenn Roxton und er irgendwelche Spuren hinterlassen hatten, dann waren die jetzt weg. Von unten schallten die Stimmen der Männer, die darüber stritten, ob man die Behörden informieren sollte oder nicht.
»Ich weiß nicht, ob ich schlafen kann«, sagte Lilly. Die schwarzen Ränder um ihre Augen sagten zwar etwas anderes, aber Graham konnte sie verstehen. Die zweite Leiche innerhalb einer Woche und die Befürchtung, selbst auf der Abschlachtliste eines blutrünstigen Mörders zu stehen, waren nicht gerade ein sanftes Ruhekissen.
»Versuchen Sie es. Ich werde Wache halten.«
»Danke«, sagte Lilly. »Für... alles.« Graham nickte. Er konnte in Ansätzen verstehen, wie Lilly sich fühlte. Ein Mädchen, das gezwungen war, sich selbst zu verkaufen und plötzlich von zwei Wildfremden wie ein Mensch behandelt wird. Für jemanden, der so etwas noch nie erlebt hat, wirkte das wie ein Wunder. Graham, der selbst als Waise aufgewachsen war, konnte das nachvollziehen. Er dachte an Fred, seinen ersten und einzigen Freund, der ihn durch die schwere Zeit der Kindheit gebracht hatte und mit ihm durch dick und dünn gegangen war. Bis er sich als Killer-Mechanoid entpuppt hatte, der Graham umbringen wollte. Aber vorher hatten sie recht gute Zeiten miteinander gehabt.

Graham blieb die halbe Nacht in der Dunkelheit am Fenster stehen und schaute auf den Hof. Eine, die er nicht hatte retten können. Er fühlte sich nicht schuldig, dafür war der Name Annie Chapman zu abstrakt, auch wenn er ihren Körper durch die

Gerberei bis auf den Hof geschleift hatte. So irre es klang: Da war sie kein Mensch, keine Person mehr gewesen. Irgendwann hörte er von nebenan keine Geräusche mehr, also war Lilly entweder durch das Fenster abgehauen oder schlief und Graham ging in die kleine Kammer und legte sich ebenfalls hin.

Pygmalion

Graham schreckte aus seinem Schlaf auf, als gegen die Tür gehämmert wurde. Ein gewohnt missmutiger Samuel stellte das Frühstück auf den Tisch.

»Ist es nicht ein wunderschöner Morgen, Samuel?« fragte Graham fröhlicher, als er sich eigentlich fühlte. Aber es würde sich auszahlen, so zu tun, als wüsste er nichts vom Mord ein Haus weiter.

»Nee, ist es nicht. Da ist ne Frau abgemurkst worden.«

»Hier?«

»Im Hof gegenüber. Ham se das nicht mitgekriegt. Wo's doch gleich vor ihrm Fenster ist.«

»Ich habe einen sehr festen Schlaf.«

»Da sin Se aber 'n komischer Diener. Wenn ich schlafe, gibt's Prügel.«

»Wir vom Land gehen mit den Hühnern zu Bett und stehen mit ihnen auf. Dazwischen passiert absolut nichts.«

»Hab ich anders gehört.« Samuel schaute auf die Schlafzimmertür, hinter der sich immer noch nichts tat. Graham trat ans Fenster und schaute nach unten. Mittlerweile standen Polizisten da. Sie hatten Wäscheleinen gespannt und Laken aufgehängt, um den Tatort von der Straßenseite aus abzuschirmen. Außerdem hatte jemand Annie gerade hingelegt und ihre Arme auf der Brust verschränkt, als würde sie schlafen. Von Forensik hatten weder die Anwohner, noch die Beamten je etwas gehört.

»Und Sie? Haben Sie nichts zu tun?« Der Satz kam nicht von Graham, sondern von Roxton, der eben von draußen hereinkam. Samuel zuckte zusammen und verschwand augenblicklich. »Wir müssen uns beeilen. Abberline wird bald auftauchen, und ich will ihm auf den Zahn fühlen.«

»Halten Sie das für eine gute Idee?«
»Wir sind hier in Whitechapel. Er wird von mindestens zwanzig Klatschweibern fünfzig verschiedene Versionen von den zwei Fremden hören, die seit einer Woche verdächtig in der Gegend rumschleichen. Ich will seine Ermittlungen gleich in die richtige Richtung lenken.«
»Und die wäre?«
»Weit weg von uns. Ist Miss Honeycomb bereits wach?«
»Sie schläft noch.«
»Dann müssen wir sie wecken.« Mit langen Schritten ging Roxton zur Schlafzimmertür und hämmerte mit der Faust dagegen. Schon beim ersten Schlag schwang die unverschlossene Tür auf und Roxton ging zwei Schritte zurück. Denn ihm gegenüber stand Lilly. Hinter der geladenen und entsicherten Elefantenbüchse.

Die Schrecksekunde ging vorbei, dann ließ Lilly das Gewehr sinken.
»Ich habe eine Männerstimme gehört und ich wusste nicht, wer es war. Sie klang nicht freundlich.« Roxton antwortete ruhig und gelassen, als wäre es vollkommen normal, den Tag mit einem Gewehrlauf im Gesicht zu beginnen.
»Samuel, der Hausknecht. Er war tatsächlich nicht freundlich. Aber er ist immer so.« Mit lang ausgestrecktem Arm nahm Roxton die Waffe an sich. »Schnelles Denken, das mit dem Gewehr. Wo haben Sie schießen gelernt?«
»Es gab früher in Whitechapel einen Waffenschmied. Für den habe ich Botengänge gemacht.« Lilly hob die Schultern. »Ich weiß, wie man ein Gewehr hält, nicht, wie man schießt.«
»Interessant«, murmelte Roxton mit einer Prise Anerkennung oder Bewunderung in der Stimme. Dann griff er nach dem Bündel, das er mitgebracht hatte, und warf es Lilly zu. »Waschen Sie sich gründlich und ziehen Sie das an. Wir haben viel zu tun und ich denke, Sie sollten uns begleiten.«

Als Lilly wieder ins Zimmer kam, musste Graham zweimal hinschauen. Roxton hatte wohl in der Nacht seinen Schneider aus dem Bett getrommelt, um eine komplette Garderobe nähen zu lassen. Lilly selbst schien nicht begreifen zu können, was mit ihr geschehen war: Das, was sie trug, waren die Kleider einer Dame. Wenn Kleider wirklich Leute machten, war diese Erkenntnis noch nicht in ihrem Gehirn angekommen.

»Das ist...«, begann sie und Graham fürchtete, gleich würde sie anfangen zu weinen. Schon wieder. Gut, das war Roxtons Problem: Er hat es verursacht, er musste es ausbaden. Doch Roxton stand wie versteinert da. Schon wieder. Als Lilly sich vor ihnen in dem Kleid drehte, schüttelte sich Roxton kurz und räusperte sich.

»Ich hatte nichts anderes zur Verfügung.«

»Ich sehe aus wie eine Prinzessin!« Das tat sie wirklich, fand Graham. Vielleicht hatten die Kleider einer Prinzessin gehört. Vor längerer Zeit. Denn auf den zweiten Blick hatte Graham erkannt, dass die Sachen nicht neu geschneidert waren, sondern einer Frau gehört haben mussten, die zwar annähernd die gleiche Größe wie Lilly hatte, aber deutlich besser genährt war. Außerdem entsprach das Kleid nicht ganz der letzten Mode[29]. Woher Roxton die Sachen einer Prinzessin bekommen hatte, konnte sich Graham nicht erklären. Vielleicht war es in Wirklichkeit umgekehrt und Lilly machte aus allem, was sie trug, die Kleidung einer Prinzessin. Roxton hielt ihr ein Paar Handschuhe hin.

»Ziehen Sie die an. Es ist kalt draußen. Mr. Rodderik, nehmen Sie das kleine Paket mit und bleiben Sie hinter uns.« Graham wusste, welches Paket Roxton meinte. Es war klein, schwer und enthielt zwei geladene Pistolen. Schwer bewaffnet in der Nähe misstrauischer Polizisten aufzukreuzen war vielleicht nicht die klügste Taktik, aber Graham hoffte, dass Roxtons Ruf ihn vor einer Leibesvisitation schützen würde.

Auch wenn sie nach ihrer eigenen Meinung auffallen mussten wie bunte Hunde, drehte sich auf der Straße kaum jemand nach den Dreien um. Die wenigen Menschen, die zu sehen waren, standen in Hauseingängen und tuschelten miteinander. Roxton war

29 Nach ein paar Monaten unter den Top-Snobs der Londoner Society bekam man so etwas mit.

schnellen Schrittes unterwegs und Lilly bemühte sich, neben ihm unsichtbar zu werden. Ein paar Minuten später standen sie am Hofeingang zur Hanbury Street 29.
»Ich rede, von euch kein Wort«, befahl Roxton. Graham hatte eigentlich nicht vorgehabt, zu reden, aber der Ton weckte seine rebellische Ader. Leider zu spät, denn Roxton war weitergegangen.

Den Uniformierten, der am Hofeingang stand, ignorierte Roxton auf die typisch adlige Art und Weise, der der Mann nichts entgegenzusetzen hatte. Lilly segelte im Windschatten mit durch die dunkle Hofeinfahrt und Graham warf dem Beamten einen entschuldigenden Blick zu. Vom Hof her hörten sie die hohe, fispelige Stimme eines Mannes, der sich aufregte und seine Wut an allen Umstehenden ausließ.
»Warum wurde sie so hingelegt?« Der Mann brüllte, was bei seiner Stimmlage unfreiwillig komisch klang.
»Wegen der Totenwürde!«
»Totenwürde? Sie ist tot! Von Würde kann sie sich nichts mehr kaufen!«
»Aber...«
»Aber, aber, aber! Ich will kein Aber mehr hören! Ich will, dass meine Anweisungen befolgt werden! Jedes Detail kann wichtig sein! Sehen Sie das nicht?« Der arme Kerl, der hier gerade als Blitzableiter für den Choleriker diente: Er sah es offensichtlich nicht. Die Tirade ging nach einer kurz und unverständlich gebrummelten Antwort weiter. »Sind Sie so begriffsstutzig oder einfach nur blöd? Sehen Sie ihre Lage? Was verrät uns das? Ich sage es Ihnen: Der Mörder ist ein Mann mit hohen, wenn auch verschrobenen Prinzipien. Die Art, wie er sie hingelegt hat, sogar mit dem Kopf nach Osten, das ist kein Zufall. Er hat sie gebettet. Es würde mich nicht wundern, wenn wir nach einem Pfarrer suchen müssten.« Wieder wurde etwas gebrummelt. »Was soll das heißen, ein paar Umstehende haben sie so hingelegt? Wer hat es überhaupt gewagt, die Leiche zu berühren? Der Letzte, der die Leiche berührt hat, sollte der Mörder sein! Was uns zu dem Umkehrschluss bringt, wer die Leiche berührt hat, ist ein Verdächtiger! Bringen Sie mir die Zeugenaussagen!« Ein Mann

trat mit hochrotem Gesicht aus dem mit Bettlaken abgesperrten Bereich heraus. So wie es aussah, war er der, der die Berichte holen sollte. Und so wie er aussah, wusste er, dass es keine solchen Berichte gab. Roxton ließ sich auch von dieser Absperrung nicht aufhalten. Lilly fest am Arm untergehakt, trat er zum Tatort. Dort hatte der Fispler ein neues Opfer gefunden, dem es etwas schneller gelang zu entwischen. Auf der Suche nach einem neuen Blitzableiter drehte sich der Mann um und stand Roxton gegenüber, nicht weiter als drei Fuß entfernt. Mit dem hochroten Kopf und aufgepumpt mit Luft für eine neue Attacke, befürchtete Graham das Schlimmste. Aber kaum hatte der Beamte einen Blick auf Roxton geworfen, änderte sich seine Einstellung. Er wurde blass und die aufgepumpte Luft entwich mit einem überraschten Keuchen.
»Abberline«, grüßte Roxton kühl.
»Lord Roxton?« Die zwei Worte reichten und Graham wusste, dass Abberline ein kriecherischer Schleimer war, der seine Wut zwar gern und oft an Leuten ausließ, die in der Hierarchie unter ihm standen, sich aber nach oben alle Wege offen hielt. »Ich wusste nicht, dass Sie hier in der Gegend sind.« Roxton musterte den Inspektor wie ein Wissenschaftler ein Insekt. In diesem Fall eines, von dem er angewidert war.
»Mir sind einige Vorfälle zu Ohren gekommen, die meine Aufmerksamkeit erregten.« Abberline sah sich um, als wollte er herausfinden, was hier in letzter Zeit Eigenartiges passiert war.
»Ermordete Frauen«, sagte Roxton. »Die Art von Fällen, die Sie für gewöhnlich nicht lösen können.« Der Inspektor lief rot an, aber nicht vor Wut, sondern vor etwas anderem. Scham, kam Graham als Erstes in den Sinn.
»Annie!« Während Roxton und Abberline sich gegenseitig fixiert und Graham die beiden fasziniert beobachtet hatte, hatte niemand auf Lilly geachtet. Sie war seitlich ausgeschert und zu dem Körper gegangen. Roxton schob Abberline mühelos zur Seite und Graham folgte, bevor der Inspektor sich davon erholt hatte.

Lilly stand bei der Leiche, die Hände vor den Mund geschlagen. Graham hatte zwar den Körper von Annie Chapman gestern mit nach draußen geschleift, aber da war es dunkel und er hatte wohlweislich vermieden, sie genauer anzuschauen. Im Gegensatz zu Lilly. Das, was von Annie übrig war, lag vor ihr auf dem Hof. Jemand hatte Annies Kleidung zwar in Ordnung gebracht, aber Abberline oder der Mann, der hier als Arzt durchging, hatten sie wieder zur Seite geschoben. Roxton streckte die Hand nach Lillys Arm aus, aber sie war zu schockiert. Statt sich wegziehen zu lassen, wandte sie sich um und warf sich an Roxtons Brust. Sie vergrub ihr Gesicht in seinem Mantel und sofort bebte ihr Körper unter Schluchzern. Roxton schloss die Arme um sie; eine Geste, die Graham dem Mann nie zugetraut hätte. Offenbar war der von dieser Situation[30] einfach überfordert. Dabei wandte Roxton seinen Blick keine Sekunde von Annie Chapman. Er nahm jedes Detail in sich auf, jeden Ansatz einer Spur, alles, was ihm etwas über den Mörder verraten konnte.

Viel war von der Frau nicht übrig geblieben. Der Bauch war aufgeschlitzt und im wahrsten Sinne des Wortes leergeräumt. Die Innereien lagen hinter ihrer Schulter; nicht so viele wie ursprünglich im Körper vorhanden. Etwas fehlte. Und Graham war sich sicher, das dieses Etwas gestern Abend, als sie Annie hier abgelegt hatten, noch da gewesen war. Wie Roxton aussah, war der Lord zum selben Schluss gekommen. Graham trat an ihn heran, sodass sie sich unterhalten konnten, ohne belauscht zu werden.

»Wir müssen in die Gerberei«, flüsterte Graham. Roxton nickte. »Das Biest muss nochmal da gewesen sein.«

»Die Schnitte sind zu präzise«, bemerkte Roxton. Aber Graham klammerte sich an einen Strohhalm. Die Art, wie die Gedärme aus der Frau gezerrt worden waren, hatte er schon einmal gesehen, auf dem Plateau im Amazonasdschungel. Dort hatte es Iguanodons erwischt, die in der natürlichen Nahrungskette hinter den Velociraptoren angesiedelt waren. Aus Mangel an Iguanodons in London musste etwas anderes dessen Platz übernehmen. Doch bei Tageslicht konnte Graham noch besser sehen, was Roxton

30 mit dem Mädchen, nicht mit der Leiche

ihm in der Gerberei gezeigt hatte: Diese Schnitte waren zu exakt für die Krallen eines Raubsauriers. Aber nicht für ein Messer.
»Das Biest ist noch jung und seine Krallen scharf. Wir sollten keine Möglichkeit zu schnell ausschließen.«
»Ihr wisst, wer das war?« Nur das angeborene Misstrauen einer echten Whitechapelerin gegenüber der Polizei hatte Lilly veranlasst, ihre Stimme so zu dämpfen, dass Abberline sie nicht hören konnte. Aber ihr Erstaunen war echt. Genauso wie ihr Entsetzen. Roxton ging auf die einzige Art damit um, die ihm einfiel. Er ignorierte Lilly. Und Abberline stand plötzlich neben ihnen.
»Das ist kein Anblick für eine... Dame?« Lilly hatte, um ihren Gesichtsausdruck zu verbergen, ihren Kopf wieder in Roxtons Mantel vergraben. Ob die bebenden Schultern mit echten Tränen verbunden waren, konnte Graham nicht sagen. Auf Abberline jedoch verfehlten sie ihre Wirkung nicht. Graham war das kurze Zögern aufgefallen, bevor Abberline Dame gesagt hatte. Es sagte mehr als weitschweifige Erklärungen, dass Abberline über Lilly Bescheid wusste. Vielleicht hatte er Lilly schon vorher in der Gegend gesehen. Rein theoretisch sollte sich der Mann ja die letzte Woche zum Ermitteln in Whitechapel aufgehalten haben; Graham war er dabei nicht über den Weg gelaufen. Genauer gesagt hatte Graham den Eindruck gewonnen, dass die Polizei sich gern von Whitechapel fern hielt, was den meisten Einwohnern ganz gut zu passen schien.
»Meine Nichte war wohl von dem Anblick überrascht. Andererseits wüsste ich im Moment keinen sichereren Ort, an dem ich sie zurücklassen würde. Besonders seit den jüngsten Geschehnissen. Ich nehme nicht an, dass Sie irgendwelche Erfolge im Fall Nichols vorzuweisen haben?« Abberline zuckte zusammen, dann presste er die Lippen so fest aufeinander, dass nur noch ein schmaler Strich übrig blieb. Es dauerte, bis er die nächsten Worte durch die Zähne würgte.
»Interessant. Äußerst interessant«, sagte er, so giftig er konnte. »Vielleicht hätten Sie in ihrem noblen Stadthaus bleiben sollen, statt sich den Gefahren Whitechapels auszusetzen. Und dazu noch ihre *Nichte* mitzubringen. Ich empfehle Ihnen, das Yard

seine Arbeit tun zu lassen und sich nicht einzumischen.«
»Diesen Fehler habe ich bereits einmal begangen und ich gedenke nicht, ihn zu wiederholen.«
»Dann wird es Sie freuen zu hören, dass ich gerade einer vielversprechenden Spur nachgehe. Ich frage mich zum Beispiel in diesem Moment, warum in den Fällen, in denen es keine Spur auf den Täter gibt, Sie jedesmal in der Nähe sind, Mylord.« Graham schnappte nach Luft, aber Roxton blieb ungerührt. Er neigte sich zu Abberline, bis seine Nase kaum einen Inch vom Gesicht des Inspektors entfernt war.
»Ich bin hier, um den Job zu tun, der Sie offensichtlich überfordert.«
»Das Yard arbeitet nicht mit Amateuren zusammen.«
»Was machen Sie dann hier?«
»Passen Sie auf, dass Sie mir nicht im Weg stehen, denn ansonsten werden Sie sehr schnell einsehen müssen, dass vor dem Gesetz alle gleich sind. Und weder Geld noch Titel Sie vor Old Baily schützen werden!«
»Können wir bitte gehen?« piepste Lilly aus den Tiefen von Roxtons Mantel heraus. Ihre Schultern bebten jetzt noch viel stärker. Ein willkommener Vorwand für Abberline, wie es Graham schien.
»Aus Rücksicht auf die junge Dame werde ich Sie vorerst gehen lassen. Ich fordere Sie auf, die Stadt nicht zu verlassen. Sollten Sie es dennoch tun, werte ich das als Geständnis und werde einen Haftbefehl gegen Sie beantragen.« Bei dem Satz sah Roxton aus, als würde er Abberline gleich an die Kehle wollen, aber Lilly zog vorsichtig an seinem Ärmel. Dabei achtete sie peinlichst genau darauf, dass ihr Gesicht nicht zu sehen war.

Erst als sie Roxton aus dem Hofeingang heraus auf die Straße gezogen hatte, brach sie in ein laut schallendes Gelächter aus.
»Dem haben Sie es aber gegeben!« rief sie und stieß Roxton den Ellenbogen spielerisch in die Seite. »Dieser eingebildete Affe! Der hält uns hier für den letzten Dreck, dieser Schnösel, und denkt, er selbst wäre was Besseres.«
»Sie sind ihm schon mal begegnet?« fragte Graham. Lilly wurde

ernst und nickte.
»Letzte Woche, als Mary Ann gefunden wurde, ist er durch die Straßen gelaufen und hat jeden angeblafft, dass er ihn erwischen würde und er genau wüsste, wer es war. Kommst du aus Whitechapel, dann bist du sowieso schon mit einem Bein im Knast, wenn sie dich vors Gericht zerren. Aber Sie wissen, wer es war?«
»Was es war«, korrigierte Graham automatisch. Lilly sah Roxton fragend an, dessen Gesicht und Mund verschlossen blieben.
»Es war ein Fehler, Sie mitzunehmen. Wir gehen zurück zum Inn.«
»Ich komme nur mit, wenn Sie mir dort alles erzählen« sagte Lilly. Roxtons Miene sah aus, als wäre das ein völlig neuartiges Konzept. Er zögerte einen Moment.
»Ja«, sagte er schließlich und sogar Graham merkte, dass das gelogen war.

Kaum waren sie zurück im Zimmer des Inns, baute sich Lilly vor Roxton auf. Obwohl sie ihm nur knapp bis an die Brust reichte, wirkte der Anblick bedrohlich.
»Haben Sie etwas mit diesen Verbrechen zu tun?«
»Allein dieser Gedanke ist absurd.«
»Ich weiß es nicht. Sie sehen aus wie zwei Gentlemen. Aber es sind ebenfalls Gentlemen, die nach Whitechapel kommen und junge Mädchen ausnutzen!«
»Junge Mädchen wie Sie?« fragte Roxton. Der Blick, den Lilly ihm darauf zuwarf, hätte einen anderen Mann getötet.
»Niemand nutzt mich aus! Dafür sorge ich schon.«
»Das glauben wir Ihnen«, warf Graham beschwichtigend ein. »Und Sie können uns glauben, dass wir mit den Morden nichts zu tun haben. Aber wir haben... spezielle Fähigkeiten, die uns helfen, den Verantwortlichen zu finden.« Graham schaute zu Roxton, um zu sehen, wie weit er mit seiner Geschichte gehen konnte. Der nickte unmerklich. Etwas, was Lilly, die zwischen den beiden hin und her schaute, nicht entging.
»Seid ihr Hellseher oder solche Spinner?«
»Wir sind keine Hellseher.«

»Also Spinner.«
»Das auch nicht«, seufzte Graham. »Würden Sie bitte Platz nehmen?« Er schob ihr den Stuhl hin. Lilly, die entweder solch vornehmes Benehmen nicht gewohnt war, oder deren Argwohn noch auf hundertachtzig stand, zögerte, bevor sie sich setzte. Graham setzte sich im fünfundvierzig Grad Winkel neben sie, im Sympathiewinkel, wie es in den Verkaufsseminaren immer hieß. Nicht direkt gegenüber, wie bei einer Konfrontation, aber auch nicht plump vertraulich neben Lilly, was diese kaum zugelassen hätte. Keine Ahnung, ob das etwas brachte, aber Graham konnte jeden Vorteil gebrauchen, den er kriegen konnte. Es war wichtig, dass Lilly ihnen vertraute und dass sie dabei der Wahrheit nicht näher kam als unbedingt nötig. Denn das könnte einen Schmetterlingseffekt auslösen und über kurz oder lang Grahams Existenz bedrohen - das war der Nachteil an Zeitreisen. Ein falsch weggekickter Kieselstein kostete einen perspektivisch gesehen das Leben. Auch wenn die Kausalkette Jahre brauchen konnte, um sich aufzubauen, das Ergebnis kam dank Zeitparadoxon sofort. Roxton wusste zwar grob über Grahams Herkunft Bescheid, aber um Paradoxen zu vermeiden, musste man besonders mit den Details vorsichtig sein. Dem Lord ein paar Namen zu verraten, mit denen er nichts anfangen konnte, war relativ ungefährlich. Lilly diese Namen zu sagen dagegen, das könnte ein echtes Problem werden.
»Also gut«, unterbrach Lilly seine Gedanken. »Ich habe eine Frage: Haben Sie etwas mit dem Mord an Mary Ann oder Annie zu tun?«
»Nein«, antworteten Graham und Roxton gleichzeitig.
»Wir sind«, ergänzte Graham nach einer kurzen Pause, »Privatdetektive. Wir wollen eine neue Technik ausprobieren, mit der wir den Täter schneller fangen als die Polizei. Es ist nur sehr experimentell.«
»Experim... es ist was?«
»Wir wissen nicht, ob es funktioniert«, erklärte Roxton.
»Und Sie dachten sich, wenn man es an ein paar armen Schluckern in Whitechapel ausprobiert, dann ist das nicht so schlimm,

als wenn ein paar von den Top Snobs draufgehen.«
»Wie wäre es mit der Erklärung, dass wir aufrichtig am Wohlergehen unserer Mitmenschen interessiert sind?«
»Nie im Leben!«
»Und wenn doch?«
»Dann sind wir wieder bei den Spinnern.« Lilly machte eine Pause. »Aber ihr seht wirklich nicht wie zwei Mörder aus. Im Gegensatz zu dem Riesen.« Graham und Roxton horchten auf.
»Welchem Riesen?« fragte Graham automatisch. Laut seinen Erinnerungen spielte im Fall Jack the Ripper ein Riese keine Rolle.
»Er taucht manchmal in Whitechapel auf, aber nur wenige haben ihn gesehen. Er kommt immer nur nachts und etwas ist seltsam an ihm.«
»Seltsam? Was in aller Welt könnte an einem Riesen seltsam sein?« brummte Roxton. Lilly ignorierte ihn.
»Er ist riesig. Wirklich groß. Mindestens drei Köpfe größer als Sie.« Graham überschlug kurz: drei Köpfe größer, dann wären sie bei zwei Meter zwanzig und mehr. Das ging wirklich als Riese durch, sofern man nicht bei der NBA war.
»Und er kann durch Wände gehen.« Okay, das wäre wirklich seltsam. Roxton räusperte sich.
»Durch Wände?«
»Er schubst sie einfach um.«
»Streng genommen geht er dann nicht durch Wände. Er geht durch Stellen, an denen kurz vorher noch Wände waren.«
»Sie sind einer von den ganz Klugen, oder? Aber das ist nicht das Seltsame.« Wenn ein mauernumschubsender Riese nach Lillys Meinung als Normal durchgeht, was war dann seltsam?
»Er ist... wie ein Kind. Und ich glaube, er hat geweint.«
»Danke für die Information«, sagte Roxton. Sein Gesicht blieb undurchdringlich, und kein Experte der Welt hätte daraus herauslesen können, was er von der Geschichte mit dem Riesen hielt. Graham sah Lilly nachdenklich an. Er hatte das Gefühl, dass Lilly viel mehr über den Riesen wusste, als sie zugab. »Was wäre gewesen, wenn wir zugegeben hätten, dass wir etwas mit den

Verbrechen zu tun haben?« Mit einer einzigen, fließenden Bewegung zog Lilly Roxtons Jagdmesser aus dem Kleid hervor.
»Dann hätten Sie Bekanntschaft damit gemacht.« Das beeindruckte sogar Roxton. Dann zeigte der Lord in Richtung Schlafzimmer.
»Miss Lilly, wären Sie so freundlich meinen Tornister zu holen. Den braunen, mit dem Fernglas an der Seite.«
»Natürlich.«

Wie weit man mit etwas Freundlichkeit kommt! dachte Graham. Und stellte erstaunt fest, dass Roxton mit ein paar langen Schritten hinter Lilly her eilte und, kaum dass diese in dem zweiten Raum war, die Tür zuzog und von außen abschloss. Die Aktion war so schnell vor sich gegangen, dass Graham gerade noch mitbekam, wie Roxton den Schlüssel in seine Jackentasche gleiten ließ. Sofort wummerte es von innen gegen die Tür.
»Hey! Lassen Sie mich raus!« Lilly sagte noch mehr. Noch viel mehr. Und es waren alles Wörter, die ein Mädchen in ihrem Alter noch gar nicht kennen sollte.
»Was soll das?« fragte Graham.
»Das Mädchen wird uns nicht begleiten. In der Gerberei ist es zu gefährlich für sie.« In seinen Gedanken wagte Graham es, seiner Lordschaft zu widersprechen; das Mädchen wollte gerade mit einem zehn Inch langen Jagdmesser auf zwei Männer losgehen. Und es machte den Eindruck, als würde sie so einen Kampf gewinnen. Trotzdem hatte Roxton recht. Sie beide waren hier, um die Opfer des Rippers zu beschützen, zu denen Lilly gehören würde. Da war es kontraproduktiv, sie in die Nähe des Velociraptors zu bringen.
»Wir sollten gehen«, sagte Graham über den Schwall wüster Beschimpfungen hinweg, der immer noch aus dem Nebenzimmer kam. Roxton schaute erschüttert auf die Schlafzimmertür.
»Was ist los? Ist noch was mit Miss Honeycomb? Wollen Sie sie vielleicht lieber fesseln, damit sie wirklich nicht weglaufen kann?« Darauf sah Roxton Graham mit einem unergründlichen Blick an.
»Sie haben wirklich noch nie von mir gehört«, sagte er nur und ging.

Abgründe

Graham hatte sich noch eine von Roxtons unverwüstlichen Ruhmkorffschen Lampen und Mirandas Blitzpistole[31] geschnappt und den Lord auf der Straße eingeholt, aber kein weiteres Wort aus ihm herausbekommen. Er hatte es nicht einmal gewagt, ihn anzusprechen. Roxton war in einer seltsamen Stimmung. Im Jagdmodus.

Roxton machte einen weiten Bogen bis zu den Ruinen auf der anderen Seite der Gerberei, um von dort aus in das Gebäude zu gelangen. Es wäre viel zu auffällig gewesen, den direkten Weg zu nehmen. Die Whitechapeler mochten nach außen hin nicht viel Interesse an den Opfern und am Mörder zeigen - außer der Sorge, letzterem persönlich zu begegnen und sich den Ersteren zuzugesellen - aber gewisse Dinge wurden einfach beobachtet. Und sie konnten zur falschen Zeit am falschen Ort in die falschen Ohren[32] gelangen.

Die Verwirrtaktik hatte ihren Preis: Es dauerte über eine Stunde, bevor sie die verfallenen Häuser an der Rückseite der Gerberei erreicht hatten. Soweit Graham mitbekommen hatte, war ihnen auf dem Weg keine Menschenseele begegnet, was aber nicht viel zu sagen hatte. Roxton murmelte etwas von Vorsicht und passte schließlich den richtigen Moment ab, bevor sie die belebte Straße verließen und in den Ruinen verschwanden.

Beim letzten Mal war es Nacht gewesen, aber selbst bei Tag sah die Gegend nicht besser aus. Vor allem nicht heller. Die Häuser

---

31 Grahams Pazifismus bezog sich nur auf Menschen. Und Naturschutz bezog sich Grahams Meinung nach nur auf die Teile der Natur, die ihn nicht auffressen wollten.
32 Abberlines

standen so eng beieinander, dass zwei Männer nicht Schulter an Schulter gehen konnten. Und die überhängenden Dächer blockierten die Sonnenstrahlen, die sich hierher verirrten. Räuber – menschliche wie tierische – hatten ein leichtes Spiel. Sie brauchten sich nur in den Türnischen verstecken und auf ahnungslose Opfer warten.

Gesunder Menschenverstand sorgte dafür, dass die Gegend weiträumig gemieden wurde. Wer hierher kam, hatte entweder keinen oder war verzweifelt. Bei Tageslicht[33] aber ließ sich hier kein Mensch blicken. Das war hundertfünfzig Jahre später immer noch so: Nachts würden Obdachlose hier einen Unterschlupf finden, tagsüber aber waren sie in Gegenden unterwegs, wo es mehr zu holen gab. Roxton lauschte. Gegen den Velociraptor würde das nichts nützen, aber gegen menschliche Prädatoren. Nach einer Weile schüttelte er leicht den Kopf um zu zeigen, dass keine Gefahr drohte. Dann verschwand Roxton in einer Lücke zwischen zwei leerstehenden Häusern.

Dem Geröll nach zu urteilen, war die Lücke vor ein paar Jahren noch ein Haus gewesen. Roxton kletterte über die Reste der Mauern und Treppen mit Leichtigkeit; Graham schaffte es auch.
»Sie sollten an Ihrer Kondition arbeiten«, meinte Roxton, als Graham ein paar Augenblicke später neben ihm stand. Der erwiderte nichts. Ihm fehlte die Luft dazu.

Das ehemalige Haus war an der Rückseite eines wesentlich größeren Gebäudes gebaut worden. Wahrscheinlich illegal, denn keine Baubehörde der Welt hätte einer solchen Konstruktion die Genehmigung erteilt. Aber so ein Verbot durchzusetzen hätte bedeutet, dass die hohen Beamten ihre Büros verlassen und in die gefährlichste Gegend der Stadt hätten gehen müssen. Was im Umkehrschluss dazu führte, dass Vorschriften und Gesetze in einer Gegend wie Whitechapel eine feine Sache waren, praktisch aber keine Relevanz hatten. Da es gerade um Vorschriften und

---

33 beziehungsweise zu der Zeit, zu der woanders Tageslicht vorhanden war

Gesetze ging: Roxton hatte ebenfalls nicht vor, sich mehr als nötig an dieselben zu halten. Er untersuchte die Ziegelwand auf Schwachstellen. Schließlich zerrte er aus dem Geröll einen ehemaligen Dachbalken.
»Los anfassen!« kommandierte er.
»Was haben Sie vor?«
»Wonach sieht es aus?«
»Als wollen Sie ein Loch in die Wand rammen.«
»Exakt. Also reden Sie nicht, tun Sie was.«
»Und was, wenn auf der anderen Seite jemand wohnt?«
»Das ist die Rückseite der Gerberei.«
»Wirklich?«
»Wirklich. Haben Sie eigentlich überhaupt keinen Orientierungssinn?«
»Ich habe ein Navigationsgerät. Zu Hause, meine ich.« Roxton seufzte und bedeutete Graham endlich zuzupacken.
»Auf Ihre Verantwortung«, murmelte Graham, als er den Balken schulterte.

Den Balken hätte es wahrscheinlich nicht gebraucht. Die Wand zerbröckelte beim ersten Stoß und mit ein paar kräftigen Fußtritten schuf Roxton eine Lücke, die groß genug um aufrecht durchzugehen.
»Das war ja unauffällig. Zur Information: Auf dem Hof vor der Gerberei stehen haufenweise Peeler!« maulte Graham.
»Es ist bereits nach Mittag. Abberline wird sich seinen ersten Drink des Tages besorgen und der Rest der Mannschaft das als Zeichen für einen frühen Feierabend nehmen.«
»Sie scheinen den Inspektor ja gut zu kennen. Wann sind Sie sich eigentlich über den Weg gelaufen?«
»Eine Privatangelegenheit. Und jetzt leise. Das Biest mag nicht hier sein, aber ich möchte es auch nicht anlocken.«

So geräuschlos wie möglich schlichen die beiden Männer vorwärts. Sie waren im hinteren Teil der Gerberei herausgekommen, in einem kleinen Zimmer, welches einmal das Büro des Vorarbeiters oder eines Buchhalters gewesen sein mochte. Obwohl laut Roxtons Aussage kaum die Gefahr einer Entdeckung bestand, vermied er doch, dass er von der Hanbury Street Seite aus gesehen werden konnte, als er zum Eingang der Kanalisation schlich. Spinnweben hingen dicht wie Gardinen von der Decke nach unten. Zentimeterdicker Staub bedeckte den Boden und wurde von ihren Schritten aufgewirbelt. Ein bisschen fühlte sich Graham an die Mondlandung erinnert, auch wenn der Gedanke daran im Moment fehl am Platz wirkte. Aber ihre Fußabdrücke würden vielleicht noch in Jahren hier zu sehen sein, genauso wie die von Neil Armstrong in der grauen Staubschicht, die den Erdtrabanten bedeckte. Oder irgendein Studio in Hollywood, wenn man zu Verschwörungstheorien tendierte. Was Graham wirklich nervös machte, waren die Fußspuren, die außer denen, die sie gerade selber machten, quer durch den Raum liefen. Und von denen Graham sicher war, dass sie bei ihrem ersten Besuch hier nicht da gewesen waren. Graham wollte Roxton darauf hinweisen, aber der nickte nur und legte den Finger auf den Mund. Typisch Jäger. Der musste so tun, als wäre ihm das schon aufgefallen und dass er die entsprechenden Schlussfolgerungen längst gezogen hätte. Das Licht, welches durch die eingeschlagenen Fenster und zahlreiche Löcher im Dach hereinfiel, reichte zur Orientierung, deshalb hatte Roxton seine Lampe stecken lassen. Obwohl Graham jeden Zentimeter des Raumes mit seinen Augen akribisch absuchte, entdeckte er nichts und niemanden. Roxton lauschte wieder. Niemand hier, bedeutete er nach einigen Augenblicken und schlich weiter, bis sie am Eingang zur Kanalisation standen.

Das Erste, was auffiel, war, dass der Kanalzugang offen stand. Jemand hatte den Deckel herausgedrückt und zur Seite geschoben. Wer das gewesen war, ließ sich nicht feststellen: Von der Leiter, die aus der Kanalisation herauf führte, führten drei Spuren weg. Zwei waren menschlich, entweder von Männern oder von Frauen mit sehr großen Füßen. Ockhams Rasiermesser säbelte die zweite Variante gnadenlos weg. Die dritte Spur erkannte Graham sofort. Es waren die Krallenabdrücke des Velociraptors. Und keine dieser Spuren führte in die Kanalisation zurück.

In diesem Moment zerstörte ein Geräusch die Stille der Gerberei. Obwohl es leise war, hatte es die Wirkung eines Donnerschlags: Das Geräusch eines Türriegels, der vorgelegt wird. Roxton ging in Kampfstellung. Keine fortgeschrittene Karateposition, sondern aufgerichtet, die Füße schulterbreit auseinander für einen stabilen Stand, die Arme locker, die Schultern breit. Damit war der Lord in der Lage, Angriffe schnell abzuwehren oder selbst auszuführen. Außerdem sah er cool aus.

Aus den Schatten lösten sich zwei Gestalten. Vermutlich waren es Männer, da Kleiderschränke im Allgemeinen nicht laufen konnten. Graham bemühte sich, gelassen zu bleiben. Eine überflüssige Maßnahme, denn die Aufmerksamkeit der zwei Männer war vollständig auf Roxton gerichtet. Graham war für die Beiden Luft. Nicht dass er sich darüber beschweren wollte, es fiel ihm nur auf. Ihm fiel ebenfalls auf, dass Roxtons Hand kurz in seine Jackentasche glitt und danach metallisch glitzerte.
»Guten Abend, Gentlemen«, sagte Roxton. »Ich habe nicht damit gerechnet, Sie so schnell wiederzusehen.«
»Und wir haben nicht damit gerechnet, Sie überhaupt wiederzusehen, Euer Lordschaft. Der Boss hat uns richtig zur Schnecke gemacht, als er gehört hat, dass Sie noch gesund und munter sind.«
»Gesund und munter würde ich das nicht unbedingt nennen.«
»Kann auch sein, dass er lebendig gesagt hat. Hat dem Chef gar nicht gefallen.«
»Vielleicht sollte ich mich mal mit Ihrem Chef treffen. Ein zivilisiertes Gespräch unter Ehrenmännern, um Differenzen ausräumen. Vielleicht können wir Freunde werden.«
»Hö hö! Freunde! Haste gehört, Brutus?« höhnte Kleiderschrank Nummer Zwei. Der war – auch wenn das fast unmöglich schien – größer und kräftiger als sein Kompagnon, sah aber so aus, als solle man bei ihm auf mehrsilbige Worte verzichten. Er zog einen Knüppel raus und ließ ihn in seine freie Hand klatschen. »Boss hat keine Freunde.«

»Und was seid Ihr dann?« fragte Roxton. Eine sehr gute Frage, die Graham selbst gestellt hätte. Aber sein ausgeprägter Überlebensinstinkt verhinderte, dass er einen Pieps von sich gab. Und sorgte dafür, sich so unauffällig wie möglich ein paar Schritte weiter in den Schatten zurückzuziehen. Wenn Graham ein Held gewesen wäre, hätte er Roxton nicht in diese Sache reingezogen. Obwohl es so aussah, als ob die zwei Typen zu einer anderen Sache gehörten, in die sich Roxton ganz allein reinmanövriert hatte.
»Hey Freundchen! Nicht abhauen!« rief Brutus.
»Lasst ihn in Ruhe. Er hat nichts damit zu tun«, sagte Roxton.
»Wer hier geht und wer nicht, entscheiden wir. Und Sie, Euer Lordschaft, gehen nirgendwo mehr hin. Denn schließlich werden wir für Ihre Beseitigung bezahlt.«
»Genau!« bestätigte Muskelpaket Nummer Zwei, lachte höhnisch und schloss dabei für einen winzigen Moment die Augen.

Das war ein Fehler. Mit einer Hechtrolle tauchte Roxton auf den größeren Angreifer zu und erreichte ihn auf Kniehöhe. Mit einem fiesen Knacken landete seine metallbewehrte Faust auf dem linken Knie. Das Geräusch klang nach brechenden Knochen. Langsam kippte der Typ zur Seite, ruderte verzweifelt mit den Armen in der Luft, um irgendwo Halt zu finden und schlug schließlich mit dem Kopf auf dem Boden auf. Danach rührte er sich nicht mehr. Roxton hatte davon nichts mitbekommen, denn er hatte sich sofort auf Brutus gestürzt. Der war schneller als sein Kompagnon: Er hatte Roxtons Angriff vorausgeahnt und ins Leere laufen lassen. Roxton, vom eigenen Schwung getragen, bekam zusätzlich einen Tritt in den Rücken und knallte gegen die Wand, von der er sich mit einer fließenden Bewegung wieder abstieß. Gerade rechtzeitig, um dem Schlag mit der Brechstange zu entgehen, die dort die Mauer traf, wo Sekundenbruchteile zuvor noch sein Kopf gewesen war. Der hatte sich, zusammen mit dem Rest von Roxton, in Luft aufgelöst. Brutus sah sich mit wildem Blick im Raum um.
»Komm raus, Roxton! Ich will dich fertig machen!« brüllte er. Graham, der hinter einer Kiste Deckung gefunden hatte, entdeckte ebenfalls keine Spur von Roxton. Dafür fand er einen

alten Hammer, den vor Ewigkeiten ein Handwerker hier vergessen haben musste. Graham nahm ihn geräuschlos in die Hand. Er wusste, dass er selbst mit dieser Behelfswaffe gegen einen Profi wie Brutus keine Chance hatte. Aber wenn er den Hammer in den Kanalschacht warf und sich Brutus in der Vermutung, dass Roxton auf diesem Weg verschwinden wollte, über die Öffnung beugte - dann hatte Roxton eine Chance, die er hoffentlich nutzen würde. Graham lugte über die Kiste. Der Kanalschacht war direkt vor ihm, allerdings in sieben oder acht Meter Entfernung. Und es war ein sehr schwerer Hammer. Graham zögerte einen Moment. Dann ging ihm *Für Roxton!* durch den Kopf und er schleuderte den Hammer mit voller Kraft.

Graham wusste sofort, dass es nichts werden würde. Der Hammer würde nicht mal in der Nähe des Kanalschachtes landen. Aber es reichte, um Brutus abzulenken. Mit der Geschmeidigkeit eines Bluthundes, der eine Fährte gefunden hat, fuhr Brutus herum und glitt zum Schacht. Mit einem Blick erkannte er die Falle. Vielleicht hatte er ein Geräusch gehört oder es war ebenfalls der Instinkt eines Jägers, der ihn den Angriff ahnen ließ. Als Roxton attackierte, war Brutus bereit, fing den Lord ab und schmetterte ihn auf den Boden. Mit kalter Verbissenheit griff Brutus wieder an, warf sich auf ihn, drückte ihn runter. Roxtons Muskeln spannten sich, als Brutus Hände sich um seinen Hals schlossen. Graham, der so viel Gewalt live nicht gewöhnt war, war wie gelähmt. In Zeitlupe nahm er wahr, wie ein schwarzer, dünner Schatten neben ihm vorbeischoss. Bevor er begriff, was los war, hallte ein lautes *Wack* durch den Raum und Brutus sackte als bewegungsloses Bündel auf Roxton nieder. Der keuchte auf, als er frischen Sauerstoff in seine Lungen saugte und und den Bewusstlosen von sich weg schob. Denn der Spruch, dass der Feind meines Feindes ein Freund ist, gilt nur solange, bis der erste Feind außer Gefecht ist; danach werden die Positionen neu bewertet. Graham sah sich den jungen Mann an, der Roxton gerettet hatte und zwar mit einem Kricketschläger. Eine eigenartige Waffe für Whitechapel, wo Kricket als ein Zeitvertreib für reiche Snobs galt. Den letzten Kricketschläger, den Graham gesehen hatte... den hatte Roxton in die Tasche mit den Waffen gesteckt, als letzte Verteidigungsmöglichkeit. Ein Kricketschläger, hatte Roxton bei dieser Gelegenheit erklärt, benötigte im Gegensatz zu den übrigen Waffen keine Munition, die ausgehen konnte und besaß eine größere Reichweite als ein Messer. Dieser Kricketschläger sollte im Schlafzimmer des Inns liegen zusammen mit... Genau betrachtet, war der Mann sehr dünn und die Sachen die er trug, viel zu groß.

»Lilly... ähh Miss Honeycomb?« Das Mädchen reagierte nicht auf Graham. Sie war vollständig auf Roxton fixiert und ging zu ihm.

»Danke«, krächzte der. Lilly setzte ihm einen Fuß auf die Brust und drückte zu. Sie musste einen neuralgischen Punkt erwischt haben, denn Roxton stöhnte vor Schmerz auf, unfähig, sich zu befreien.

»Ich mag es nicht, eingesperrt zu werden.« Ihr Ton machte klar, dass dieser Punkt unbedingt jetzt und sofort geklärt werden musste. Selbst anstürmende mongolische Horden, ein Erdbeben oder Godzilla persönlich wären kein Grund gewesen, dieses Gespräch zu verschieben.

»Ich wollte nur...«, keuchte Roxton. Luftmangel ließ nicht mehr zu.

»Mir ist egal, was *Sie* wollen.« Lilly verlagerte etwas mehr Gewicht auf ihren Fuß. »*Ich* will *nicht* eingesperrt werden. Verstanden?« Miranda und dieses Mädchen würden sich verstehen wie Pech und Schwefel, ging es Graham durch den Kopf. Die Beiden dürften sich nie im Leben begegnen.

»Es ist nur...« Lilly gab mehr Druck auf ihren Fuß. »Verstanden!« presste er durch die Zähne.

»Gut.« Lilly nahm den Fuß von seiner Brust und hielt ihm die Hand hin. Der sah sie mit aller Verachtung an, die er aufbringen konnte, und stemmte sich hoch. Lilly zuckte nur mit den Schultern und schaute sich um. Roxton klopfte den Staub von seiner Jacke, bemüht, Lillys Blicken auszuweichen. Lilly machte es nichts aus. Sie betrachtete die Spuren in der Gerberei.

»Ist Annie hier ermordet worden?« fragte sie. Da Roxton sich

entschieden hatte, zu schmollen, antwortete Graham.
»Wir haben sie hier gefunden.«
»Warum hat der zahnlose Mick dann erzählt, dass Annie auf dem Hof lag?« Das Mädchen hatte einen scharfen Verstand.
»Weil wir sie nach draußen gebracht haben.«
»Und warum?« Und sie stellte zu viele Fragen.
»Weil...«
»Weil wir wollten, dass sie gefunden wird und nicht hier drin verrottet«, brummte Roxton. Er tat, als würde er einen Balken auf der anderen Seite des Raumes untersuchen.
»Ja, genau deshalb«, bestätigte Graham. Ein Augenblinzeln später hatte er den Kricketschläger am Hals.
»Unsinn!« fauchte Lilly. »Man überlebt nicht sechzehn Jahre in Whitechapel, wenn man auf den Kopf gefallen ist! Ich will nicht mit irgendwelchen Märchen abgespeist werden!« Grahams Gedanken rasten auf der Suche nach einer Erklärung, die Lilly glauben und davon abhalten würde, ihm Schmerzen zuzufügen. Leider ging das Gedankenrennen über eine leere, öde Fläche. Im Märchenerfinden war er mies - und unter Stress erst recht. Nur klang die Wahrheit nach einem Märchen und würde Lilly aller Voraussicht nach nicht zufrieden stellen. Trotzdem war das die einzige Option, die ihm einfiel. Und wenn es schief ging, dann hoffte er, dass Roxton einspringen würde.
»Wir wissen, wer es war. Oder was es war.« Der Druck auf seinen Hals ließ nach.
»Interessant. Ich höre.«
»Lord Roxton und ich haben vor einigen Monaten an einer Expedition in den Amazonas-Dschungel teilgenommen. Von dort haben einige Kollegen...« - Graham vermied bewusst das Wort wir, schließlich wollte er nicht das Opfer voreiliger Schuldzuweisungen werden - »...das Ei eines Velociraptoren mitgebracht. Das ist eine äußerst räuberische Saurierart.« Graham überlegte kurz, wie es um die Schulbildung im London des neunzehnten Jahrhunderts im Allgemeinen und in einem armen Stadtteil wie Whitechapel im Besonderen stand. Dann holte er weiter aus. »Saurier sind große Echsen. Normalerweise ausgestorben, bis auf

diesem Felsen, den die Expedition erforscht hat. So wie Eidechsen. Bloß größer. Und gefräßiger. Die Wissenschaftler haben das Ei ausgebrütet und den Velociraptor großgezogen. Und dann ist er entwischt.« Lilly schaute Graham eine Weile an. Es sah nicht so aus, als ob sie ihm glaubte.

»Wenn den Snobs was entwischt, suchen die Peeler, bis sie was gefunden haben. Weil die Snobs sonst zu Sir Peel gehen.«

»Sie sind erstaunlich gut unterrichtet. Aber Peel ist schon lange tot.«

»Dann sitzt ein anderer auf seinem Stuhl. Und jetzt besser nicht ablenken!«

»Wir... die Männer, die ihn mitgebracht haben, ließen nicht wirklich nach ihm suchen. Sie glaubten, er würde in unserem Klima nicht lange überleben.« Nachdem das Nicken des Verstehens ausblieb, versuchte Graham eine neue Formulierung. »Es ist ihm zu kalt hier. Er müsste erfrieren.«

»Ist er aber nicht.«

»Offenbar nicht.«

»Größer als ein Mensch? Wie ein Storch, aber mit kräftigen Beinen und einem Schnabel voller Zähne?« Für jemanden, der noch nie einen Velociraptor gesehen hatte oder irgend etwas anderes, was so einem Tier nahe kommen könnte, war das eine erstaunlich exakte Beschreibung des Sauriers..

»Sie haben ihn gesehen?«

»Nicht ich. Ein paar Typen, aber die sehen alles Mögliche. Schlucker O'Leary hat sogar mal den Erzengel Michael gesehen. Aber O'Leary verträgt so viel, dass man ihm trotzdem glauben kann. Er hat gesagt, er hätte dem Vieh ein paar Reste gefüttert.«

»Und ab diesem Zeitpunkt hat ihm keiner mehr geglaubt«, bemerkte Roxton. Widerwillig war Roxton näher gekommen, denn das, was Lilly erzählte, schien sein Interesse geweckt zu haben. Diese Tatsache war stärker als seine Abneigung ihr gegenüber. Lilly zuckte nur mit den Schultern.

»Stimmt.«

»Warum?« fragte Graham und kassierte resignierte Blicke von Lilly und Roxton.

»Reste in Whitechapel? Hier gibt es keine Reste.«
»Es sei denn, O'Leary hat Angst gehabt und was immer er auch hatte, Jack als Ablenkung hingeworfen. Und später wollte er mutiger klingen, als er war.« Lilly hob die Augenbrauen.
»Das würde zu ihm passen.«
»Und wo genau hat er den gezähnten Storch gesehen?«
»Woher soll ich das wissen? Er weiß es ja selbst nicht. Aber seine Stammkneipe ist das Killkenneys.«
»Hat sonst noch jemand das Tier gesehen?«
»Nein. Und auch O'Leary hat es seitdem nicht mehr gesehen. Das ist jetzt, glaub ich, drei Wochen her.«
»Vielleicht sollten wir unsere zwei Freunde hier fragen. Sie kamen aus der gleichen Richtung wie der Raptor.« Gleichzeitig sahen sich Graham, Roxton und Lilly um. Und fanden trotz angestrengter Suche nur einen der beiden Männer. Der allerdings würde sich nie wieder fortbewegen.

Lillys Kricketschläger hatte Roxtons Angreifer ausgeknockt, aber nicht umgebracht. Und während Lillys Enthüllung über Jacks Auftauchen in Whitechapel musste er aufgewacht und geflüchtet sein. Nicht ohne vorher dafür zu sorgen, dass keine Zeugen zurückgelassen wurden. Wobei sich Zeuge auf seinen Kollegen bezog. Ein Messer steckte bis zum Heft in dessen Brust. *Auch du, Brutus?* ging es Graham durch den Kopf, aber er fand den Witz zu pietätlos, um ihn laut auszusprechen. Roxton hockte sich neben die Leiche und durchsuchte die Taschen des Mannes. Auch kein Muster an Pietät, aber nachvollziehbar.
»Wenn er Geld hat, krieg ich das?« fragte Lilly. »Sie haben ja genug davon«, ergänzte sie auf Roxtons Blick.
»Sie auch«, sagte der nur. »Mindestens die zwei Pfund, die Sie mir bei unserer ersten Begegnung aus der Tasche gezogen haben.« Lillys Augen wurden groß.
»Das haben Sie gemerkt?«
»Wenn sich eine Frau an mich schmiegt, werde ich misstrauisch.« Freud und Kollegen hätten an dem Mann ihre helle Freude.
»Ich muss hier überleben, wenn Sie wieder in Ihrem Snobviertel sind.« Roxton grunzte etwas unverständliches und durchsuchte

weiter die Taschen. Es kamen ein paar Münzen zum Vorschein[34], ein fast leerer Tabakbeutel, eine abgekaute Pfeife, ein paar Streichhölzer und ein Taschentuch. Anschließend streifte sich Roxton Handschuhe über und zog langsam das Messer heraus. Es war lang und dünn; kein speziell für das Anrichten von Sushi in einer japanischen Hütte aus dem Eisenerz eines heiligen Berges geschmiedetes Filetiermesser, sondern ein solides Fleischermesser aus englischer Produktion, das von jahrelangem Gebrauch fast zu einem Nichts abgewetzt war und jetzt als Stiletto durchgehen konnte. Roxton betrachtete die Waffe gründlich.

»Gibt es hier in der Nähe einen Schlachthof?«

»Unten am Flusshafen. Sie kippen die Reste Nachts in den Fluss, damit man nicht sieht, wie das Wasser rot wird. Manchmal ist noch gutes Fleisch dabei.«

»Das bezweifle ich«, sagte Roxton. »Aber ich schätze, es ist besser als das, was man im Müll findet. Heureka!« Graham wurde neugierig.

»Haben Sie was gefunden?« Roxton nickte und zog vorsichtig ein Blatt aus der Innentasche der Jacke, faltete es auf und strich es glatt. Das Papier stammte zwar aus einer wesentlich besseren Gegend als sein derzeitiger Besitzer - handgeschöpft und von weißer Farbe[35] - aber so nett, seine exakte Herkunft zu verraten, zum Beispiel durch ein Wasserzeichen oder etwas in der Art, war es dann doch nicht. Die Worte, und vor allem der letzte Buchstabe, ließen es Graham kalt den Rücken herunterlaufen:

Benötige Gehirn, Herz und Leber. Spätestens eine Stunde nach Exitus. M.

Der Muskelprotz hatte sich bestimmt erklären lassen müssen, was Exitus bedeutet, falls er überhaupt lesen konnte. Wahrscheinlicher war, dass ihm jemand das Blatt zur Aufbewahrung gegeben hatte, denn es war unwahrscheinlich, dass ihm jemand etwas klauen würde. Außerdem sah er aus, als wäre jeder Stift in seinen

34 Für eine sehr kurze Zeit, dann waren sie weg. Einfach so.

35 bis auf die Blutflecken

Pranken zu Staub zerbröselt. Die wenigen Worte auf dem edlen Papier stammten von einem Mann, der damit umzugehen wusste.

»Woher kannten Sie die Männer, Roxton?«
»Wir hatten bereits vor einigen Tagen eine unerfreuliche Begegnung. Aber das sind nur Handlanger. Sie arbeiten für den Mann, hinter dem ich her bin.«
»Und der wäre?«
»M. Offensichtlich.« Dabei hielt Roxton den Zettel hoch. »Bis heute wusste ich nicht einmal das. Er ist ein Phantom. Unsichtbar.« *Moriarty* sagte eine Stimme in Grahams Kopf. Aber der mörderische Professor war eine Erfindung von Doyle. Unmöglich, dass es sich dabei um Mirandas Mentor handelte, den netten, alten Büchernarren, den Graham vor einiger Zeit kennengelernt hatte. Graham zwang sich zu schweigen. Schließlich konnte M für so ziemlich alles stehen. Moneypenny zum Beispiel. Oder McGregor. Oder Miranda - aber das schien weit hergeholt. »Ich muss ihm mal in die Quere gekommen sein, jedenfalls tragen die meisten Anschläge auf mich seine Handschrift.«
»Ich sehe mich da unten mal um«, unterbrach ihn Graham.
»Nicht so ungestüm. Sie müssen nicht den Helden spielen.«
Stimmt. Der Held in der Geschichte sollte Roxton sein, deshalb war Graham zu ihm gegangen. Er sollte der sein, der die Prügel kassiert - vorausgesetzt, er teilte zum Schluss mehr aus, als er vorher eingesteckt hat; was nach gängiger Hollywood-Logik die Definition eines Helden ist. Allerdings erschien Graham der Gedanke, dass Mirandas Mentor hiermit zu tun haben könnte, so unerträglich, dass er verhindern wollte, dass diese Idee sich zu schnell in anderen Köpfen festsetzte. Roxton wollte ihn festhalten, zuckte aber bei der plötzlichen Bewegung mit schmerzverzerrtem Gesicht zusammen. Graham achtete nicht auf ihn, sondern ging zum Kanalschacht. Wenn Jack da unten auf ihn warten würde, hätte er kaum Chancen, sich zu verteidigen. Andererseits jagten Velociraptoren in Rudeln und das machte sie gefährlich. Jack war ein Einzelexemplar, nicht durch seine Spezies sozialisiert und demzufolge in der Jagd eher unerfahren.

Hoffentlich hatte der Saurier die entsprechenden Bücher auch gelesen. Graham nahm den Hammer und ließ ihn in den Schacht fallen. Entweder würde das laute Geräusch den Saurier verschrecken und in die Flucht schlagen, oder ihm auf den Kopf fallen und umbringen. Nach dem Aufschlag - eindeutig Hammer auf Stein und nicht Hammer auf Saurierschädel - war nichts zu hören. Jack war nicht da. Hoffentlich. Langsam stieg Graham in den Schacht hinein.

Fünfzehn Eisensprossen später stand er am Boden eines Abwasserkanals. Nicht eines dünnen Abwasserrohres, sondern eines Untergrund-Highways, in dem er bequem aufrecht gehen konnte. Der Kanal erstreckte sich nach links und rechts so weit, wie das Licht seiner Ruhmkorffschen Lampe reichte[36]. Und soweit Graham sehen konnte, gab es keine Nische, in der sich ein angriffslustiger Saurier verstecken, aber auch keine, in der Graham vor dem eisigen Luftzug hier unten Schutz suchen konnte. Dann stutzte er. Hier unten war es kalt. Wirklich kalt. Zu kalt für eine wechselwarme Echse. Möglicherweise konnte sich die Echse durch die Tunnel der Kanalisation bewegen, aber es war unmöglich, dass sie hier unten ihr Versteck hatte. Es musste einen anderen, wärmeren Ort geben, an dem Jack Energie tanken konnte. Graham zog Corelius' Karte aus seiner Jackentasche und studierte die Gänge. Der Tunnel verlief gerade unter Whitechapel hindurch. So, wie es um den Stadtteil bestellt war, gab es hier hunderte Möglichkeiten, sich über der Erde zu verbergen. Das mochte eine erhebliche Intelligenz erfordern, aber Graham hatte gelernt, Velociraptoren nicht zu unterschätzen. Er lauschte wieder in die Ferne. Er hatte den Eindruck, Stimmen zu hören. Wütende Stimmen. Sie kamen von oben.

»Ich lasse mich nicht einsperren!«
»Das war zu Ihrem Schutz!« Lilly mochte bei ihrer ersten Begegnung wie ein schwaches, hilfloses Mädchen gewirkt haben. Aber vielleicht war das nur Show gewesen, um nahe genug an Roxton beziehungsweise seine Taschen heranzukommen. Graham

36 Wahrscheinlich auch weiter, aber das war nicht zu sehen.

hatte ebenfalls gelernt, Frauen nicht zu unterschätzen.
»Dieses Biest ist gefährlich!« schnauzte Roxton Lilly an. Graham beeilte sich, nach oben zu kommen. In der ganzen Zeit, in der er den Lord kannte, hatte dieser nicht einmal die Fassung verloren. Wenn ihm jetzt die Sicherungen durchbrannten, wären die Konsequenzen nicht absehbar. »Sie hätten draufgehen können!«
»Wäre ich nicht gekommen, dann wären Sie tot!« Andererseits: Wenn Lilly durchdrehen würde, wären die Konsequenzen genauso unabsehbar.
»Da hat sie recht«, warf Graham ein. »Und verbindlichsten Dank für das Leben retten und so. Falls Lord Roxton das nicht bereits gesagt hat.« Die beiden schauten ihn an und wurden still. Wie zwei Hunde, die sich eben noch angekläfft hatten und jetzt nachdenklich auf eine Katze schauten, die zwischen ihnen entlang spazierte. Auf jeden Fall war es jetzt still genug, um von draußen Stimmen zu hören. Es klang nach Männern, die sich über den Lärm aus der leeren Gerberei wunderten.
»Wir sollten nicht unbedingt in der Nähe einer Leiche gesehen werden«, sagte Roxton.
»Dann helfen Sie mir«, erwiderte Lilly. Sie war zur Leiche des Schlägers gegangen, hatte seine Arme gepackt und versuchte, ihn wegzuzerren.
»Was soll das werden?«
»Wir werfen ihn in den Schacht. Niemand wird dort freiwillig nachschauen und wenn das Biest noch einmal hierher kommt, frisst es sich satt, bevor es an die Oberfläche steigt.« Graham wurde schon wieder schlecht. Gab es hier überhaupt Menschen, die Pietät nicht im Fremdwörterbuch nachschlagen mussten? Okay, Lilly konnte nichts dafür. Wenn die Wahl zwischen Schulgeld und Essen bestand, war die Lösung naheliegend. Denn was nützt der langfristige Vorteil durch Bildung, wenn man kurzfristig verhungert? Aber Roxton sollte es besser wissen! Doch der Lord machte sich daran, den zweiten Arm zu schnappen und den Körper in Richtung Schacht zu ziehen.
»Packen Sie gefälligst mit an, Rodderik!« herrschte Roxton ihn an. Graham verschränkte die Arme.

»Nein!«
»Sind Sie verrückt geworden?«
»Ich habe meine Standards. Und Pietät. Niemand verdient es, als Raubtierfutter weggeworfen zu werden.«
»Glauben Sie mir, dieser Typ hätte mit Ihnen das Gleiche getan.«
Das war ein möglicherweise zutreffendes Argument, aber Graham blieb bei seiner Meinung.

Was nichts am Endergebnis änderte: der Mann landete auf dem Boden des Schachts. Dann zerrte Roxton den Kanaldeckel wieder auf seinen Platz. Graham hätte gern darauf aufmerksam gemacht, dass das Gezerre recht deutliche Spuren auf dem Boden hinterlassen hatte, die sogar ein Blinder oder Abberline lesen könnte. Doch der Kampf hatte den Staub zur Seite gewirbelt. Von den Fußspuren der Männer[37] war nichts mehr zu sehen genausowenig wie von den Krallenabdrücken des Velociraptors. Das Einzige, was übrig geblieben war, war der recht deutliche Hinweis, dass sich hier viele Menschen aufgehalten und heftig bewegt hatten. In moderneren Zeiten wäre ein Polizist von einem illegalen Rave ausgegangen. In dieser Zeit[38] gab es wahrscheinlich andere Belustigungen, aber darüber fehlten Graham die Erfahrungen.

Durch die Tatsache verbunden, dass Graham ihren Plan zur Entsorgung von Brutus Leichnam nicht unterstützt hatte, zeigten Roxton und Miss Honeycomb Graham auf dem Rückweg die kalte Schulter. Dagegen schienen sie miteinander einen Waffenstillstand geschlossen zu haben.
»Woher wussten Sie, wo Sie uns finden?« fragte Roxton, nachdem sie eine Weile durch die dunklen Gassen gelaufen waren. Graham hatte nicht vorgehabt zu lauschen, aber es wäre in einer solchen Gegend äußerst unklug gewesen, allein unterwegs zu sein. Einzelgänger hatten in Whitechapel eine höhere Chance, nach dem Passieren eines dunklen Hauseingangs mit Kopfschmerzen und ohne irdische Besitztümer wieder aufzuwachen – falls überhaupt.

37 und der Frau
38 und in dieser Gegend

»Ich bin nicht taub. Und nach dem, was Ihr Diener erzählt hat, dachte ich mir, dass Sie in der Gerberei nach Spuren suchen wollten.«
»Und warum sind Sie uns gefolgt?«
»Weil ich keine Lust habe, zu enden wie Mary Ann oder Annie.«
»Angriff ist die beste Verteidigung.« Lilly dachte einen Moment nach, bevor sie antwortete.
»Aber für das Überleben ist es besser, zu wissen, wo der Angriff stattfindet und dann möglichst weit weg zu sein.«
»Manche betrachten das als Feigheit.«
»Und wenn Typen wie die da drinnen auf mich losgehen, ist das Mut? Und ich kenne solche Typen. Die greifen nie allein an.«
Roxton schwieg nachdenklich. Eine Reaktion, die bei ihm höchst selten vorkam.

In dem Augenblick fiel Grahams Blick auf ein Schild über der Tür zu einer kleinen Werkstatt. Er wartete, bis die Beiden ein paar Schritte weiter waren, rief: »Ich muss noch was erledigen!« und verschwand in der Tür, bevor sie sehen konnten, wohin er gegangen war.

Corelius stand am gleichen Fleck, wie vor einer Woche, als Graham den Laden verlassen hatte. Das war kein Wunder, denn jede andere Fläche des Ladens war mit Papier bedeckt. Der Alte hob eine Hand zur Geste, dass er den Neuankömmling bemerkt hatte und gleich bei ihm sein würde. Dann zeichnete er konzentriert weiter an etwas, das aussah wie die Schatzkarte für einen besonders abenteuerlustigen, neureichen und leichtgläubigen jungen Mann, der nach dem Erwerb der Karte wahrscheinlich immer noch leichtgläubig und abenteuerlustig, aber nicht mehr neureich sein würde. Graham sah sich weiter um. Die Karte, die er von Corelius erhalten hatte, war überraschend genau. Kein Wunder, da sie Whitechapel zeigte und sich die Genauigkeit sehr leicht überprüfen ließ; zumindest der oberirdische Teil. Die Kanalisation hatte Graham bisher gemieden, aber das ließ sich nicht mehr lange umgehen.
Natürlich war es möglich, dass Corelius aus den Karten der

Umgebung und denen der Stadt seinen Ruf als äußerst exakter und gewissenhafter Kartenzeichner aufbaute, um damit die Karten exotischerer Gegenden leichter verkaufen zu können, deren Zuverlässigkeit sich nicht so schnell überprüfen ließ.

»Ah, Signor Armani.« Graham fiel erst nach ein paar Sekunden ein, dass er gemeint war. Falsche Namen und Lügengeschichten hatten den Nachteil, dass man sich leicht in Widersprüche verstrickte.

»Mr. Vanderbild! Reichlich beschäftigt, wie ich sehe!« Der alte Mann hob die Schultern.

»Man tut, was man kann. Und es gibt hier so viele junge Leute, denen es schlecht geht und die den Weg in eine bessere Zukunft suchen.« *Den sie mit diesen Karten garantiert nicht finden werden*, dachte Graham. »Womit kann ich Ihnen heute helfen? Sind Sie zufrieden mit meiner Karte?« Graham bahnte sich vorsichtig einen Weg durch den Laden und breitete die Karte der Kanalisation auf Corelius Zeichentisch aus.

»Sehr sogar. Ich habe mich nicht einmal in Whitechapel verlaufen. In dem Teil über dem Straßenpflaster.«

»Ich hoffe, Sie haben nicht vor, sich in dem anderen Teil umzusehen. Meine Karte ist dort natürlich genauso zuverlässig. Aber da unten soll es gefährlich sein.«

»Dieser Kanal hier« – Graham zeigte auf der Zeichnung auf die Stelle, an der er vor weniger als einer Stunde gestanden hatte, aber weit genug weg von der Gerberei, um keinen Verdacht eines Zusammenhangs aufkommen zu lassen – »wo führt der hin?« Corelius strich sich über den Bart und dachte nach. Oder tat so, um seinen folgenden Worten mehr Gewicht zu verleihen.

»Nun, ich habe mich bei der Anfertigung dieser Karte auf die Auskünfte von Experten verlassen.«

»Sie waren also nicht selbst unten.« Corelius wischte die Bemerkung mit einer Geste zur Seite.

»Das ist auch nicht nötig. Ein guter Kartenmacher kann nach den Berichten der Männer, die die Kanäle gebaut haben, eine zuverlässige Karte zeichnen. Dieser Kanal hier« – Corelius hatte ohne Luft zu holen gesprochen, um eventuelle Einwände gar nicht erst zuzulassen - »ist einer der Hauptkanäle. Er führt quer durch die Stadt, direkt unter dem Tower, dem Palast, dem Parlament und der London Library hindurch. Nach Osten führt er bis aus der Stadt hinaus, und endet dort in der Themse. Sein Hauptsinn und Zweck besteht wohl darin, die Abwässer der hochherrschaftlichen Gebäude im Zentrum zu sammeln und sie möglichst weit weg in die Themse zu leiten. Man möchte keine Wiederholung des Großen Gestanks. Ich nehme nicht an, dass Sie damals schon in der Stadt waren?«

»Nein«, antwortete Graham. »Aber sogar ich habe diese Geschichte gehört. Es muss legendär gewesen sein.«

»Das ist das falsche Wort. Unerträglich, sogar hier in meiner Werkstatt. Und bis zum Fluss ist es fast eine Meile! Ich erinnere mich noch genau daran.« Graham blendete sich aus dem Gespräch aus. Corelius Erinnerungen mochten für den alten Mann bemerkenswert sein und der beste Weg, Geld aus den Taschen verzauberter Kunden zu ziehen, aber im Grunde genommen hatte Corelius bereits alles gesagt, was Graham hören wollte. Oder zu hören befürchtet hatte.

Der Kanal führte direkt zur London Library. Und das war der letzte bekannte Aufenthaltsort von Horatio, Mirandas Mentor und väterlichem Freund. Oder - wie er mit vollem Namen hieß - Professor James Horatio Moriarty.

Horatio war ein kreatives Genie, ein Erfinder, der seinesgleichen suchte. Auf der anderen Seite hatte der Name Moriarty einen gewissen Beiklang, den Graham nicht ignorieren konnte. Handelte es sich bei Horatio a.k.a. Moriarty wirklich um ein im Verborgenen agierendes kriminelles Mastermind? Einen skrupellosen Verbrecherkönig, der über Leichen ging? Der die gewagtesten Verbrechen plante, einzig und allein, weil er es konnte? Von Miranda war nichts über ihren Mentor zu erfahren; erst recht kein schlechtes Wort. Obwohl sie angedeutet hatte, dass es vor langer Zeit einmal ein *Missverständnis* gab, welches mit Horatios Portrait auf einem Steckbrief endete. Die Beiden hatten es als dummen Streich abgetan und sich standhaft geweigert,

Graham zu erzählen, was genau passiert war.

Und obwohl Horatio schon seit Monaten von der Bildfläche verschwunden war, wollte Miranda Graham nicht in dieses Geheimnis einweihen. Warum sie ihm das verheimlichte, konnte sich Graham nicht erklären. Irgendwo ganz tief drinnen befürchtete er, dass Miranda über die Machenschaften ihres Mentors Bescheid wusste. Nicht dass sie jemals Anzeichen dafür gezeigt hätte, ihm in dieser Beziehung nachzueifern. Obwohl Graham zugeben musste, dass Miranda eine gewisse Härte besaß; besonders wenn es darum ging, dass Graham sich vor der Hausarbeit drücken wollte.

»Ich nehme an, Sie benötigen eine genauere Karte der Unterwelt, mein Freund?« drang Corelius Stimme nach einer Weile zu Graham durch. Der nickte automatisch.
»Vor allem muss sie klein und handlich sein.« Corelius erstarrte.
»Klein und handlich?« fragte er.
»Ja.«
»Hören Sie zu, lieber Mann. Es geht entweder klein und handlich oder groß und genau. Für alles andere wenden Sie sich an einen Schmierfinken.« Graham kannte diese Einstellung. Die Handwerker in den kleinen Werkstätten, die über die ganze Stadt verteilt waren, besaßen einen ungesunden Stolz, der es ihnen unmöglich machte, *kostengünstiger* zu produzieren. Als er Miranda vorgeschlagen hatte, für ihre Spulen industriell gefertigten Kupferdraht zu verwenden, statt handgezogenem, hatte sie ihn mit einem Blick angesehen, bei dem sich Graham gewünscht hatte, dass sich der Boden auftun und ihn verschlingen würde. Er hatte diesen Stolz allerdings nicht bei einem Mann erwartet, der sein Geld damit verdiente, Fantasiekarten zu zeichnen und sich blumige Geschichten dazu auszudenken.
»Es muss eine Karte sein, die für eine Untergrund-Expedition geeignet ist.«
»Aha.« Es war ein *Gerade noch einmal gerettet, Freundchen* - Tonfall. »Ich könnte eine Lupenzeichnung anfertigen.«
»Und das wäre?«

»Ich brauche eine Lupe, um die Zeichnung anzufertigen und Sie eine, um die Karte zu lesen. Ist natürlich nicht ganz billig.«
Graham überlegte einen Moment.
»Wie wäre es mit einer Skizze?«

Ausgeräumt

Wenige Minuten später hatte Graham seine Skizze und lebenslanges Hausverbot beim Kartenmacher. Der Mann hatte den Auftrag zur Anfertigung einer schnöden Skizze als persönliche Beleidigung empfunden. Andererseits hatte Graham nicht vor, viel mehr seiner Lebenszeit in Whitechapel zu verbringen. Den Mann nie wiedersehen zu dürfen war ein Risiko, welches Graham gerne einging.

Dafür hatte er jetzt eine Karte, mit der er sich in den Kanälen unter der ganzen Stadt zurechtfinden konnte. Das mochte nach Wahnsinn gemischt mit Todessehnsucht klingen, aber Graham wollte so schnell wie möglich in den Kanal hinabsteigen. Denn in diesem Moment würde der Velociraptor in seinem warmen Versteck liegen und verdauen, während er in zwei Wochen ausgehungert alles angreifen würde, was nach einer Mahlzeit aussah. Zum Glück gab es genug andere Eingänge, sodass er nicht durch die Gerberei musste. Während sein Körper durch die verwinkelten und unbeleuchteten Gassen von Whitechapel lief, ging Grahams Geist wiederholt seinen Plan durch. Wenn M den Velociraptor unter seine Kontrolle gebracht hatte und das Tier als Waffe benutzte, dann musste er das Biest irgendwo unterbringen. Im Kanal war es zu kalt; die wechselwarme Echse würde bei solchen Temperaturen in Kältestarre fallen und wäre unfähig, sich zu bewegen. Es musste ein oberirdisches Versteck sein, damit der Raptor sich in der Sonne aufwärmen konnte. Gleichzeitig musste es so geschützt liegen, dass kein zufälliger Besucher über die Bestie stolperte. Solche Plätze fanden sich eher im Stadtzentrum: Paläste oder Villen, die leer standen, weil ihre Bewohner die Nebensaison auf ihren Landsitzen verbrachten. Lagerräume schieden aus, dort waren zu viele Menschen unterwegs. Und leider war der Ort, um den Grahams Gedanken am hartnäckigsten kreisten, die London Library. Horatio hatte dort jahrelang in unbenutzten Abstellräumen gelebt, ohne dass es jemand bemerkt hatte. Warum sollte man dort nicht auch einen Saurier verstecken können? Die Kellergewölbe waren zwar nicht von Sonnenlicht durchströmt, aber dort liefen die Rohre der modernsten Heizungsanlage des Empires[39] entlang, was unter bestimmten Umständen ein guter Ersatz ist.

Laut Karte gab es einen Kanalzugang weniger als fünfzig Yards von der Gerberei entfernt, zwar mitten auf der Straße, aber nachdem sich Graham die Straße angesehen hatte, war klar, dass ihn dort kein Mensch beobachten würde. Wenige Minuten später stieg er in die Dunkelheit hinunter und schaltete seine Lampe an. In deren Licht fand er, was er gesucht und befürchtet hatte: Kratzspuren auf dem Boden und an der Wand, die definitiv nicht von Ratten stammten. Außer es gäbe hier unten zwei Meter große Ratten, was eine ganz andere Art von Alptraum[40] darstellte. Jack war hier lang gekommen und kleine, eingetrocknete Blutstropfen zeigten, dass er erst nach der Tat in diese Richtung verschwunden war[41]. Graham nahm seine Blitzpistole in seine Hand. Er hoffte, dass die Waffe nicht entsichert werden musste; falls doch, hatte er keine Ahnung, wie er das anstellen sollte. Graham leuchtete nach vorn. Wenn es wirklich ein Versteck für den Raptor in den besseren Vierteln der Stadt gab, dann lagen ein paar Meilen Marsch vor ihm. Es hatte keinen Sinn, es länger hinauszuzögern.

---

39 Zuerst war Graham begeistert gewesen, dass man offenbar so viel Wertschätzung besaß, zuerst eine Bibliothek mit einer zeitgemäßen Heizung auszustatten, um den vielen wissbegierigen Menschen dort ein angenehmes Lesen zu ermöglichen. Miranda zerschmetterte mit einer einzigen Bemerkung diese Illusion: Die Planungsingenieure gingen davon aus, dass im Ernstfall nur ein Haufen Bücher verbrennen würden, statt zahlungskräftiger Kunden, die das System später in ihre Villen einbauen lassen sollten.

40 und Buch

41 Eine Deduktion, auf die Graham besonders stolz war; offensichtlich färbte allein schon das Zeitalter, in dem Holmes leben sollte, auf seine intellektuellen Fähigkeiten ab.

Zwei Stunden später war Graham am Ziel. Diese zwei Stunden waren nicht einfach gewesen: Die Kanäle waren dafür gebaut worden, dass Abwasser jeder Art[42] durchfließen konnte und nicht dafür, dass ein normalgroßer Mann sie als Abkürzung benutzte. Den Kopf stolz erhoben zu halten war hier unten eine blöde Idee. An einigen Stellen musste Graham auf allen Vieren kriechen, teilweise durch besagte Abwässer hindurch. Wie er danach aussah, würde nie jemand herausfinden, da jeder normale Mensch schon beim Geruch floh. Eine Tatsache, aus der Graham einen eigenartigen Trost schöpfte. Aber je näher er Londons Zentrum kam, desto breiter und geräumiger wurde der Kanal. Die Parlamentarier, die nach dem großen Gestank von 1862 endlich den Auftrag zum Neubau der Kanalisation erteilt hatten, sorgten gleichzeitig dafür, dass sich dieses Ereignis - zumindest in ihrer Nähe - nie wiederholte. Deshalb waren die Kanäle in der Nähe des Regierungsviertels so breit, dass ganze Wartungsmannschaften hinuntergeschickt werden konnten, um Verstopfungen unverzüglich zu beseitigen. Graham wanderte durch diese Katakomben und achtete darauf, kein Geräusch zu machen. Das Echo in den Tunneln verstärkte jeden Laut und hätte ihn unfreiwillig angekündigt, aber es verriet ihm auch, dass er hier allein war. Endlich hatte er die Stelle erreicht, über der laut Karte die London Library stand.

Das Kanalsystem mochte modern sein, aber so modern, dass die Kanalarbeiter mit einer mechanisch betriebenen Falltreppe hinauf und hinab konnten, das glaubte Graham dann doch nicht. Aber genau die fand er. Graham hatte sie entdeckt, weil er nach einem solchen Mechanismus gesucht hatte, denn er ging davon aus, dass der Velociraptor zwar ein recht intelligentes Tier war, aber mit den Sprossenleitern, die sonst die Kanalschächte hinauf führten, nicht umgehen konnte. Deshalb war ihm die Konstruktion aufgefallen, die so gut getarnt war, dass ein flüchtiger Beobachter sie übersehen hätte. Und es dauerte eine gute Viertelstunde, bis Graham den verborgenen Schalter entdeckt hatte, mit dem man

42 und Farbe

die Treppe von hier unten aus herablassen konnte. Während des erfolglosen Teils der Suche hatte Graham befürchtet, dass derjenige, der hinter dieser Konstruktion steckte, es vorgezogen hatte, sie nur von oben aus zu bedienen. Doch dieser Jemand war mindestens genauso übervorsichtig wie Graham, der nie eine Tür hinter sich zuschlagen würde, die sich dann nicht mehr öffnen ließ. Graham kontrollierte noch einmal die Blitzpistole, bevor er nach oben stieg.

Die Räume hätte Graham fast nicht wieder erkannt. Als er das erste Mal zusammen mit Miranda hier war, waren diese Zimmer eine gemütliche Höhle gewesen, eingerichtet mit all den Annehmlichkeiten, die sich ein alter Büchernarr nur wünschen konnte. Selbst als Graham vor einigen Monaten noch einmal hier war, um in Horatios Notizbüchern nach Inspiration für einen neuen Luftschiffantrieb zu suchen, hatte das Versteck noch seinen Charme gehabt.

Davon war nichts mehr übrig geblieben. Die Zimmer waren ausgeräumt, Bücher, Regale, Leuchtkugeln, Sessel, Sofa - alles war weg. Genauso wie der Staub auf dem Boden und der Putz an den Wänden[43]. Nichts mehr erinnerte daran, dass diese Räume einmal bewohnt wurden. Sie sahen aus wie Lagerräume, die jemand vergessen hatte und die deshalb leer standen. Bis auf den massiven Eisenkäfig in der Mitte des Raumes.

Der Käfig bot genug Raum für einen Velociraptor und die fingerdicken Stäbe waren stark genug, um dessen Fluchtversuche zu verhindern. Den Käfig konnte Graham gar nicht übersehen, denn er stand genau über dem Loch im Boden, wo der Aufstieg aus der Kanalisation endete. Graham war sich hundertprozentig sicher, dass dieser Zugang zur Londoner Unterwelt bei seinem letzten Besuch noch nicht existiert hatte. Die Frage lautete: Wurde Horatios Versteck von einem Dritten ausgeraubt und okkupiert,

43 Der Putz an den Wänden war tatsächlich weg, begraben unter einer dicken Schicht Kalk, als sollte jede darunterliegende Spur überdeckt werden.

oder hatte er selbst es ausgeräumt, weil er den Platz für den Raptor brauchte?
Eine kleine Tür, deren Vorhängeschloss offen am Riegel hing, erlaubte es, den Käfig zu betreten, oder, was Graham im Moment bevorzugte, zu verlassen. Methodisch durchsuchte Graham die anderen Zimmer und brauchte dafür weniger als zwei Minuten. Was daran lag, dass es absolut nichts mehr in den Räumen gab. Das einzige, was einer Spur nahekam, waren Kratzer auf dem Boden im Käfig, immer drei parallel, in dem Abstand, den die Krallen eines Velociraptors hatten. Graham war mit seiner Untersuchung gerade fertig, als er Stimmen hörte.

Es waren die Stimmen von zwei Männern aus dem Flur vor dem Käfig-Zimmer. Graham wusste, dass es in der Library rein theoretisch einen Wachdienst gab, der nach Besuchsschluss alle Räume und Flure des riesigen Gebäudes abpatrouillieren sollte. Bisher war er aber davon ausgegangen, dass diese Männer nicht gut genug bezahlt wurden, um jede Nacht die kilometerlangen Gänge in den Untergeschossen abzulaufen; eine Tatsache, die es Horatio ermöglicht hatte, hier jahrelang Unterschlupf zu finden. Graham sah sich um: es gab nirgends eine Möglichkeit, sich zu verstecken. Das ließ nur eine Option zu: Zurück in die Kanalisation.

Graham hatte es nur knapp geschafft, durch die Öffnung in den Schacht zu hechten und die Falltür im Boden zu schließen. Er hörte, wie über ihm ein Schlüssel ins Türschloss geschoben und gedreht wurde. Graham presste sein Ohr an das Holz, um mitzubekommen, was man dort oben sprach.

Es waren zwei Männer. Vielleicht auch mehr, aber nur zwei redeten.
»Pack an, Johnny. Das ist die letzte Fuhre.«
»Ist scheißschwer, das Mistding.« Während die beiden redeten, hallte metallisches Kling und Klong durch die Räume. Graham hatte nicht bewusst darauf geachtet, aber offenbar handelte es sich bei dem Käfig um ein transportables Modell. Eines, wie es Zirkusse für wilde Tiere verwendeten. Und diese Männer waren damit beschäftigt, es abzubauen und damit auch den letzten

Beweis verschwinden zu lassen. Nicht, dass Graham vorhatte, sie aufzuhalten, aber es verschlechterte die Beweislage.
»Beschwer dich nicht. Denk an die Kohle.«
»Und wenn wir fertig sind, trinken wir einen.« Mann Nummer Eins wurde ernst.
»Lass sowas lieber. Wenn du für den Professor arbeitest, musst du einen klaren Kopf behalten. Sonst hast du schnell keinen mehr.«
»Dein Ernst? Der sieht so harmlos aus.«
»Glaub mir, den Fehler bezahlst du mit dem Leben. Er zahlt gut, verlangt aber ne Menge.« Das Ächzen und Stöhnen über ihm sagte Graham, dass der Käfig dort so schwer war, wie er ausgesehen hatte. Ein paarmal schafften die Männer die einzelnen Käfigteile nach draußen, redeten viel und sagten dabei nichts, was Graham interessierte. Bis die beiden oben schließlich fertig waren und der eine fragte:
»Und wohin schaffen wir das Zeug?« Graham spitzte die Ohren.
»Zur London Bridge«, war die Antwort. Die schien nicht befriedigend zu sein.
»Weiß nicht. Kenn bessere Stellen, um das Zeug im Fluss zu versenken. Oder nen Schrotthändler, der es uns abkauft.«
»Ich warn dich Bob, lass den Scheiß! Wenn der Boss sagt, wir sollen das Zeug zur London Bridge bringen, dann bringen wir es genau dahin. Ansonsten sind wir es, die von der Brücke aus versenkt werden. Und ich werd nich mein Leben fürn Haufen Schrott riskieren und ne handvoll Münzen, die sich an nem kurzen Abend wegsaufen lässt.«
»Is ja gut, Pete. Ich mein ja nur.«
»Spar dir deine Meinung und mach.« Graham hörte, wie die Schritte sich entfernten, das Schlagen der Tür und den Schlüssel im Schloss. Er überlegte, ob er noch einmal nach oben gehen sollte, aber was hätte das gebracht? Die Räume waren leer. Dort war nichts, was ihn weiterbringen würde. Und die Tür nach draußen war abgeschlossen, also bestand keine Chance, den Männern zu folgen, um zu sehen, wen sie auf der London Bridge treffen würden.

Graham stieg die Treppe wieder hinunter in die Kanalisation und betätigte den verborgenen Knopf. Wie er gehofft hatte, wurde die Konstruktion nach oben gehoben und verschmolz mit der Decke. Es bestand nicht die geringste Notwendigkeit, jemanden wissen zu lassen, dass es da einen Zugang gab und dass er entdeckt worden war. Vielleicht veranlasste das den Erbauer des Mechanismus, sich weiterhin in Sicherheit zu wiegen. Und letztendlich einen Fehler zu machen.

Den Rückweg bewältigte Graham auf Autopilot. Sein Hirn war in der Zwischenzeit mit wichtigeren Problemen beschäftigt. Konnte er Miranda mit seinem Verdacht konfrontieren? Und wenn ja, wie sollte er? Miranda kannte Horatio, seit sie ein Kind war und er hatte nur einen vagen Verdacht anzubieten. Und zu diesem keine Beweise. Sie würde ihm a) nicht glauben und b) ihn möglicherweise achtkantig aus dem Haus werfen. Wobei es Graham nicht viel ausmachen würde, aus dem Haus geworfen, sondern mehr, aus Mirandas Leben verbannt zu werden. Nein, bevor er ihr von seinem Verdacht erzählte, brauchte er handfeste Beweise. Und Roxton? Den Lord ins Vertrauen zu ziehen stellte ein unbekanntes Risiko dar. Würde der Mann unvoreingenommen auf Grahams Theorie eingehen? Auch hier war der Mangel an Beweisen ein Problem, aber Roxton würde Horatio objektiv betrachten. Graham war noch weit von Whitechapel entfernt, als er sich entschied, die nächste Leiter hochzusteigen und durch die kühle Nachtluft statt durch das stinkende Kanalparfüm zum Inn zurückzukehren; auch wenn das Eau de Canal sich nicht so schnell verflüchtigte. Vollkommen unbehelligt[44] öffnete Graham eine gute Stunde später die Tür zum Zimmer im Inn.

Es brannte kein Licht und das Erste, was Graham hörte, war eine Stimme, die aus der Dunkelheit sagte:
»Sie stinken.«
»Vermutlich«, antwortet Graham. Sein Geruchssinn hatte schon vor einigen Stunden Feierabend gemacht.
»Miss Honeycomb hat sich Sorgen um Sie gemacht«, sagte

44 Die anderen Nachtschwärmer beeilten sich, Graham Platz zu machen, kaum dass er in Geruchsweite kam.

Roxton, als er das Licht seiner Lampe aufdrehte. Graham lächelte, aber nur innerlich. Es war schön, dass sich jemand Sorgen um ihn machte. Graham ging zum Kamin. Mehrere Stunden in der nasskalten Kanalisation hatten auch den letzten Rest Wärme aus seinem Körper gesaugt. Im Kamin glommen noch die Reste des abendlichen Feuers. Graham warf ein paar Scheite nach und kurz darauf verbreitete sich wohlige Wärme im Raum.
»Es wäre nett, wenn Sie Ihre Kleidung wechseln würden. Und die alten Sachen verbrennen.« Graham zuckte nur mit den Schultern.
»Es sind Ihre Sachen.«
»Gut. Dann ist das ein Befehl: Verbrennen Sie dieses Zeug.« Nach einigen Sekunden Überlegung fügte Roxton hinzu: »Nicht im Kamin. Draußen.« Wenige Minuten später hatte Graham die Anweisung[45] des Lords erfüllt und fühlte sich außerdem viel besser. Die Sachen hatte er zwar nicht verbrannt, aber neben den Misthaufen im Hof gelegt. Dort fielen sie olfaktorisch nicht weiter auf und Graham war sich sicher, Samuel würde Verwendung für sie finden. Möglicherweise wusch er sie auch vorher. Als sich Graham an den Tisch setzte, schob ihm Roxton einen Becher Bourbon zu.
»Was gab es so Wichtiges, dass Sie verschwinden mussten, ohne zu sagen, wohin?« Graham grinste kurz.
»Klingt ja fast, als hätten Sie sich Sorgen gemacht.« Roxtons Miene spiegelte Ernsthaftigkeit wider, als er antwortete.
»Natürlich. Kein Mitglied meiner Expedition wird zurückgelassen. Daran hat sich nichts geändert. Wenn Sie das nächste Mal so etwas vorhaben, geben Sie mir Bescheid.«
»Damit Sie sich keine Sorgen machen brauchen?«
»Damit ich Ihnen die Beine brechen kann und Sie nicht weglaufen können.« Die Aufrichtigkeit im Gesicht des Lords war immer noch da. Schwer zu sagen, ob er einen Scherz machte oder es ernst meinte. Graham wollte kein Risiko eingehen und nahm das letztere an.
»Ich musste einer Spur nachgehen.«

---

45 Den Wunsch. Etwas in seinem Inneren sperrte sich dagegen, Befehle von einem schnöseligen Adelsmann entgegen zu nehmen.

»Das sollten Sie nicht allein tun. Das Biest ist gefährlich.«

»Aber satt. Sie sagten selbst, dass satte Löwen friedlich sind. Vielleicht sehe ich nicht so aus, aber ich mache meine Risikoanalyse. Und ich hatte eine Idee.« Roxton ging darüber hinweg, aber Graham wusste, dass das Thema noch nicht beendet war.

»Und was haben Sie herausgefunden?«

»Wo Jacks Versteck war.« Das brachte Graham eine hochgezogene Augenbraue von Roxton ein. Das war das höchste Lob, was er bisher von ihm erhalten hatte.

»Wo?«

»In der London Library. Sie hat eine experimentelle Heizungsanlage. Miranda hat mich einmal hingeschleift, um sie sich anzusehen. Jedenfalls ist es in diesen Räumen warm genug, um dort eine wechselwarme Echse zu halten.«

»Interessant. Aus der Tatsache, dass Sie noch leben, schlussfolgere ich, dass Jack nicht vor Ort war?«

»Nicht mehr. Nur sein Käfig. Von wo aus es übrigens einen verborgenen Direktzugang zur Kanalisation gibt.«

»Die Tiere sind intelligent. Aber nicht so intelligent.«

»Nein. Jemand hat ihn dort gefangen gehalten. In einem Stahlkäfig.«

»Als würde dieser Jemand genau wissen, was er tut. Wir könnten uns dort auf die Lauer legen.«

»Zu spät. Während ich die Räume untersucht habe, sind Männer gekommen, haben den Käfig zerlegt und mitgenommen.«

»Aha. Und Sie wissen nicht zufällig...«

»London Bridge.«

»Seltsamer Ort, um einen Saurier gefangenzuhalten.«

»Vielleicht ist es nur ein Übergabepunkt.«

»In dem Fall sind wir so schlau wie vorher. Aber das ist nicht dass, was Sie so zermürbt.«

»Nein.« Roxton sagte darauf nichts. Und irgendwann wurde die Stille so unerträglich, dass Graham sie füllen musste. »Die Räume in der Bibliothek, ich war da schonmal gewesen.« Das leise Rascheln von Roxtons Kleidern kam daher, dass sich der Lord aufrichtete. Offenbar hatte Graham sein Interesse geweckt. »Als

ich Miranda kennenlernte, hat sich dort Horatio versteckt.«
»Mirandas Mentor? Sind Sie sicher, dass es die gleichen Räume waren?« Interessanter Gedanke. Graham hatte nicht wirklich daran gezweifelt, dass es sich um die gleichen Räume handelte. Die Größe und Anzahl der Räume waren die gleichen, aber alles, was auf die Identität des ehemaligen Bewohners schließen lassen konnte, war penibel beseitigt worden. Natürlich war es möglich, dass es zwei Geheimverstecke gab, aber irgendwann wäre das selbst dem verschlafensten Wächter aufgefallen. Und wenn nicht denen, dann einem Buchhalter, der wissen wollte, wohin die Miete verschwand.
»Ich bin relativ sicher«, sagte Graham laut.
»Interessant. Aber möglicherweise ein Zufall.«
»Sagten Sie nicht, dass ein guter Jäger nicht an den Zufall glaubt?«
»In der Tat. Deshalb frage ich mich, warum Sie gerade zufällig heute Nacht das Bedürfnis verspürten, einen Weg durch die Kanalisation zum Versteck Ihres alten Freundes zu suchen.«
»Die Notiz. Sie war mit M. unterzeichnet. Vor einiger Zeit habe ich herausgefunden, dass Horatio mit vollem Namen Professor James Horatio Moriarty heißt. Als die Männer, die den Käfig abgebaut haben, von ihrem Boss sprachen, hat einer ihn Professor genannt.«
»Nachdem, was ich gehört habe, ist Horatio ein Genie. Kein Wunder, dass er Professor ist. Aber ich nehme nicht an, dass Ihnen das Sorgen macht.«
»Nein. Der Name Moriarty taucht in einigen Büchern auf. Als kriminelles Genie. Übrigens sind die Bücher von Doyle, dem Schriftsteller, der das Buch über unsere Reise nach Südamerika geschrieben hat.«
»Und jetzt befürchten Sie, dass seine Anmerkungen über Horatio ebenfalls einen wahren Kern haben?«
»Das und...« Graham stoppte sich selbst. Verdacht Nummer Zwei war so ungeheuerlich, dass er sich selbst verbot, es überhaupt nur zu denken.
»Und was?«

»Nichts.« Er wollte nicht einmal daran denken, wie eng das Verhältnis zwischen Miranda und Horatio gewesen war. Sie war seine Schülerin - aber es war einfach unmöglich, dass Miranda von diesen Machenschaften gewusst hatte. Vielleicht war Horatio noch nicht auf die schiefe Bahn geraten, solange Miranda ihren Einfluss auf ihn ausübte.
»Es besteht nicht die geringste Wahrscheinlichkeit, dass Lady Hastings ihn unterstützt hat, falls er wirklich das kriminelle Genie ist, was Sie befürchten«, sagte Roxton. Und fuhr auf Grahams erstaunten Blick fort: »Sie sind wirklich ein miserabler Lügner. Man kann Ihnen im Gesicht ablesen, was Sie denken.« Roxton rieb sich über die Wangen, wo seine Hand ein schabendes Geräusch verursachte. Der Tag war lang gewesen und Roxton hatte sich am Morgen rasiert. Jetzt bildeten die Bartstoppeln schon einen dunklen Schatten und gaben seinem Gesicht einen verhärmten, abgehetzten Ausdruck. »Wieviel Zeit haben wir bis zum nächsten Mord?« Graham dachte kurz nach.
»Ende September. Aber ich würde mich nicht hundertprozentig darauf verlassen, dass die Zeitangaben noch stimmen.«
»Dann sollten wir jetzt etwas schlafen und morgen unsere weiteren Schritte planen.« Roxton erhob sich und ging nicht zum Schlafzimmer, sondern zur kleinen Kammer. Graham bewegte sich in dieselbe Richtung.
»Was soll das werden?« fragte Roxton.
»Da steht mein Bett.«
»Nein. Miss Honeycomb bewohnt das Schlafzimmer, deshalb bin ich in die Kammer umgezogen.«
»Und ich?«
»Sie dürfen meinen Mantel nehmen und darauf schlafen. Legen Sie ihn vor den Kamin.« Seine Lordschaft war wirklich sehr großzügig heute.

Graham schlief sehr schlecht - bei dem harten Holzfußboden kein Wunder - und wurde von einem Fußtritt geweckt.
»Besser is, als wie wenn dein Boss dich grunzend erwischt«, hatte Samuel gemeint und gedacht, Graham einen Gefallen getan zu haben. Der hatte kurz mit dem Gedanken gespielt, aus seiner

Rolle auszubrechen und Samuel ein paar zu verpassen. Aber das wäre nicht gut für die Mission und ihre Tarnung[46] gewesen; außerdem verbrachte Samuel seinen Tag im Gegensatz zu Graham mit körperlich anstrengenden Arbeiten und hatte dementsprechend Muskeln aufgebaut.

Allein mit einem üppigen Frühstück gelassen - Lutton bemaß die Portionen wesentlich reichlicher seit dem Zusammenstoß mit seiner Lordschaft - beschloss Graham zu essen. Das garantierte ihm eine ausreichende Menge Kalorien und es war die Schuld der Beiden, wenn sie zu kurz kamen. Niemand zwang hier irgendjemanden, bis Mittags zu schlafen. Aber während Graham aß, waren seine Gedanken überhaupt nicht bei der Sache. Wie sollten sie weitermachen? Der Fall hatte einfach ausgesehen: Einen schießwütigen Jäger engagieren, nach Whitechapel gehen, Raptor killen und Ende. Aber wenn der Raptor nicht der Killer, sondern nur die Waffe des Killers war? Das machte alles so kompliziert. Graham hätte sich gern mit Miranda darüber unterhalten, aber über ihre Rolle in dem Drama war er sich nicht ganz im klaren. Miranda hatte nichts mit den Morden zu tun, dass stand fest. Aber wie weit würde sie gehen, um ihren Freund und Mentor zu schützen? Nein, zu Miranda konnte er erst gehen, wenn hieb- und stichfeste Beweise über Horatios wahre Natur vorlagen; entweder zum Guten oder zum Schlechten.

Roxton erschien, als Graham halb durch das Frühstück war. Mit keiner Silbe - nur mit einem kurzen Nicken - hatte er Grahams Existenz anerkannt. Das störte Graham nicht, der morgens ähnlich veranlagt war. Es dauerte eine Weile, bevor Roxton die ersten Worte des Tages äußerte.
»Wir sollten etwas für Miss Honeycomb übrig lassen.«
»Ja«, sagte Graham, schaufelte sich weiter Porridge auf den Teller und ignorierte Roxtons vorwurfsvollen Blick, bis er damit fertig war. »Sie sind der Gentleman. Mit Titel und so. Ich bin bloß ein ungehobelter Diener. Wenigstens einer muss in seiner Rolle

---

46 Auch wenn davon dank Roxtons Verhalten nicht mehr viel übrig war.

bleiben.«
»In der Tat«, sagte Roxton und zog den Rest des Frühstücks aus Grahams Reichweite. Nach ein paar Löffeln hörte Graham auf zu essen. Roxton war zwar nicht ganz so gut wie Miranda im Starren, aber es reichte, um den Appetit zu verderben.
»Dieser Horatio. Haben Sie ihn jemals kennengelernt?«
»Netter, älterer Herr. Sieht aus, als könnte er keiner Fliege was zuleide tun. Und ein Genie. Unser Luftschiff basierte auf einer Idee von ihm. Miranda hat es bloß vergrößert.«
»Und er war nicht wütend deswegen?« Graham zuckte nur kurz mit den Schultern.
»Nicht das ich wüsste. Wir haben ihn nicht mehr gesehen seit dem...«
»Aetherunfall.«
»Ja, genau.«
»Wäre es möglich, dass er Ihnen das nachträgt?«
»Woher sollte er...« Graham zögerte. Sein ursprünglicher Plan sah vor, die genaue Technik des Luftschiffs zu patentieren, sobald sie erfolgreich von der Expedition zurückgekehrt waren. Deshalb hatte er sich mit Details zurückgehalten, wenn sich jemand nach dem Schiff erkundigt hatte. Da das Luftschiff aber im Amazonas abgestürzt war und es damit keine erfolgreiche Rückkehr gab, kannten nur die Wenigsten die Technologie, die sie für den Auftrieb nutzten. Aber ein Mann wie Horatio erkannte mit Sicherheit seine Erfindung wieder, wenn er sie sah. Er hatte sich zwar nicht gemeldet, um seine Ansprüche einzufordern - etwas, worauf Miranda möglicherweise gehofft hatte - aber vielleicht war der alte Mann doch nachtragend. Roxton unterbrach Grahams Überlegungen mit einer wegwerfenden Geste.
»Das war nur so ein Gedanke. Ich glaube, es ist nichts, worüber Sie sich im Moment Sorgen machen müssten. Wie groß ist Horatio?«
»Er lief immer ziemlich gebückt. Kleiner als ich auf jeden Fall. Und ziemlich mager.«
»Drahtig? Weißes Haar? Scharfe, kleine Augen hinter einer Nickelbrille?« Roxton sah aus, als würde er Punkte von einer

mentalen Liste abstreichen.
»Stimmt. Sind sie ihm wirklich nie begegnet?«
»Nein, aber Miranda hat viel von ihm erzählt.«
»Oh.« Mehr brachte Graham nicht heraus. Das Verhältnis zwischen Miranda und Roxton war Graham eine Spur zu eng, als dass er damit glücklich gewesen wäre. »Warum interessieren Sie sich so für Horatio?«
»Es gab da ein Gerücht...« Roxton machte eine Pause, um zu entscheiden, ob er Graham ins Vertrauen ziehen konnte. Offensichtlich nicht. »Aber das ist eine andere Sache. Wie machen wir weiter?«
»Die Männer sollten den Käfig zur London Bridge bringen.«
»Um ihn dort zu versenken?«
»Dafür gäbe es bessere Stellen, sagte einer von ihnen. Ob jemand von unseren Nachforschungen Wind bekommen hat und die Operationsbasis verlegt?«
»Auf die Brücke?« fragte Roxton. Graham schüttelte den Kopf.
»Nein. Ich habe nachgedacht. Die Brücke hatte Häuser.«
»Die alte Brücke, korrekt. Aber die wurde abgerissen.«
»So große Gebäude haben immer Wartungszugänge.«
»Was für Zugänge?«
»Wartungszugänge. Damit man ins Fundament gehen kann. Bausubstanz prüfen und sowas.«
»Wie eine Gesindetreppe?« Richtig, Roxton stammte aus einer anderen Welt. Dass er als Mitglied der Upperclass schonmal von einer Gesindetreppe gehört hatte, grenzte an ein Wunder. Aber er hatte garantiert noch nie eine benutzt.
»Kommt hin. Vielleicht gibt es auch eine Brückenbauhütte oder sowas in der Art.«
»Was ist eine Brückenbauhütte?« Roxton mochte ein großartiger Jäger sein und in einigen Teilen der Welt sogar als Held gelten – gegenüber normalen Handwerkern war er so ignorant wie seine Snob-Kollegen.
»Eine Werkstatt, die Handwerker während der Bauarbeiten benutzt haben. Die Fundamente haben genug Platz für sowas.« Roxton hob eine Augenbraue.

»Ein Fundament sollte stabil sein.«
»Solange es hält, schaut niemand nach.«
»Wollen Sie behaupten, die Brückenpfeiler sind hohl?«
»Sagen wir so: Es würde mich nicht wundern.«
»Vielleicht sollte ich mich in Zukunft auf meiner Seite der Stadt aufhalten.«
»Ihre Entscheidung.«
»Und wie wollen sie herausfinden, wo die Bauhütte liegt?«
»Ich schätze, es gibt Baupläne.« Roxton nickte bedächtig.
»Das stimmt. Für alle öffentlichen Gebäude und größeren Häuser. Es kostet ein Vermögen, wenn Baupläne nicht im städtischen Archiv landen sollen. Aber das herauszufinden wird eine Weile dauern und eine Menge kosten.« Graham grinste.
»Ich glaube, ich kenne einen schnelleren Weg.«
»Der Lehrling überflügelt den Meister.«
»Keine Angst, Sie werden sich daran gewöhnen. Aber ich brauche für diesen speziellen Fall trotzdem Ihre Hilfe.« Und dann weihte Graham Roxton in seinen Plan ein.

»Sie haben Hausverbot! Lebenslang! Ich will Sie hier nicht mehr sehen!« Das waren die exakten Worte, die Graham von Corelius gehört hatte, als er dessen Laden beim letzten Mal verließ. Es waren auch die ersten Worte, die er hörte, als er den Laden wieder betrat. Außerdem sah der Kartenmacher so aus, als würde er gleich hinter seinem Zeichentisch hervorspringen und Graham an die Kehle gehen. Hinter Graham betrat Roxton den kleinen Laden.

Allein die Persönlichkeit des Lords forderte den sofortigen Respekt des Inhabers. Nicht zu reden von der kräftigen Statur des Abenteurers und der zwei Pistolen, die aufblitzen, als Roxton wie zufällig seinen Mantel aufschlug. Außerdem, musste Graham zugeben, sah Roxton wie ein Mann aus, der Geld hatte, ein Anblick, der jeden Geschäftsinhaber in den Servilitätsmodus schaltete. Dass dabei Graham vollständig aus seiner Wahrnehmung verschwand, war eher Bonus denn Beleidigung.
»Was benötigt der Herr?« Roxton ließ sich Zeit und inspizierte

die ausgestellten Karten gründlich. Auf eine Art und Weise die klarmachte, dass er zwar nach Geld aussah, sich aber nicht leichtfertig davon trennte.
»Interessante Auswahl. So viele Karten von Orten, von denen noch nie jemand etwas gehört hat.«
»Die Welt ist ein wunderbarer Ort. Und ich verschaffe denen, die nicht dazu berufen sind, sie zu bereisen, ein Bild von ihr.«
»Außerdem lässt sich so nicht nachprüfen, ob die Karten korrekt sind.« Corelius warf einen wütenden Blick auf Graham. Der zuckte nur mit den Schultern. Er konnte wirklich nichts dafür, dass Roxton auf den gleichen Gedanken gekommen war wie er.
»Dafür stehe ich mit meinem Namen.«
»Ich muss sagen, seine Karte der Kanalisation war außerordentlich hilfreich«, bemerkte Graham. »Und größtenteils korrekt.«
»Das bekommt man, wenn man nach einer *Skizze* fragt. Qualitätsarbeit lässt sich nicht in weniger als einer Stunde hinklecksen.« Corelius hatte Skizze so betont, als würde es sich dabei um eine braune, stinkende Masse handeln.
»Ich habe kein Interesse an Skizzen«, sagte Roxton. Er benutzte die gleiche Betonung wie Corelius vor ihm. Und er warf Graham den gleichen Blick wie dieser zu, als ob er es als persönlichen Affront betrachtete, dass sein Bediensteter so etwas von einem wahren Künstler verlangt hatte. »Allerdings möchte ich sicher gehen, dass die Karten von weit entfernten Orten genau sind, bevor ich mich auf meine nächste Expedition begebe.«
»Nun, Ihr habt mein Wort...« versicherte Corelius nach einem kurzen Zögern, was alles andere als sicher klang. »Ich zeichne nur Karten von Orten, die ich selbst bereist habe. Ihr könnt euch darauf verlassen...«
»Ich dachte an etwas näher liegendes«, unterbrach ihn Roxton. »Sagen wir die London Bridge.«
»Die London Bridge? Das ist wohl schwerlich eine Herausforderung. Jeder Straßenbengel kann Euch die Brücke zeichnen.«
»Ich bin aber nicht an der Außenseite interessiert.« Corelius sah Roxton misstrauisch an.

»Sondern?«
»Am inneren Labyrinth. Der Bauhütte, die Gesindetreppen.«
»Woher...?« Corelius unterbrach sich selbst, bevor er sich eine verbale Falle stellte. »Ich dachte nicht, dass ein Mann von Welt diese Niederungen kennt.«
»Nun, ich bin nicht nur ein Mann von Welt, ich bin auch ein Erforscher derselben.« Roxton setzte ein Lächeln auf, wie es sonst nur die Mahlzeit eines Weißen Hais sieht.
»Sicher, ich könnte...«
»Ich kann natürlich nicht das Risiko eingehen, dass Euer Gedächtnis Euch im Stich lässt. Ihr könnt Euch so viel Zeit lassen wie Ihr möchtet. Aber Ihr werdet die Karte in unserem Beisein zeichnen und bis zum Abschluss der Arbeit dürft Ihr den Laden nicht verlassen.« Roxton hatte Graham gefragt, warum diese Bedingung wichtig war. Die Lösung war einfach: Sie zwang Corelius praktisch dazu, die Karte spätestens nach einem halben Tag fertig zu haben. Denn das Verbot, den Laden zu verlassen, machte es unmöglich, zwischendurch zu essen oder auf die Toilette zu gehen. Die Natur würde dafür sorgen, das Corelius sich nicht endlos Zeit nahm[47]. Exakt dieser Gedanke musste dem Kartenmacher auch gekommen sein, denn auf seinem Gesicht ließ sich ablesen, dass ihm der Gedanke kam, den Auftrag abzulehnen. Jetzt spielte Roxton seinen letzten Trumpf aus. »Wenn es Euch gelingt, eine Karte zu zeichnen, die fehlerfrei ist, werde ich jedes Stück Papier in diesem Laden kaufen.« Dass das kein leeres Versprechen war, unterstrich Roxton mit einem prall gefüllten Lederbeutel, den er verheißungsvoll klingeln ließ. Corelius musste ja nicht wissen, dass der größte Teil aus Pistolenmunition bestand. Es gab einen kurzen und heftigen Kampf hinter seiner Stirn[48], dann gewann der Kaufmann in ihm; wahrscheinlich mit dem Argument, dass er schließlich die Rechnungen des Handwerkers/Künstlers bezahlte und somit vor dem Hungertod bewahrte.

47 Und diese in Rechnung stellte.
48 Der auf der Vorderseite so deutlich zu beobachten war, als hätte jemand einen Dokumentarfilm gedreht.

»Abgemacht!« sagte Corelius und hielt die Hand hin. Roxton packte zu, bevor er es sich anders überlegen konnte.
»Gut. Fangen Sie an.« Dann nickte Roxton Graham zu, der sich auf die Türschwelle setzte und zwar so, dass Corelius nicht hinaus und außerdem niemand herein kommen konnte. Was bis zum Einbruch der Dunkelheit, als Corelius verkündete, das Werk sei geschafft, nicht einmal jemand versucht hatte.

Je weiter der Tag fortschritt, desto angespannter wurde Corelius. Graham wäre es vielleicht genauso gegangen, hätte er nicht in weiser Voraussicht darauf verzichtet, vorher mehr als nötig zu trinken. Stattdessen betrachteten Roxton und er die Karten, die Corelius gezeichnet hatte. Wenn die Pläne stimmten, waren die mächtigen Brückenpfeiler löchrig wie Schweizer Käse. Doch es bestand kaum Zweifel daran, dass diese Pläne im Großen und Ganzen korrekt waren. Männer wie Corelius überlebten mit ihren kleinen Geschäften, in die den ganzen Tag über niemand kam, dadurch, dass sie Informationen, die sie eigentlich nicht haben durften, an Kunden verkauften, die sie eigentlich nicht bekommen sollten. Dieses Geschäftsmodell sicherte ein gutes Einkommen, hatte aber den Nachteil, dass solche Kunden es äußerst übel nahmen, wenn die erworbenen Informationen sich als falsch erwiesen. Und sie neigten dazu, es nicht beim Absenden von Beschwerdebriefen zu belassen.
»Ist das die Bauhütte?« fragte Roxton. Der Komplex im Innern des südlichsten Pfeilers der Brücke war groß genug, dass man eine kleinere Armee darin unterbringen konnte. Oder einen Velociraptor.
»Das ist sie. Wie Ihr seht, werter Herr, wurden die Eingänge nach Fertigstellung der Brücke zugemauert. Außerdem wurden die Räume verfüllt, damit die Stabilität des Pfeilers gewahrt bleibt.« Verfüllt klang für Graham wie etwas, was man auch wieder *entfüllen* kann; vor allem, wenn man ein paar billige Arbeitskräfte anheuert. Roxtons Gedanken liefen wohl in dieselbe Richtung.
»Vielen Dank für Ihre Hilfe.«
»Gern geschehen. Wohin soll ich die Karten liefern?« Eins musste

man Corelius lassen: Er versuchte es immer wieder.
»Das werde ich Ihnen sagen, sobald wir die Korrektheit dieser Karte überprüft haben. Komm Bursche, wir haben viel zu tun.«
Graham folgte nach dem kurzen Moment, den er brauchte, um sich daran zu erinnern, dass er der Bursche war.

Die Brücke

»Wir werden uns noch heute Nacht auf den Weg machen«, entschied Roxton.

»Ist das nicht die Zeit höchster krimineller Aktivität?«

»Ja. Und es bedeutet, dass die meisten auf den Straßen oder in fremden Häusern unterwegs sind und nicht in ihrer Basis sitzen. Außerdem ist es zu auffällig, tagsüber irgendwo einzudringen. Selbst wenn es eine Brücke ist.«

»Und was machen wir mit Miss Honeycomb?«

»Ich komme mit«, sagte ein junger Mann, der im Schatten des nächste Hauseingangs stand, und trat aus dem Schatten. Selbst bei Licht betrachtet war Lilly in ihrer Verkleidung kaum zu erkennen. Langsam beschlich Graham das Gefühl, dass dieses Mädchen zwei erfahrene Männer jederzeit austricksen konnte. Es gefiel ihm nicht.

»Wie lange stehen Sie schon da?« fragte Roxton.

»Zwei Minuten«, kam die sofortige Antwort zusammen mit einem Gesichtsausdruck, der die vollkommene Unschuld darstellte. Graham, der sich mit den Feinheiten des gesprochenen Wortes besser auskannte als Roxton, formulierte die Frage um.

»Seit wann exakt folgen Sie uns?«

»Seit Sie den Inn verlassen haben. Ich wollte sicher gehen, das Sie nicht vorhaben, eine weitere Frau zu ermorden.«

»Hatten wir das nicht schon geklärt?« fragte Graham.

»Vorsicht ist die Mutter der Porzellankiste.«

»Sie wollten uns im Auge behalten?« fragte Roxton nonchalant. Es konnte auch überheblich wirken, das Licht war in dieser Ecke der Straße nicht sehr gut. Graham, der durch Miranda schon mehr Erfahrung in Auseinandersetzungen mit Frauen hatte, verkniff sich jeden Gesichtsausdruck.

»Haben Sie denn etwas zu verbergen?«
»Nein. Aber die Sache ist zu gefährlich.«
»Und wo exakt wäre ich sicherer als in Begleitung zweier so mutiger Gentlemen?« Lilly mochte nie eine Schule von innen gesehen haben, aber rhetorisch hielt sie locker mit Roxton mit. Graham war beeindruckt. Außerdem wusste er - ebenfalls aus Erfahrung mit Miranda - dass man dem Mädchen ihren Vorsatz sowieso nicht ausreden konnte. Roxton fehlte diese Erfahrung. Er öffnete den Mund.
»Vielleicht brauchen wir wirklich jemanden. Zum Schmiere stehen oder so. Sechs Augen sehen mehr als vier«, sagte Graham, bevor der Lord ein Wort herausbrachte. Lilly lächelte Graham an und hakte sich bei ihm unter.
»London Bridge ist ungefähr anderthalb Meilen in diese Richtung«, sagte sie. »Aber ich kenne eine Abkürzung.«

Für ein so schmächtiges Mädchen war Lilly erstaunlich kräftig. Graham folgte ihr, weil das die einzige Möglichkeit war, seinen Arm zu behalten. Roxton hielt etwas Abstand zu ihnen. Mit dem Gesicht, das er machte, bestand auch keine Gefahr, dass ihm jemand dumm kommen würde. Graham fragte sich, welche Laus dem Lord über die Leber gelaufen war, zog es aber vor, zu schweigen. Es war erstaunlich, wie viele sozial peinliche Situationen man sich ersparen konnte, wenn man sie einfach ignorierte. Ein paar Querstraßen weiter, nachdem Graham ein paar flüchtige Bemerkungen von Passanten mitbekommen hatte, räusperte er sich.
»Es wäre mir lieber, wenn Sie meinen Arm loslassen würden.«
»Haben Sie nicht gern eine Frau an Ihrem Arm?«
»Nur wenn Sie nicht wie ein Mann gekleidet ist.«
»Oh.« Und nach einer Pause: »Die anderen Sachen waren nicht geeignet.«
»Kein Problem. Aber wir sollten nicht zu sehr auffallen.«
»Darf ich Sie etwas fragen?«
»Natürlich.«
»Warum tun Sie das alles?«
»Wir vermuten, dass in der Brücke das Versteck...«

»Nein. Ich meine, warum kümmern Sie sich um das, was Mary Ann und Annie passiert ist? Dem Inspektor sind wir egal. Ich habe gehört, wie er im Pub mit den Leuten gesprochen hat. Er hat getan, als wollte er herausfinden, wer der Mörder ist, aber im Grunde genommen interessieren ihn die Leute hier überhaupt nicht. Er hasst Whitechapel. Er verachtet die Menschen hier und kommt nur hierher, weil es ihm befohlen wurde. Sie kommen freiwillig. Ich verstehe das nicht.« Graham drehte sich um, wo Roxton ihnen in einer Entfernung folgte, in der er tun konnte, als würde er nichts hören. »Wenn es feine Ladys gewesen wären, hätte Scotland Yard jeden verfügbaren Mann geschickt. Nicht den, der übrig war.« Das war eine interessante Formulierung. War Abberline so schlecht auf diesen Job zu sprechen, weil er genau wusste, dass er auf verlorenem Posten stand? Und weil er ahnte, dass man ihn dahingestellt hatte, um ihn später abschießen zu können?

Solche Überlegungen hatten für Graham keine Rolle gespielt. Er hätte Lilly sagen können, dass er es tat, weil es richtig war. Eine lahme Antwort, aber die, die der Wahrheit am nächsten kam. Anders hätte er es gar nicht erklären können. Er fühlte sich verantwortlich, doch wie sollte er dem Mädchen an seiner Seite erklären, dass er erst in einhundertfünfzig Jahren geboren werden würde und alles, was vor ihr lag, für ihn schon längst vergangen war? Und vor allem, dass Lilly Honeycomb einer der Namen auf der Liste der Opfer des Mörders war, den sie suchten? Wenn Graham erfahren würde, dass er weniger als einen Monat zu leben hatte, dann würde ihn das aus der Bahn werfen; besonders, wenn man dazu die Information bekäme, dass man als Geschnetzeltes endete. Manchmal kam Graham die ganze Sache unwirklich vor. Dann half es nur noch, die Augen zu schließen und zu hoffen, dass das alles vorbei wäre, wenn man sie wieder öffnet. Und falls dem nicht so war, einfach mit dem weiterzumachen, was gerade notwendig war.
»Also, warum tun Sie das?« wiederholte Lilly ihre Frage.
»Weil es richtig ist«, sagte Graham.
»Sie kommen nicht aus dieser Gegend, oder?« Und mit dieser

Gegend meinte sie nicht Whitechapel.

In Umkehrung eines der grundlegenden Gesetze des Universums sparte Lillys Abkürzung tatsächlich Zeit. Sie erreichten die London Bridge kurz nachdem die Laternenanzünder ihren Job für diesen Abend bereits erledigt hatten. Das Gaslicht machte keinen großen Unterschied zur Dämmerung, aber es war besser als nichts.
»Wonach suchen wir überhaupt?« fragte Lilly.
»Nach einem Zugang zu den Wartungsschächten im südlichen Brückenpfeiler«, sagte Roxton.
»Rechts oder links?«
»Es müsste der linke sein.« Roxton hantierte mit der Karte und sah nicht auf. »Aber ich sehe hier keine Tür. Weder rechts noch links.«
»Natürlich nicht«, sagte Lilly. »Der Zugang erfolgt über die Kanalisation. Der Schacht ist dahinten.« Nach einigen Augenblicken bemerkte Lilly die fragenden Blicke der beiden Männer und zuckte mit den Schultern. »Wenn man im Winter draußen schlafen muss, kennt man irgendwann alle geschützten Nischen.«
»Warum haben Sie das nicht gleich gesagt?« knurrte Roxton.
»Warum haben Sie nicht gefragt?« Und Graham stellte einmal mehr fest: Lilly und Miranda dürften sich nie im Leben begegnen.

Mit Lillys Hilfe fanden sie den Schacht sofort - was nicht einfach gewesen wäre, denn hier hatte man sich bemüht, den Übergang zwischen der Welt da oben[49] und der Welt da unten[50] nahezu unsichtbar werden zu lassen.
»Und den haben Sie allein gefunden?« fragte Graham. Lilly schüttelte den Kopf.
»Nein, ich habe eine gute Freundin. Die Königin der Unterwelt.«
»Sowas wie organisiertes Verbrechen?«
»Nein, die Kanalisation.« Die reale Unterwelt.
»Schätze, ihr Name ist Madame Poop?«

---

49 den Flaneuren
50 den Arbeitenden

»Nein. Ihr Name ist Lady Door. Und Sie sollten sie besser mit Respekt behandeln, falls Sie ihr einmal begegnen.«
»Hetzt Sie sonst ihre Rattenarmee auf mich?« Lilly runzelte die Stirn.
»Die Ratten gehören nicht zu ihren Untertanen. Aber die Rattensprecher. Und die Leute, die durch die Lücken fallen. Sind gar nicht so wenige. Ich würde mich gut mit ihr stellen.«
»Leise«, flüsterte Roxton. »Das Echo könnte uns verraten.« Graham nickte und Lilly verdrehte die Augen, genauso wie es pubertierende Teenager in anderthalb Jahrhunderten immer noch tun würden, wenn sie überflüssige Ratschläge von Erwachsenen erhielten.

Der Kanal roch hier genauso schlimm wie unter Whitechapel. Was daran lag, dass das Verdauungsendprodukt eines Edelmannes genauso stank wie das eines armen Schluckers und sich hier in der Nähe der Themse alles vereinigte, was die Stadt an Gülle produzierte. Der große Gestank vor ein paar Jahren hatte die Parlamentarier dazu bewogen, Geld für eine ordentliche Kanalisation locker zu machen, sodass nicht mehr alles ungefiltert im Fluss landete[51]. Eine rein aus der Not geborene Entscheidung, da das Parlament direkt an der Themse lag und der Aufenthalt während jenes denkwürdigen Sommers nur möglich war, wenn man mit Duftstoffen getränkte Vorhänge aufhängte. Die Abwässer waren seitdem nicht weniger geworden, aber der Geruch war nun in den Gängen der Kanalisation gefangen. Roxton keuchte, als ihn die geballte Wucht des Gestanks zum ersten Mal traf.
»Man gewöhnt sich dran«, flüsterte Lilly.
»Wirklich?«
»Entweder das oder man erfriert, wenn man oben bei Schnee auf der Straße schläft.«
»Wo lang geht's zum Eingang?« Lilly wies die Richtung und ging voran. Wenige Minuten später standen sie vor einer einfachen

51 Das war nicht ganz korrekt: Es landete immer noch alles ungefiltert im Fluss. Bloß weiter stromabwärts, außerhalb der Stadt. Dort stank es genauso wie vorher, aber eben woanders.

Holztür. Nichts wies darauf hin, dass sie in letzter Zeit benutzt worden war. Roxton drückte die Klinke herunter und die Tür schwang geräuschlos auf. Er legte noch einmal den Finger auf die Lippen und die Drei schlichen hinein.

Hinter der marode wirkenden Holztür war eine weitere, wesentlich massivere. Wäre die verschlossen gewesen, hätte sie ein ernsthaftes Problem dargestellt, aber hier rechnete anscheinend niemand mit Besuchern. Dafür hielt die Tür den Gestank und die Kälte der Kanalisation draußen; dahinter war es sogar recht heimelig. Graham fühlte sich unwillkürlich an Horatios Unterschlupf in der Bibliothek erinnert. Der Gang vor ihnen war trocken und sauber, die Wände aus großen, glatt behauenen Steinen zusammengefügt. Ein paar Hieroglyphen hier und da und man hätte sich in den Gängen der Cheopspyramide wähnen können. Seiner Natur gemäß übernahm Roxton sofort die Führung. Lilly und Graham folgten ihm, beziehungsweise dem schmalen Lichtstreifen seiner Ruhmkorfflampe. Durch die eigenartige Akustik konnten sie weiter vorn Männer reden hören, obwohl sie die Worte nicht verstanden. Sie schlichen bis zum Ende des Ganges, der im rechten Winkel nach links abbog und dort endete. Durch eine kleine Öffnung in der Wand sickerte fahles Licht. Geräuschlos faltete Roxton die Karte auf. Nach einer Weile tippte er auf die Stelle, wo die Bauhütte eingezeichnet war, ein Raum, in dem zur Zeit der Brückenerbauung zwanzig Leute gearbeitet hatten. Laut Karte müssten sie vor einer Tür stehen, statt vor einer Wand. Logisch, dass Corelius es bei einem solchen Fehler vergessen konnte, dass Roxton seinen gesamten Kartenbestand aufkaufte.

Graham merkte auf, als auf der anderen Seite der Wand zwei Männer zu reden begannen.
»Dieses Biest macht mich kirre. Hast du seine Augen gesehen? Als ob es was plant«, sagte einer. Graham kannte die Stimme und bei einem Blick auf Roxton war klar, dass er sie ebenfalls erkannte. Es war Brutus, der Angreifer aus der Gerberei.
»Frage mich, was der Boss damit vorhat.«

»Keine Ahnung und es interessiert mich nich. Und dich besser auch nich. Der Boss mag keine Schnüffler.« Der Rat verhallte ungehört.
»Is er echt 'n richtiger Professor?«
»Yepp. Und jetz halts Maul, ich will nicht wegen dir Ärger kriegen.«
»Ich frag ja nur...«
»Genau das is das Problem.«
»Guten Abend, meine Herren.« Schlagartig wurde es still. Die Stimme klang gedämpft, als würde der Sprecher durch einen Schal sprechen. Selbst hier draußen spürten die Drei das Entsetzen der Männer.
»GutenAbendProfessor!IchhabeSiegarnichtgehört!« Brutus Stimme klang nach Panik. Die Stühle knallten auf den Boden, als die Männer aufgesprungen waren. Roxton bedeutete seinen Begleitern, leise zu sein und schlich sich zu dem kleinen Lüftungsschacht. Die Öffnung war nicht größer als ein halber Ziegelstein und direkt unter der Decke, aber Roxton reckte sich trotzdem, um einen Blick in den Raum nebenan werfen zu können.
»Ist alles bereit? Der Colonel wird die Echse wieder zurückbringen.«
»Alles, wie sie's gesagt haben, Professor!«
»Gut, gut. Und was ist mit Ihnen?« Der zweite Mann hatte seit dem Eintreten des Professors keinen Mucks mehr von sich gegeben. »Interessieren Sie sich für eine akademische Karriere?«
»Weiß nich, Sir. Was is eine akada... so'ne Karre?«
»Wünschen Sie, in die Schule zu gehen?«
»Ich, Sir? Nein, Sir! Bin mein Lebtag noch nie nich in einer Schule gewesen, Sir. Aber es macht mächtig Eindruck, wenn ich sagen tue, dass ich für 'nen Professor schaffe.«
»So so. Und wen möchten Sie beeindrucken? Eine junge Dame vielleicht?«
»Nee, Sir. Weiber reden zu viel. Aber die Brüder aus dem Pub, die wissen was läuft.«
»Die Brüder aus dem Pub. Nun, es geht doch nichts über ein paar

gute Freunde, die man beeindrucken kann.« Das nächste Geräusch war eine Hand, die jemanden auf den Rücken klopfte. Und nach etwa fünf Sekunden das Röcheln eines Mannes, der stirbt.

»Verschwiegenheit ist das oberste Gebot, Brutus.«

»Habs versucht, ihm zu erklären.« Wenn Brutus erschüttert war, dann konnte er es sehr gut verbergen.

»Ich weiß. Und ich weiß, dass ich mich auf Ihre Verschwiegenheit verlassen kann, nicht wahr?«

»Ja, Sir!«

»Leider wurden wir heute Abend gestört. Der Doktor hat seine Ware nicht bekommen und das Tier hat nichts gefressen. Aber das letzte Problem dürfte ja jetzt gelöst sein.«

»Verstanden, Sir!« Roxton quetschte sich immer näher an das Loch heran. Wenn der Sprecher an der Wand stand, dann war es von dieser Position aus unmöglich, ihn zu sehen, aber Roxton versuchte es trotzdem. Er stützte sich mit der Hand am Gemäuer ab. Etwas machte Klick und die ganze Wand schwang zur Seite.

Der Raum dahinter war enorm, etwa von der Größe einer Schulsporthalle - nur das jemand diese Sporthalle zu einem Schlafsaal umgebaut hatte. Schmale Doppelstockbetten standen an den Wänden, ein grober Holztisch mit einem Brett als Bank auf jeder Seite stand in der Mitte, sonst enthielt dieser Raum nichts. Grob geschätzt konnten hier gut zwei Dutzend Männer leben. So gesehen war es Glück, dass nur zwei da waren und einer davon nicht mehr lebte. Vom dritten Mann war nichts zu sehen. Als die Wand zur Seite glitt, glaubte Graham, eine Bewegung gesehen zu haben, aber das konnte auch ein Schatten gewesen sein. Real ergab das ein Verhältnis von Drei gegen Einen. Oder Zweieinhalb gegen Einen, denn Lilly zählte selbst an guten Tagen gerade als halbe Portion. Und eigentlich war Graham Pazifist, also anderthalb gegen Einen.

Brutus brauchte nicht lange, um seine Überraschung zu überwinden, sondern griff sofort nach etwas, was verdächtig nach einer Panzerfaust aussah. Graham wartete nicht erst, was passieren würde und ignorierte einen vorwitzigen Gedanken, der darauf beharrte, dass es noch gar keine Panzer, respektive keine Panzerfäuste gab, sondern zerrte Lilly zurück in den Gang. Roxton erwischte er nicht, denn der Lord hatte sich mit einem unartikulierbaren Kampfschrei auf Brutus gestürzt. Was nach einem ungleichen Kampf aussah - Brutus wog doppelt so viel wie Roxton - war es nicht: Was der Mann an Kraft hatte, wog Roxton durch Finesse auf: seine Schläge und Tritte waren gezielt, brachten seinen Gegner zu Fall, gleich darauf rang er nach Luft, als ein Schlag gegen die Kehle ihm den Atem nahm. Dann fiel der Mann um wie ein Baum. Der Kampf hatte keine vier Sekunden gedauert.

Roxton zog sich die Jacke glatt und richtete sein Hemd, bevor er sich wieder zu Graham und Lilly umdrehte. Der Lord öffnete gerade den Mund, als ein kaltes Lachen ertönte.

Es war unmöglich zu sagen, woher es kam. Es musste weitere Lüftungsschächte geben, die den Schall durch den gesamten Komplex übertrugen. Vielleicht hatten die alten Baumeister das bewusst so angelegt, um ihren Gesellen von jedem Raum aus Anweisungen geben zu können, vielleicht war es später erst zu diesem Zweck eingebaut worden. Auf jeden Fall funktionierte es. Ihr Gegenüber konnte mit ihnen reden und keiner wusste, von woher.

»So sehen wir uns wieder, mein Lord!« Der Typ auf der anderen Seite klang, als würde er sich grandios amüsieren.

»Sehen? Zeig dein Gesicht, du feige Ratte!« Roxton war ganz und gar nicht amüsiert. Sogar Lilly, die einen Schritt in den Raum hinein und auf ihn zu gegangen war, wich wieder zurück. Graham stellte sich sicherheitshalber vor sie.

»Da müssen Sie sich ein wenig mehr anstrengen, Roxton. Wo wäre denn sonst die Herausforderung? Sie lieben doch die Jagd?« Der letzte Satz traf sogar Graham bis ins Mark. Denn er war mit einer Kälte gesprochen, gegen die Hannibal Lecter als warmherziger Märchenonkel gewirkt hätte. »Denken Sie, Sie können mich aufhalten? Das konnten Sie früher nicht, und das wird Ihnen auch in Zukunft nicht gelingen.« Graham hatte keine Ahnung, wer der Mann hinter der Stimme war – sie klang nicht einmal nach einem menschlichen Wesen. »Und ich glaube, ich muss Ihnen eine Lektion erteilen. Niemand stellt sich mir in den Weg und vereitelt meine Pläne. Deshalb werde ich mir morgen in Gedenken an unsere letzte Begegnung zwei Frauen holen und Sie werden wieder nicht in der Lage sein, sie zu retten. Und wer weiß? Vielleicht schnappe ich mir danach das kleine Mädchen, welches Sie heute mitgebracht haben!« Graham merkte, dass Lilly hinter ihm zu zittern begann, ihm selbst ging es nicht anders. Auf Roxton hatte dieser Satz aber eine ganz andere Wirkung: Er schnappte die Panzerfaust, die sein Gegner vorhin hatte fallen lassen und richtete mit einer einzigen geschmeidigen Bewegung den Lauf auf die Wand ihm gegenüber, wo er vielleicht eine Lüftungsöffnung entdeckt hatte oder hinter der er den Sprecher vermutete, löste den Sicherungshebel und drückte ab.

Als sich der Staub gelegt hatte, war von der Wand nichts mehr da. Geräusche waren auch keine mehr da, beziehungsweise nicht zu hören, wegen des Klingelns in den Ohren. Weder Graham noch Lilly hatten die Gelegenheit gehabt, sich die Ohren zuzuhalten. Roxton hatte sich zwar auch nicht die Ohren zugehalten, aber er ließ sich davon nicht bremsen: Er rannte in den Gang hinter den Trümmern, auf der Suche nach dem Eigentümer der unheimlichen Stimme. Graham sah, wie Roxton in der Staubwolke verschwand, während er sich noch den Staub aus der Lunge hustete. Lilly ging es nicht besser. sie klammerte sich an Graham auf der Suche nach Halt, solange ihre Beine sie noch nicht tragen wollten. Aber Lilly erholte sich rasch. Und bevor Graham es verhindern konnte, rannte sie hinter Roxton her.

»Verdammte...« Graham kam nicht dazu, den Satz zu beenden, denn er nahm aus den Augenwinkeln eine Bewegung wahr. Natürlich hatte die Bauhütte mehr als einen Eingang gehabt. Eine verborgene Tür war nicht der ideale Zugang für Heerscharen von Handwerkern oder Schergen eines Verbrecherbosses. Und das Abfeuern einer Panzerfaust war die Art von Ereignis, welches die Aufmerksamkeit besagter Schergen erregen konnte. Nach der Art und Weise, wie sich die dicken Holzbohlen der Tür an der anderen Seite des Raumes unter dem Ansturm der Männer dahinter verbogen, waren es eine ganze Menge und sie würden garantiert nicht lange brauchen, um den Raum zu stürmen. Ein umgestürztes Doppelstockbett blockierte noch die Tür, aber das würde nicht mehr lange halten. Graham zögerte keine weitere Sekunde und rannte Roxton und Lilly hinterher.

In dem schmalen Gang hinter der Wand war nichts mehr von den Beiden zu entdecken. Der Staub, der immer noch auf den Boden rieselte, hatte alle Spuren zugedeckt - Graham konnte nur hoffen, dass er das gleiche mit seinen auch tun würde. Dann wäre es etwaigen Verfolgern kaum möglich gewesen, ihm zu folgen, denn schon nach ein paar Schritten teilte sich der Gang auf, wenige Schritte weiter tat er das erneut. Und nach kaum zwanzig Yards war Graham in einem Labyrinth, über das sich die Pharaonen in ihren Pyramiden gefreut hätten. Auf Corelius Karte war das ganz sicher nicht eingezeichnet - *Da verflüchtigt sich dein Bonus, alter Mann!* - also musste es eine spätere Neuerung sein. Was Graham die Verfolger vom Leib hielt, machte es ihm aber auch unmöglich, Roxton und Lilly zu finden. Rufen schied aus, erstens klingelten den Beiden die Ohren wahrscheinlich immer noch genauso wie Graham, zweitens hätte er gleich rufen können: *Ich bin ein Ziel, schießt auf mich!* Für einen Moment blieb er still stehen und lauschte in die Dunkelheit. Ein regelmäßiges Wummern übertönte alles, aber das war sein eigener Herzschlag. Graham dachte daran, wie sich die Tür in der Bauhütte unter dem Ansturm der Männer gebogen hatte und entschied, dass weiteres Warten keine Option war. Vor langer Zeit hatte er einmal gelesen[52], dass viele Labyrinthe so angelegt waren, dass man aus ihnen herauskam, wenn man sich immer rechts hielt. Blieb zu hoffen, dass das eins dieser Labyrinthe war.

Glücklicherweise hatte Graham sich nicht daran erinnert, dass die

52 Möglicherweise im Handbuch von *Dungeons und Dragons*. Was beweist, dass auch Spieledesigner den Umgang mit Fakten ernst nehmen sollten.

Pharaonen in ihren Labyrinthen gern tödliche Fallen hatten einbauen lassen und wie es aussah, hatte der Erbauer dieses Labyrinths das ebenfalls vergessen, dafür aber an eine halbwegs ausreichende Beleuchtung gedacht. Graham hielt sich an seinen Plan, immer nach rechts abzubiegen, selbst als das bedeutete, einige Stufen hinabzusteigen und dann noch ein paar mehr, bis er davon überzeugt war, dass er sich unter dem Wasserspiegel befinden musste. Deshalb war die Existenz einer Tür direkt vor ihm überraschend.

Sie konnte definitiv nicht nach draußen führen, denn sie sah überhaupt nicht nach einer Schleuse aus. Eher nach einer Kerkertür. Graham lauschte wieder nach hinten. Das Klingeln in seinen Ohren hatte zwar abgenommen, ob er aber mittlerweile das Trampeln einer Hundertschaft hinter ihm hören konnte, war unklar. Umkehr war deshalb keine Option. Vorsichtig drückte Graham die Klinke nach unten und schlüpfte leise in den Raum dahinter.

Graham hatte sich nach einem kurzen Blick in den Raum durch einen schmalen Spalt hineingeschoben und die Tür wieder geschlossen. Der Blick hatte ihm verraten, dass es sich nicht um einen Kerker, sondern um eine Abstellkammer handelte, besonders gewidmet dem Abstellen von Gerümpel. Viel besser noch, auf der anderen Seite des Raumes war eine weitere Tür, die nach einem Ausgang aussah. Vielleicht führte von dort aus ein Weg in die Kanalisation oder wieder nach oben; viel mehr Möglichkeiten gab es nicht. Graham schlich sich in den Raum hinein und versuchte dem auszuweichen, was wie zertrümmerte Kisten und Fässer aussah. Er hatte bereits die Mitte erreicht, als es ihm vorkam, als wäre er nicht allein.

Im Raum selbst gab es keine Beleuchtung, das wenige Licht fiel durch ein kleines Gitterfenster in der gegenüberliegenden Tür. Es war gerade genug, um zu sehen, dass überall auf dem Boden kleine Haufen verteilt waren. Und einer dieser Haufen war gerade signifikant größer geworden. Dann begann er zu schweben. Korrektur: Nicht zu schweben. Er stand auf zwei dürren, aber muskulösen Beinen und streckte einen Hals nach oben. Zwei gelbe Augen starrten Graham schließlich aus sechs Fuß Höhe an. »Hi, Jack!« sagte Graham und schluckte. Was hatte die Stimme oben in der Hütte gesagt? Jack hatte noch keine Gelegenheit gehabt, zu fressen? Graham war sich sicher, dass in der Zwischenzeit niemand die Gelegenheit gehabt hatte, das Tier zu füttern. Und dass es die ganze Zeit in der Erwartung eines Snacks hier geruht hatte.

Graham hielt Augenkontakt. Das schien ihm wichtig zu sein. Verliere den Augenkontakt, verliere dein Leben. Ziemlich einfache Formel. Aber schwer umzusetzen, wenn die Beine plötzlich aus Wackelpudding bestehen. Graham berechnete seine Optionen: Rückzug fiel aus, schließlich war ihm eine Hundertschaft[53] auf den Fersen. Auch wenn er außer dem Rauschen des Blutes in seinen Ohren nichts hören konnte. Hoffentlich war der Velociraptor nicht ganz auf der Höhe; Graham vermutete, dass das Tier geschlafen hatte. Fußbreit für Fußbreit schob Graham sich weiter, zur Tür auf der anderen Seite. Jacks starre Augen folgten Graham. Den Ratschlag: *Bloß keine Angst zeigen!* konnte Graham vergessen – das schaffte er schon bei kleinen Hunden nicht. Bei einem Velociraptor war es ganz und gar unmöglich. Wobei ihm dieses Exemplar kleiner vorkam, als die, denen er auf dem Plateau in Südamerika begegnet war. Jack war also noch nicht ausgewachsen und es war zu hoffen, dass er als Einzelexemplar nicht über das gleiche Wissen verfügte wie seine in Gruppen jagenden wildlebenden Verwandten. Denn in dem Fall wäre es Jack zuzutrauen gewesen, dass er bis zum letzten Augenblick wartete, bevor er zuschlug. Wie eine Katze, die mit einer Maus spielte. Graham gefiel überhaupt nicht, wer in diesem Vergleich welche Position einnahm.

Ohne den Augenkontakt durch ein Blinzeln zu unterbrechen und erstaunlicherweise auch, ohne zu atmen, hatte Graham die Hälfte des Weges geschafft. Und war damit auch an der Stelle mit dem geringsten Abstand zum Saurier, der ihn immer noch interessiert

53 Mindestens, wenn nicht noch mehr.

betrachtete. Jede Sekunde konnte der Velociraptor nach vorn springen und ihm die Zähne in den Hals schlagen. Bei dem Versuch würde Graham sich fallen lassen und das Biest direkt gegen die Mauer knallen. So lautete der Plan, dessen Erfolg von Grahams durch Egoshooter trainierten Reflexen abhing. Die Graham schon seit Monaten nicht mehr gespielt hatte[54]. Plötzlich zuckte der Kopf des Sauriers vor und nach oben. Jemand machte sich in der Nähe des Luftschachtes zu schaffen und gleich darauf hörte Graham das erste Geräusch seit der Explosion, auch wenn er gern darauf verzichtet hätte: Es war ein unangenehm fleischiges Platsch! auf dem Steinfußboden. Offensichtlich hatte jemand seine Pflichten ernst genommen und beschlossen, dass Aufräumen und Füttern sich in einem Aufwasch erledigen lassen. Wie Jack sich auf den blutigen Klumpen stürzte, war das Letzte, was Graham sah, bevor er sich durch die Tür nach draußen zwängte.

Die Analyse der Lage sah gar nicht schlecht aus: Wenn es noch hartnäckige Verfolger gab, die auf seiner Spur waren, mussten sie an dem Raptor vorbei; hoffentlich ohne das Glück auf ihrer Seite zu haben. Es war natürlich möglich, dass es noch einen anderen Weg gab, aber der würde länger dauern. Jetzt stand Graham am Fuß einer Treppe, die steil nach oben führte. Hier gab es keine Fackeln, aber das war auch nicht nötig, denn am oberen Ende fiel durch eine Luke das Mondlicht in den Flur. Graham nahm immer zwei Stufen auf einmal - er wollte nicht mehr Zeit als nötig hier verbringen. Auf dem schmalen Absatz am oberen Ende der Treppe blieb er stehen und schaute kurz zurück. Niemand folgte ihm. Dann stieß er die Tür nach draußen auf.

---

54 Ja, es war vielleicht ein wenig Doppelmoral, den überzeugten Pazifisten zu geben und sich daheim damit zu entspannen, Hundertschaften feindlicher Soldaten in Call of Duty niederzumetzeln. Zu seiner Verteidigung konnte Graham nur sagen, dass es sich dabei um ausgefeilt dargestellte Vektoren und Matrizen und eben nicht um Menschen handelte; wobei dieser Unterschied optisch kaum zu erklären wäre. So weit war Graham ganz froh, dass Miranda keine Videospiele kannte.

Er wollte rufen, aber die Worte blieben ihm im Hals stecken. Roxton stand keine fünfzig Yard entfernt, neben ihm Lilly. Sie hatten es geschafft, eine Kutsche anzuhalten und waren gerade dabei einzusteigen. Im selben Moment schlug Roxton Lilly mit einem linken Haken K.O.

Knockout

Lilly kippte um wie ein Sack. Roxton fing ihren erschlafften Körper auf und verfrachtete ihn in die Kutsche, dann sprang er selbst hinein. Der Kutscher hatte von alledem nichts mitbekommen. Kaum wurde die Tür zugeschlagen, verschwand das Gefährt in der Nacht.

Graham blieb der Mund offen stehen. Was war mit Roxton los? Was hatte er mit Lilly vor? Grahams Beine begannen schon lange hinter der Kutsche her zu rennen, bevor sein Gehirn über die aktuellen Vorgänge informiert wurde. Aber Grahams Körper hatte schon Probleme, den Lord einzuholen, wenn dieser zu Fuß unterwegs war[55]. Die Kutsche einzuholen war aussichtslos. Sein Unterbewusstsein versuchte, sich ein paar Einzelheiten des Fahrzeugs einzuprägen, aber es war eine von hunderten Mietdroschken, die täglich durch London fuhren und die sich glichen wie ein Ei dem anderen.

Außer Atem blieb Graham stehen und sah sich um. So belebt die Brücke bei Tag auch sein mochte, jetzt war keine Menschenseele unterwegs. Selbst wenn, dann war zu bezweifeln, dass Graham jemanden finden würde, der etwas gesehen hatte. Graham dachte nach. Zu viel war in zu kurzer Zeit passiert. Er hasste das. Es ließ ihm keine Zeit, die Situation zu analysieren. Und auch jetzt störte ein Geräusch seine Konzentration. Das Geräusch einer Tür, die geöffnet wurde. Graham drehte sich in genau dem Augenblick um, als der erste Verfolger auf die Brücke trat. Der schaute im selben Augenblick in Grahams Richtung und ihre Blicke trafen sich. Der Mann dachte nicht sonderlich viel nach, sondern hob seine Hand und zeigte auf Graham.

55 Eine Tatsache, die das Gehirn dem Körper natürlich von vornherein hätte mitteilen können, wenn es gefragt worden wäre.

»Schnappt ihn!« In Sekundenbruchteilen fand Grahams Körper noch verborgene Kraftreserven. Er rannte.

Graham stoppte erst, als die schwarzen Flecken vor seinen Augen zu einer kompakten Fläche verschmolzen. Seine Lungen brannten, als hätte er Säuredampf eingeatmet, von Seitenstechen war keine Rede mehr: sein ganzer Körper stach. Jeder einzelne, seit Jahren ungenutzte Muskel protestierte. Doch das, was er aus den Augenwinkeln von seinen Verfolgern mitbekommen hatte, war genug Motivation gewesen. Die Männer sahen entschlossen, kräftig und brutal aus. Möglicherweise täuschte der erste Eindruck, aber Graham wollte nicht derjenige sein, der das überprüfte. Und dann herausfand, dass er sich doch nicht täuschte. Im Gegensatz zu ihm hatten die Männer kein Problem mit ihrer Ausdauer, daher hatte es Graham mit Hakenschlagen, Finten und Antäuschungen versucht. Und nun die gute Nachricht: Seit einigen Minuten folgte ihm niemand mehr. Jetzt kauerte Graham in einer schmalen Gasse hinter einem abgestellten Pferdeanhänger und wartete, dass er wieder genug Luft bekam.

Dank der Pause bekam sein Verstand wieder die Gelegenheit, sich mit dem Lord zu beschäftigen. Was war in Roxton gefahren? Warum hatte er Lilly niedergeschlagen und was hatte er mit ihr vor? Graham kannte nur zwei Orte in London, an denen er den Lord finden konnte: Roxtons Stadtvilla und das Zimmer im Inn. Falls er für solche Fälle keine weiteren Verstecke hatte. Einmal mehr wurde Graham deutlich, wie wenig er über den Lord wusste. Den Mann aufzuspüren glich der Suche nach einer Stecknadel im Heuhaufen, vor allem, wenn Roxton nicht gefunden werden wollte. Ihn in seiner Villa aufzusuchen schien auf den ersten Blick die sichere Variante, aber wenn Graham Roxton dort mit seinen Vermutungen konfrontieren würde, war Verlassen das größere Problem. Die zweite Option war das Zimmer im Inn.

Irgendwo weit vorn auf der Straße klapperten Schuhsohlen über das Kopfsteinpflaster. Graham erinnerte sich: In einigen Gegenden der Stadt patrouillierten noch Nachtwächter durch die

Straßen, auf der Suche nach zwielichtigen Elementen. Graham schaute an sich herunter. Im Moment sah er für das ungeübte Auge nach einem solchen aus. Er erhob sich langsam, ignorierte die schmerzenden Muskeln und setzte sich Richtung Inn in Bewegung. Vielleicht würde Roxton dort auftauchen, schließlich wusste er nicht, dass Graham ihn beobachtet hatte. Der Lord konnte weiterhin versuchen, den Unschuldsengel zu spielen. Außerdem lagerte dort genug Ausrüstung, um eine reelle Chance gegen den Mann zu haben. Graham hatte nicht vor, ihn zu töten, aber er konnte ihn überwältigen. Und soweit er wusste, spendierte die britische Justiz Entführern gerne ein One-Way-Ticket nach Australien.

Im Inn machte Graham eine Inventur der ihm zur Verfügung stehenden Mittel. Unter den Sachen des Lords fanden sich drei geeignete Gegenstände: Einen Kricketschläger, einen Schlagring und ein Paar Handschellen. Damit bewaffnet zog Graham einen Stuhl zur Tür und wartete.

Das Warten dauerte ziemlich lange. Graham hatte es mit ein paar unfreiwilligen Nickerchen unterbrochen, aber als Roxton gegen Morgen auftauchte, war er nicht zu überhören. Schon als er auf den Hof kam, klang es, als würde eine ganze Kompanie Soldaten anmarschieren. Graham war hochgeschreckt und hatte sich in Position gestellt. Als Roxton die Tür aufstieß und in das Zimmer trat, bekam er eine kräftige Dosis seiner eigenen Medizin.

Eine zweite Chance

Die Wucht des Schlages faltete Roxton zusammen wie ein Blatt Papier. Er sank mit einem überraschten Keuchen auf die Knie. Graham schloss die Tür mit einem Tritt und legte Roxton die Handschellen an, bevor der Widerstand leisten konnte. Dann zerrte Graham Roxton zur Wand, lehnte ihn dagegen und setzte sich vor ihm auf den Stuhl. Es dauerte eine Weile[56] bis Roxton realisierte, was eben passiert war. Graham erkannte es an der lodernden Wut in dessen Augen.

»Sind Sie von allen guten Geistern verlassen?« keuchte Roxton. Graham versuchte, sich völlig unbeeindruckt zu geben.

»Wo ist Lilly?« Roxton zögerte.

»In Sicherheit.«

»Und wo wäre das? Auf dem Grund der Themse? Oder wo haben Sie sie entsorgt, nachdem Sie sie K.O. geschlagen haben?« Roxton zuckte zusammen. *Erwischt!* dachte Graham, aber er freute sich nicht darüber.

»Sie haben keine Ahnung!«

»Dann erleuchten Sie mich, Eure Lordschaft. Erzählen Sie mir eine Geschichte. Vielleicht glaube ich Ihnen ja sogar.«

»Dafür haben wir keine Zeit!« Graham lehnte sich zurück.

»Im Gegenteil, wir haben alle Zeit der Welt.«

»Machen Sie mich los, Sie Narr!«

»Vielleicht haben Sie das Spiel nicht begriffen, Euer Lordschaft. Sie sind der Typ, der gefesselt in der Ecke sitzt. Und Sie werden tun, was ich sage. Und zuerst beantworten Sie die Frage: Wo ist Lilly Honeycomb?«

»In Sicherheit!« wiederholte Roxton.

»Hat dieser Ort eine Adresse?«

---

56 Eine immer noch viel zu kurze Weile, fand Graham, im Verhältnis zur Energie, die er in den Schlag investiert hatte.

»Hastings Manor.« Roxton spuckte die Worte widerwillig aus. »Sie ist bei Miranda.« Das passte überhaupt nicht zu Grahams Theorie.

»Warum Hastings Manor?« fragte er. »Wollen Sie Miranda da mit reinziehen?« Für einige Augenblicke kämpfte Roxton mit sich selbst, dann gab er auf. Er lehnte seinen Kopf an die Wand und seufzte.

»Weil ich mir keinen anderen Rat mehr wusste.« Graham war mit seinem Latein ebenfalls am Ende. Nichts von dem, was Roxton erzählte, ergab einen Sinn. Aber offensichtlich war Roxton in der Laune für Geständnisse. So wie jeder Bösewicht, kurz bevor er den Helden der Geschichte eliminieren will. Das passte zwar auch nicht auf die derzeitigen Verhältnisse, aber Graham wollte nicht meckern. Es dauerte eine Weile, in der Roxton schwieg und Graham nachdenklich anschaute. »Greifen Sie in die innere Tasche meiner Jacke. Da ist ein kleines Buch. Nehmen Sie es heraus.« Vorsichtig befolgte Graham die Anweisung und achtete dabei darauf, sich nicht breitbeinig über den Lord zu stellen und so viel wie möglich Abstand zu halten. »Keine Angst, ich tue Ihnen nichts«, bemerkte Roxton nur.

»Vorsicht ist die Mutter der Porzellankiste«, erwiderte Graham.

»Schauen Sie rein.« Graham überlegte kurz, aber es war unwahrscheinlich, dass ein Buch einen heimtückischen Sprungfedermechanismus enthielt, der auf den potenziellen Leser einen tödlichen Giftpfeil abschießen würde. Trotzdem hielt Graham das Buch schräg von sich weg, als er es aufklappte. Nichts passierte. Kein Klicken, kein Pfeil. »Es besteht wirklich kein Grund zur Sorge, Mr. Rodderik.«

Es war kein richtiges Buch, sondern ein Passepartout mit zwei Fotos. Jemand hatte sich die Mühe gemacht, die Fotos so zu kolorieren, dass die Frauen darauf so lebendig aussahen, als würden sie aus zwei kleinen Fenstern direkt auf den Betrachter schauen. Das Bild auf der rechten Seite zeigte Lilly Honeycomb, nachdem sie eine Weile ordentliche Mahlzeiten, ein paar französische Kleider und eine neue Frisur bekommen hätte. Das Bild auf der linken Seite zeigte ebenfalls Lilly Honeycomb, allerdings zwanzig Jahre älter. Die Ähnlichkeit der beiden Frauen war verblüffend. Es war auf den ersten Blick klar, dass es sich um Mutter und Tochter handeln musste. Graham war so in den Anblick vertieft, dass er fast nicht mitbekam, was Roxton gesagt hatte.

»Das sind meine Frau und meine Tochter. Die Bilder entstanden zwei Wochen, bevor sie ermordet wurden.«

Irgendetwas in ihm sagte Graham, dass es angebracht wäre, Roxton die Handschellen abzunehmen, bevor er mit dem Rest seiner Geschichte rausrückte. Als ein Zeichen des Vertrauens; vor allem des Vertrauens darauf, dass der Lord für den Angriff keine Rache verüben würde. Roxton rieb sich die Handgelenke und bedankte sich nicht. Graham konnte es ihm nicht übel nehmen. Es dauerte bevor Roxton weitersprach. Er sah dabei Graham nicht an. Statt dessen war sein Blick in die Vergangenheit gerichtet.

»Vor langer Zeit war ich Ihnen nicht unähnlich« begann er schließlich. »Jung und naiv, beseelt vom Wunsch, die Welt zu verbessern.« Graham fragte sich, wann er jemals jung und naiv gewesen war. Naiv zu sein, hätte ihm besonders bei der Essensausgabe im Waisenhaus nur Nachteile eingebracht. Graham betrachtete sich selbst eher als abgebrüht und clever, aber er verzichtete darauf, den Lord zu korrigieren. Wenn der gerade mal in seiner Selbstreflexionsstimmung war, bestand die Möglichkeit, aus dem Mann wenigstens mal was rauszubekommen. »Mein Idealismus erregte den Ärger meines Vaters, dessen Plan für mich lautete, das Vermögen der Familie durch eine von ihm arrangierte Ehe zu vergrößern.« Roxton schwieg einen Moment. *Das war so etwas wie moderner Sklavenhandel,* dachte Graham. *Wahrscheinlich kam Roxtons Abneigung gegen Sklaverei davon, dass er selbst fast als Sklave geendet war; zwar in einem goldenen Käfig und zu einem höheren Preis gehandelt, aber sonst war das Prinzip das gleiche.* »Nun, ich schloss eine Ehe. Mit der wunderbarsten Frau, die sich ein Mann nur wünschen kann. Natürlich gegen den Willen meines Vaters, aber das war mir egal. Helena... Helena brachte eine Seite in mir zum Vorschein – sie machte mich zu einem besseren Menschen. Für sie wollte ich die Welt zu einem besseren Ort machen, für sie und unsere Tochter Valeria. Und ich machte mich mit Feuereifer daran, genau das zu tun.« An dieser Stelle misstraute Graham sich selbst: war es nur perfekte Rhetorik, eine einstudierte Geschichte, oder hielt sich Roxton tatsächlich für eine Art Heiligen? Er wirkte im Moment jedenfalls wie einer. »Was für ein Narr ich war. Ich war bereit, mich mit der ganzen Welt anzulegen. Ich *habe* mich mit der ganzen Welt angelegt. Und ihm. Zuerst hatte ich keine Ahnung, mit wem ich mich da eingelassen hatte. Er war ein Phantom. Ich habe Jahre gebraucht um zu begreifen, dass hinter dem ganzen Übel, welches ich bekämpfte, nur ein einziger Mann steckt, aber dieser war nicht zu fassen. Eine Figur aus Schatten und Rauch. Die Notiz aus der Gerberei ist der erste greifbare Beweis seiner Existenz. Er ist ein Monster, das ohne Gewissen und ohne Erbarmen zuschlägt.« Roxton zögerte. Dann sah er Graham in die Augen und der zuckte zusammen, als er den Schmerz in ihnen sah. »In der Tasche müsste eine Flasche Bourbon sein. Ich glaube, die brauche ich jetzt.« Graham brachte die Flasche und zwei Tassen, Roxton schenkte ein. Graham zwei Finger breit, seine eigene bis zum Rand. »Es war der Vorabend von Valerias fünfzehntem Geburtstag. Wir hatten für unseren kleinen Engel eine Feier geplant, es sollte ihr erster eigener Ball werden. Aber am Abend vorher hatte ich eine Besprechung mit meinem Anwalt und Inspektor Abberline. Mir war erst kürzlich bewusst geworden, dass hinter den abscheulichsten Verbrechen, die unsere Stadt und unser Land in ihren gnadenlosen Griff hielten, ein einzelner Mann steht, auch wenn ich noch nicht wusste, wer das war. Ich diskutierte diese Idee mit den beiden Männern. Natürlich betrachteten sie meine Erkenntnisse als Unsinn. Dann entschuldigte sich Abberline wegen einer dringenden Angelegenheit im Yard. Ich blieb noch bei meinem Anwalt, dann kehrte ich nach Hause zurück. Nur um dort bereits Abberline vorzufinden. Ein Peeler hatte bemerkt, dass die Tür zu meinem Haus offenstand und Verstärkung gerufen. Was sie fanden war...« Roxton kämpfte mit seiner Stimme. »Helena und Valeria waren ermordet worden. Aber nicht nur ermordet, sondern hingerichtet. Auf die gleiche Art und Weise, wie entlaufene Sklaven in Südamerika hingerichtet werden, um Nachahmer abzuschrecken. Abberline faselte etwas von einem Wahnsinnigen, einem Voodoo-Priester und einem heidnischen Ritual. Mir war nach wenigen Stunden die Unfähigkeit Abberlines klar. Ich wusste, wer hinter dieser Tat steckte: Dieses Phantom! Wenn der Mord an meiner Familie mich abschrecken sollte, hat er genau das Gegenteil erreicht. Von diesem Augenblick an habe ich diesen Mann gejagt. Zuerst verfolgte ich die Spur nach Südamerika, um Verbindungen zu den Sklavenhändlern dort zu untersuchen und diese Seuche dort auszumerzen, dann zurück in London. Ich weiß, dass ich auf seiner Spur bin. Heute seine Stimme zu hören – so nah war ich ihm noch nie! Und ich werde ihn finden. Und ich werde ihn töten.« Roxton hatte seine Stimme nicht erhoben. Er hatte ruhig und präzise die Zukunft beschrieben und Graham hatte nicht die geringsten Zweifel daran, dass es genauso eintreten würde.

»Und was ist mit Lilly?« fragte Graham. Roxton zeigte auf das Bild seiner Tochter.

»Sie sehen es doch selbst. Als wir sie fanden, traf mich fast der Schlag. Und dann begriff ich, dass es ein Zeichen des Himmels war. Nicht aufzugeben, wo der Erfolg so nahe bevorsteht!«

»Ja, aber was hat Ms Honeycomb damit zu tun?«

»Ich konnte meine Tochter nicht retten.« Roxton sprach leise, fast unhörbar. »Aber ihr wird nichts geschehen. Das garantiere ich mit meinem Leben. Dafür gibt es zu selten zweite Chancen.«

»Und was, wenn Horatio mit M. identisch ist? Dann haben Sie Lilly Honeycomb gerade ihrem Schicksal ausgeliefert.« Graham konnte selbst nicht glauben, was er sagte. Nein, Miranda war garantiert in nichts Kriminelles verwickelt. Aber sie hatte einen blinden Fleck, wenn es um ihren alten Mentor ging.

»Wenn Sie Miranda wirklich zutrauen, dass sie dem Mädchen etwas antut, dann haben Sie keine Menschenkenntnis. Lady Hastings wird genausowenig zulassen, dass dem Mädchen etwas passiert, wie Sie. Zu etwas anderem ist sie gar nicht fähig. In dem Punkt sind Sie beide sich übrigens überraschend ähnlich. Ich

hätte eine etwas pragmatischere Veranlagung bei ihr vermutet.«
»Sie meinen, dass sie schlechte Menschen einfach über den Haufen schießt, wenn sie eine Waffe in die Hand bekommt?«
»Ich hätte es ihr zugetraut. Aber wahrscheinlich hat Ihr Pazifismus bereits auf Lady Hastings abgefärbt.«
»Glaube ich kaum. Wenn Miranda etwas gegen das Töten von Menschen hat, dann war diese Einstellung schon vorher da.«
Als Roxton weitersprach, tat er es über ein ganz anderes Thema: »Wir beginnen ab heute Nacht zu patrouillieren. Wenn der Killer den Zeitplan beschleunigen will, kann er jederzeit zuschlagen. Und ich möchte nicht wieder zu spät kommen.«

Patrouille

Roxton hatte den Einbruch der Nacht als idealen Zeitpunkt für den Beginn der Patrouille bestimmt. Was unter anderem hieß, im Dunkeln über das Dach nach unten zu klettern und damit gegen jede Unfall-Verhütungsregel verstieß, die Graham kannte. Aber dass war das kleinere Problem. Graham hatte versucht, sich so zivil wie möglich anzuziehen, sodass er, falls ihn jemand auf der Straße entdecken sollte, als respektabler Bürger durchgehen konnte, der nicht an die Behörden gemeldet werden musste. Roxton hatte sich schwarzen Ruß ins Gesicht geschmiert, schwarze, dreckige Klamotten angezogen und sah aus wie ein überproportionaler Kaminfeger-Junge aus einem Dickens-Roman. Graham überlegte, ob es klüger wäre, mindestens zwanzig Schritte Abstand zu halten, nur für den Fall, dass ein Polizist auf den Lord aufmerksam werden würde. Allerdings ließ sich Roxton nicht so leicht abschütteln.

»Wo findet der nächste Mord statt?« fragte Roxton, als sie in die Schatten gedrückt den Hinterhof von 29 Hanbury Street verließen.

»Der erste in Dutfield's Yard in der Berner Street, das war Elizabeth Stride. Weniger als eine Stunde später stirbt Catherine Eddowes auf dem Mitre Square.«

»Das ist etwas mehr als eine halbe Meile voneinander entfernt. Kennen Sie die Gegend?« Graham schüttelte den Kopf.

»Berner Street gibt es in meiner Zeit nicht mehr.« Roxton machte eine nachdenkliche Miene.

»Aufteilen oder zusammenbleiben?« Aufteilen hieße aber auch, im Notfall allein Jack gegenüber zu stehen.

»Zusammen haben wir eine höhere Chance, Jack gleich am ersten Tatort zu erwischen.« Zumindest war das ein Grund für's Zusammenbleiben.

»Hoffen wir es.« Schweigend schlichen sie durch die Schatten nach Dutfield's Yard. Graham hatte nie zu den Menschen gehört, die sich einen wohligen Grusel dadurch verschafften, dass sie die Orte grauenhafter Verbrechen besuchten. Deshalb hatte er nie eine der beliebten Ripper-Touren mitgemacht. Und er hatte auch nicht Freunden oder Verwandten, die nach London kamen, diese Stellen zeigen müssen, was daran lag, dass er weder das eine noch das andere hatte. Vielleicht hätte sich Graham einen Anflug Selbstmitleid gegönnt, aber Roxton ließ ihm keine Zeit dazu. Schleichen hieß nämlich keineswegs langsam zu laufen. Graham hatte schon damit zu tun, sein Keuchen und Japsen im Zaum zu halten.
»Berner Street«, murmelte Roxton nach einer Ewigkeit. »Da hinten muss Dutfield's Yard sein.« Graham hatte keine Ahnung, wie die Gegend in seinem modernen London aussehen würde, aber garantiert würde von den kleinen, pittoresken Häuschen, die sich entlang der Straße zusammendrängten, kein einziges mehr stehen. Sie waren schlicht unökonomisch - zu klein, um selbst bei den horrenden Mieten Londons Gewinn abzuwerfen. Jeder halbwegs wirtschaftlich denkende Mensch hätte die Buden abgerissen und dorthin mehrgeschossige Appartementhäuser gebaut, die sich teuer vermieten oder verkaufen ließen. Wobei der Abriss überflüssig war: Ein kräftiger Windstoß sollte das in nächster Zukunft kostenfrei erledigen. Wie verzweifelt mussten Menschen sein, um in solchen Bruchbuden zu leben? Graham kannte die Antwort: Menschen, die keine andere Wahl hatten.

Irgendwo in der Nähe musste ein Gasthaus sein. Jack hatte Elizabeth Stride die Kehle aufgeschlitzt und ihr ansonsten keine Verletzungen zugefügt. Es wurde vermutet, dass ein Kellner mit einem Fuhrkarren den Mörder gestört haben könnte; ein Umstand, der wenige Minuten später Catherine Eddowes das Leben kosten würde.

Es gab nicht viele Häuser in der Straße, aus deren Fenstern Licht nach draußen fiel, was daran liegen konnte, dass ihre Bewohner hart arbeiteten und nachts ihren wohlverdienten Schlaf brauchten

oder dass sie sich trotz der harten Arbeit keine Kerzen leisten konnten. Ein einziges Haus gab es, aus dem nicht nur Licht nach draußen fiel, sondern, wenn die Tür aufschwang, auch Gesang und Qualm und der Gestank nach schalem Bier. Graham tippte Roxton auf die Schulter.
»Da vorne nehme ich an.« Roxton nickte unmerklich und zeigte auf einen dunklen Fleck in der Mitte der Straße. Ein Kanaldeckel.
»Wir legen uns erhöht in Position«, flüsterte er. »Und lassen den Kanalisationsausgang nicht aus den Augen. Was immer dort rauskommt, werde ich erschießen.«
»Keine Einwände«, erwiderte Graham, bevor er genauer darüber nachdachte, was genau *erhöht auf die Lauer legen* bedeutete. Als Roxton ihm den ausgewählten Ort zeigte, schluckte Graham.

Vorteil des gewählten Standorts: Er lag erhöht, mit guten Rundumblick und direkter Sicht auf den Kanaldeckel. Nachteil des gewählten Standortes: Während die Häuser in der Umgebung aussahen, als würden sie bei einem kräftigen Windstoß einstürzen, sah dieses Haus aus, als würde ein kräftiges Ausatmen dafür genügen. Roxton schien in der Richtung keine Bedenken zu haben. Er klopfte an und die Tür öffnete sich. Gut, er hatte mit dem Fuß angeklopft und es war auch eher ein kräftiger Tritt als ein zartes Anklopfen gewesen. Andererseits hatte er damit klar gemacht, dass man ihm besser nicht im Weg stand. Graham wartete, bis Roxton den ersten Stock erreicht hatte, bevor er ihm folgte; die Treppe sah nicht aus, als ob sie das Gewicht von zwei Männern gleichzeitig tragen konnte. Die in den zweiten Stock sah noch erbärmlicher aus, aber sie hielt wider Erwarten. Oben öffnete Roxton ein Fenster und bezog Position. Er sah aus wie ein Sniper, der geduldig auf das Auftauchen seines Ziels wartet, während Graham in der Situation nicht mehr tun konnte als rumstehen und gut aussehen. Eine Kirchenglocke hatte gerade Neun geschlagen, die Leiche war erst nach Mitternacht entdeckt worden. Es würde eine Weile dauern, bevor sich etwas tat. Roxton machte das nichts aus: als erfahrener Jäger war er es gewohnt, geduldig auf seine Beute zu warten. Graham dagegen hatte Probleme, länger als zwei Minuten beschäftigungslos dazusitzen;

eine Eigenart, die viele Menschen seiner Zeit teilten und für die Smartphones das Allheilmittel waren. Die Dinger schützten davor, dass man sich zu sehr mit seinen Gedanken beschäftigte. Ob das ein Vor- oder Nachteil war, hatte Graham noch nicht entschieden. Aber seit seiner Ankunft in der Vergangenheit war es besser geworden und ja: Manchmal nutzte er die Zeit zur Selbst-Kontemplation. Mit einem Ergebnis, das ihm nicht immer gefiel. Dann vermisste er sein Smartphone.

Die Option, rastlos im Zimmer auf- und abzugehen, entfiel wegen der befürchteten Wirkung auf die Statik des Gebäudes und auf Roxtons Selbstbeherrschung; beides konnte leicht zusammenbrechen. Deshalb kauerte sich Graham hinter das zweite Fenster des Raumes und schaute nach draußen. Statt sich wie Roxton auf den Kanalisationsausgang zu konzentrieren, ließ er seinen Blick über den Platz, die Straße und die Dächer der Umgebung schweifen. Ihm fiel absolut nichts auf, aber er bekam das ungute Gefühl, dass sie nicht die einzigen hier waren. Im Gegenteil: Graham hatte das starke Empfinden, dass jemand sie beobachtete. Graham suchte die Straße, den Platz und die Dächer ein weiteres Mal ab. Er starrte in die Schatten, solange bis er glaubte, sie starrten zurück. Manchmal blinzelten sie nach einer Weile, lösten sich auf und wurden Katzen; oft löste sich dabei ein weiterer Schatten in der Nähe auf, quiekte kurz und wurde eine tote Ratte. Das ungute Gefühl blieb. Graham spielte mit dem Gedanken, Roxton davon zu erzählen, aber der sah so angespannt aus, als würde die geringste Berührung ihn zum Explodieren bringen und Graham war sich sicher, dass er nicht das Ziel dieser Explosion sein wollte.

Irgendwann schlug die Kirchglocke Zehn, dann Elf. Der Strom von Menschen, der durch die Straßen kroch[57], hatte abgenommen. Einzelne Zecher waren unterwegs, auf der Suche nach ihrem Heim oder einem Ort zum Schlafen. Boardinghäuser waren weit verbreitet, in denen man für ein oder zwei Pence

57 Es war ein Pub in der Nähe, also sollte man das Kriechen wörtlich verstehen.

übernachten konnte; je nachdem, ob man nur eine Decke brauchte oder ob diese auch sauber sein sollte. Roxton hatte sich in den letzten zwei Stunden nicht bewegt; ab und zu checkte Graham Roxtons Brustkorb nach Anzeichen aktiver Atmung. War vorhanden. Und Roxton starrte weiter konzentriert in die Dunkelheit, auf den Fleck, wo der Kanaldeckel zu sehen wäre, wenn man noch etwas sehen könnte. Graham hatte da seine Schwierigkeiten. Es gab zwar Gaslampen in dieser Gegend, aber die standen weit auseinander und waren selbst in den besten Zeiten alles andere als hell. Nach einer Weile gab Graham auf, etwas in der Richtung entdecken zu wollen.

Statt dessen dachte er nach und versuchte sich an alles zu erinnern, was er über den nächsten Mord wusste. Elizabeth Stride war die Kehle durchgeschnitten worden, sonst hatte sie keine weiteren Verletzungen. Die meisten Experten gingen davon aus, dass der Mörder gestört wurde und zwar durch einen Kellner, der mit einem Lieferwagen zufällig vorbeikam. Einen Lieferwagen, den man übrigens nicht nur sehen, sondern auf dem Kopfsteinpflaster auch sehr gut hören konnte. Graham sah sich um, ob er einen Mann entdeckte, auf den diese Beschreibung zutraf, aber die Straße zeichnete sich durch einen Mangel an derartigen Personen aus. Unwillkürlich fiel sein Blick auf die wenigen erleuchteten Fenster - viele konnten es sich einfach nicht leisten, ihre Wohnung nach Einbruch der Dunkelheit durch Kerzen oder wenigstens durch Kienspäne zu erhellen. Und die wenigen, die es konnten, boten kaum einen Einblick in ihre Zimmer; die Steuern, die auf Glas erhoben wurden, waren exorbitant. Nur billiges Butzenglas, welches so miserabel war, dass sogar das Finanzamt ein zu schlechtes Gewissen hatte, darauf Steuern zu erheben, war in den Fenstern der Wohnungen armer Leute zu finden. Butzenglas hatte den Nachteil, dass man nicht hinaussehen konnte; genausowenig wie interessierte Personen hinein. Grahams Blick schweifte höher und seine Gedanken weiter. Er war immer noch erstaunt, wie viele Sterne man im London des 19. Jahrhunderts mitten in der Stadt sehen konnte. Graham hatte von Miranda sogar eine Einführung in die häufigsten Sternbilder bekommen und das vom Garten des Stadthauses aus; eine Sache, die mit dem Siegeszug elektrischer Straßenbeleuchtung undenkbar geworden war. Graham versuchte Sternbilder zu finden. Er fand Kassiopeia und den großen Wagen. Von dort aus den Polarstern und durch Zufall den Schützen. Ein paar Sterne blinkten; in einem Moment waren sie da, im nächsten weg und dann wieder da. Noch vor ein paar Wochen hätte Graham dem keine Beachtung geschenkt. Blinkende Sterne waren nichts Ungewöhnliches. Entweder waren es Satelliten oder Positionslichter von Flugzeugen, vielleicht auch die ISS. Aber nichts davon gab es in dieser Zeit: keine Satelliten, keine Flugzeuge und keine ISS. Es dauerte einen Moment, bis Graham begriff, was blinkende Sterne in dieser Zeit bedeuteten.

»Die Dächer!« wisperte er und tippte Roxton an. Der Lord zuckte zusammen, aber es gab keine Explosion. »Etwas läuft da!« Roxtons Blick folgte Grahams Finger, wenige Sekunden später auch der Lauf seines Gewehrs.

»Verdammt!« fluchte Roxton leise nach einem Blick durch das Zielfernrohr. »Ich kann nicht sehen, was es ist.« Auf der Straße ging eine Tür auf, schüttete einen Schwall Licht, Lärm und eine Frau nach draußen. Letztere war darüber nicht glücklich.

»Ich hab dir meinen letzten Penny gegeben! Ich hab nicht mal genug für ein Bett übrig! Was bist du nur für ein Mensch!«

»Einer der keine Schnapsdrossel durchfüttert. Ich muss hart und ehrlich arbeiten, also mach du das auch!« kam die Antwort von drinnen.

»Ich arbeite auch hart! Aber du nimmst mir jeden Penny wieder ab. Dabei will ich doch nur was trinken!«

»Verschwinde Lizzy und schlaf deinen Rausch aus!«

»Wo soll ich das tun? Auf der Straße?« Die Frage war rhetorisch, die Tür war schon wieder zu. Graham sah nur die Nachbilder des Lichtscheins und nichts sonst. Das helle Licht hatte die Nachtsicht seiner Augen zerstört.

»Ich habe ihn verloren«, flüsterte Roxton. »Wo ist er?« Graham schaute hoch zu den Dächern. Vergeblich – alles nur eine schwarze Masse.

»Was bist du denn?« lallte Lizzy unten. »Du bist aber ein verdammt großer Truthahn! Ich glaube, der alte Sack da drin verscheuert gepanschten Gin. Na komm mal her, vielleicht krieg ich dich in eine Pfanne. Wenn ich eine hätte. Aber du... Oh mein« Der Satz wurde mit einem Röcheln beendet. Neben Graham explodierte ein Schuss, doch das Geräusch ging im Rumpeln eines Lieferkarrens auf dem Kopfsteinpflaster unter.
»Verdammt!« fluchte Roxton und sprang auf. Graham hörte ihn schon ein Stockwerk weiter unten, bevor er begriff, wohin der Lord wollte.
»Haben Sie getroffen?« keuchte Graham, als er ihn einholte. Roxton sparte Sauerstoff und schüttelte knapp den Kopf. Es wäre ein Wunder gewesen: Graham hatte den Raptor nicht einmal sehen können. Roxton beschleunigte noch immer, stürmte aus der Tür und zu dem kleinen Platz. Graham folgte etwas langsamer. Seine Kondition war in den letzten Monaten besser geworden, aber mehrere Jahrzehnte konsequenter Bewegungsvermeidung ließen sich nicht in wenigen Wochen rückgängig machen. Als er Roxton erreichte, kniete der schon neben dem, was bis vor kurzen noch Elizabeth Stride gewesen war. Roxton fühlte am Hals der Frau nach dem Puls, was Graham angesichts der Menge an Blut, das aus ihrer Kehle strömte, reichlich überflüssig vorkam.
»Sie ist tot«, stellte Roxton fest.
»Und Jack?«
»Ist weggezuckt, als der Karren Lärm gemacht hat. Wieviel Zeit bis zur nächsten?«
»Vierundvierzig Minuten.« Roxton sah sich hektisch um.
»Sehen Sie Blutflecken, die nicht der Frau gehören?« Solche waren nicht zu entdecken; ganz abgesehen von der Frage, wie Graham feststellen sollte, ob eventuell vorhandenes Blut menschlichen oder tierischen Ursprungs wäre. In der Nähe wurde ein Fensterladen aufgestoßen und eine grummelige Stimme beschwerte sich über Lärm. Länger konnten sie nicht warten. Für eine genaue Spurensuche war es zu dunkel und es war keine besonders gute Idee, hier zu bleiben, bis die ersten Einheimischen auftauchten.

Für Fremde in der Nähe einer Leiche war Platz Eins der Verdächtigenliste reserviert; egal, welche edlen Absichten man hatte. »Mitre Square ist da lang!« Roxton sah nicht nach, ob Graham ihm folgte und der stellte schnell fest, dass Roxton sich entweder sehr gut in der Gegend auskannte, oder sich wesentlich besser auf die Mission vorbereitet hatte, als gedacht. Roxton vermied beleuchtete Straßen, rannte durch die Schatten in engen Gassen und wich mit einer unglaublichen Eleganz verspäteten Fußgängern aus. Ein potenzieller Mörder, der unentdeckt bleiben wollte, hätte es nicht besser machen können. Graham wurde übel, als ihm das klar wurde. Denn das bedeutete, dass der echte Mörder ebenfalls diesen Weg nehmen würde. Graham hechtete nach vorn, packte Roxton an der Schulter und hielt ihm die Hand vor den Mund. Roxton war zu perplex, um zu protestieren. Graham lauschte.

Da war es.

Das Geräusch von lockeren Dachziegeln, über die jemand lief.

»Er kommt über die Dächer«, flüsterte Graham. Roxton nickte. »Mitre Square ist in dieser Richtung. Wir müssen einen Weg nach oben finden.«
»Ich bleib unten... Suche die Frau«, keuchte Graham. Roxton nickte und verschwand in einem leeren Haus. Graham lief in die von Roxton angegebene Richtung, bis zu dem Platz, der um diese Zeit nur von einer einzelnen Gaslaterne - in Ermangelung eines besseren Wortes - *erfahlt* wurde. Das Licht reichte gerade aus um klarzumachen, wie viele dunkle Ecken es hier gab. Mit knapp sechshundert Squareyards war der Platz nicht groß, aber trotzdem unübersichtlich. Händler hatten Bierkutschen und Lieferwagen über Nacht abgestellt, um am nächsten Morgen ihre Waren zu den Geschäften liefern zu können. Vier oder fünf Sträucher bemühten sich, die Illusion eines Parks zu vermitteln. Ein Brunnen, aus dem kein Wasser mehr sprudelte, seitdem die aethergetriebene Wasserpumpe ihren Geist aufgegeben hatte, dominierte die Mitte. Eddowes wurde in der südlichen Ecke gefunden. Das würde weiterhelfen, wenn man in stockfinsterer

Nacht herausfinden könnte, wo Süden lag; eine Fähigkeit, die Graham selbst bei hellem Tageslicht nicht beherrschte.

Es war das Klackern von Schuhen auf dem Pflaster, welches Graham schließlich auf die richtige Spur brachte. Nicht das Klappern von High Heels, sondern von robusten Lederstiefeln, deren Sohlen mit Nägeln festgehämmert waren, um eine möglichst lange Haltbarkeit zu garantieren. Graham hatte bereits festgestellt, dass das unter der Bevölkerung von Whitechapel die Fußbekleidung der Wahl war. Eine, die sogar von einem gewissen Wohlstand zeugte: warme, trockene Füße hielten den Rest des Körpers in besserer Verfassung als eine warme Jacke, wie ihm ein bierseelig schwadronierender Kutscher eines Abends lang und breit erklärt hatte. Graham rannte zu dem Geräusch und lauschte gleichzeitig auf das von Krallen auf Kopfsteinpflaster. Unwillkürlich klammerte sich seine Hand um den Griff der Blitzpistole; eine eher tröstliche als wirkungsvolle Geste. Es wäre Wahnsinn gewesen, einen Schuss abzufeuern, wenn man nicht einmal ein Ziel zu erkennen war. Roxton hätte ihm sicher den Rat gegeben, erst zu schießen, wenn er das Weiß im Auge seines Gegners sehen konnte, aber die Sache hatte zwei Haken: Wenn Graham das Weiß in den Augen des Velociraptors sehen konnte, dann war das Vieh so nah, dass es seine Zähne schon in Grahams Hals versenken konnte und zweitens hatten Velociraptoren kein sichtbares Weiß in ihren Augen.
»Eddowes!« rief Graham. »Catherine Eddowes!« Die Schritte stoppten.
»Hallo? Wer da? Gib dich zu erkennen! Bist du es Edward?« Die Stimme, die geantwortet hatte, war weiblich. Allerdings fehlten ihr sämtliche weiblichen Attribute: Timbre, Melodie, Sinnlichkeit. Es war die Stimme einer Frau, die ihre Stimmbänder mit Whisky und Zigarren abgehärtet hatte, die Stimme einer Frau, die ihren Gatten nach der Last Order von der heimischen Küche aus nach Hause rufen konnte, selbst wenn der entsprechende Pub drei Straßen weiter war und die gleichzeitig das Versprechen enthielt, dass die Hölle ein angenehmer Ort sei, wenn der Gerufene nicht innerhalb kürzester Zeit erscheinen sollte. Jack the Ripper mochte

Prostituierte umgebracht haben, aber es waren nicht die Pretty Women Sorte von Prostituierten, sondern die Sorte Frauen, die taten, was sie glaubten tun zu müssen, um zu überleben.

Die wenigen Worte hatten Graham gereicht. Er rannte auf die Stimme zu, obwohl ein kleiner Funken Überlebensinstinkt darauf hinwies, dass er anhalten sollte, bevor er in die Reichweite der Fäuste dieser Frau kam.

Aber er schaffte es nicht. Graham spürte, wie er mitten im Lauf an der Schulter gepackt und hochgehoben wurde.
»Ist meine«, grollte eine tiefe Stimme an seinem Ohr, dann wurde er wie eine Strohpuppe nach hinten in die Dunkelheit geworfen. Er hörte den Entsetzensschrei einer Frau, dann ein Knacken, als er auf dem Pflaster aufschlug und dann wurde es dunkel.

Der Tag danach

Es kostete Mühe, die Augen zu öffnen. Zuerst schaffte Graham ein Blinzeln, genug um zu bemerken, dass es in der Welt vor seinen Augen hell war. Die Anstrengung erschöpfte ihn und blieb für eine lange Zeit das Einzige, was er schaffte. Er hörte Stimmen, die besorgt klangen, aber er konnte keine Worte verstehen. Graham war müde und er schlief wieder. Als er das nächste Mal aufwachte, schlug er die Augen ganz auf. Es dauerte eine Weile, bevor er scharf sehen konnte.

Die gute Nachricht: Es war unwahrscheinlich, dass er tot war. Denn der Himmel würde nicht so erbärmlich aussehen. Nein, es sah eher nach dem Zimmer im Inn aus, die abgetretenen Holzdielen, die weiß gekalkten Wände, der Verzicht auf jeglichen Schmuck. Der Himmel sollte auf jeden Fall etwas mehr Klasse haben. Und für die Hölle war es zu kalt. Graham schwang die Beine aus dem Bett und stemmte sich hoch. Dann klammerte er sich an den Bettpfosten und wartete einige Minuten, bis der Rest der Welt aufgehört hatte, sich zu drehen. Vorsichtig sah er an sich hinunter. Er war bis auf die Unterwäsche ausgezogen, aber im Besitz aller Körperteile, auch wenn sie blau, grün und gelb waren. Graham zuckte zusammen, als er ein Geräusch hinter sich hörte.

Roxton saß auf einem Stuhl in der hinteren Ecke des Zimmers. Möglicherweise hatte er dort auch geschlafen, oder er hatte irgendeinen seiner Jäger-Tricks angewendet, sodass er aussah, als würde er schlafen, während er in Wirklichkeit hellwach und auf der Hut war. Das Gewehr, das quer über seinen Oberschenkeln lag, wies auf Variante Zwei hin.
»Sie sind hart im Nehmen«, sagte er zu Graham.
»Fühlt sich gerade nicht so an.«
»Kenne ich.« Danach folgte Schweigen. Graham versuchte heraus-

zufinden, wieso er hier und was passiert war. Er hätte fragen können, aber sowas machen Männer nicht. Nicht beim Autofahren in unbekannten Gebieten und nicht beim Erwachen in fremden Zimmern ohne Wäsche.

»Wo sind meine Sachen?« Bei der Sache ohne Wäsche musste man kompromissbereit sein, wenn es im Zimmer keinen Ofen gab.

»Da, am Fußende des Bettes. Ich habe frische Kleidung beschafft.« Kleidungsmäßig hatte sich eine Verbesserung ergeben: Es war nicht mehr der kratzige, abgelegte Anzug eines Dieners aus Roxtons Stadthaus, sondern ein edel geschnittener Anzug. Vielleicht etwas aus der Mode, aber warm und weich. Was immer passiert war, musste Grahams Ansehen bei Roxton enorm gesteigert haben. »Etwas zu Essen oder einen Drink?« fragte Roxton, nachdem Graham sich angezogen hatte. Graham hätte beides gebrauchen können, aber er war sich auch sicher, dass er nichts von beiden drin behalten würde. Und es wäre eine Schande, sich auf den schönen neuen Anzug zu übergeben. Vorsichtig schüttelte er den Kopf. Wahrscheinlich klapperte sein Gehirn gerade lose im Schädel; zumindest fühlte es sich so an. Nach einer Weile ließ das Hämmern in seinem Kopf nach.

»Was ist passiert?«[58] Ein Blick auf Roxton machte klar, dass der Lord sich diese Frage seit geraumer Zeit selbst stellte. Es dauerte einige Augenblicke, bevor er antwortete.

»Wir waren nicht allein da. Wer auch immer die Frauen umbringt, wollte sicher gehen, dass ihm niemand ins Handwerk pfuscht.« Graham runzelte die Stirn.

»Jemand hat mich von hinten angegriffen. Und einfach weggeworfen.« Roxton schnaubte.

»Jemand? Wohl besser etwas!« Roxton zögerte einen Moment, bevor er fortfuhr. »Ich habe Eddowes gesehen. Aber ich war zu

---

58 Denken tat weh und da die Sache mit der Kleidung so ein gutes Ende genommen hatte, konnte sich Graham kompromissbereit in Bezug auf das ungeschriebene Gesetz des Niemals-Fragens-Was-Passiert-Ist für Männer zeigen. Es gab ja schließlich noch die Niemals-Fragen-Wo-Man-Ist Regel, an die er sich für den Rest seines Lebens halten konnte.

weit weg und ich konnte den Raptoren nicht ausmachen. Und ich war mir nicht sicher, von wo er auftauchen würde, ob aus der Kanalisation oder wieder über die Dächer. Ich entdeckte ihn, aber er stand in einem ungünstigen Winkel. Ich hätte durch die Frau durchschießen müssen. Dann kamen Sie und dieses Ding, direkt hinter Ihnen.« Roxton schüttelte sich unbewusst. Wenn allein die Erinnerung bei einem abgebrühten Abenteurer so eine Reaktion hervorrief, musste es wirklich ein erschreckender Anblick gewesen sein. »Es hatte die Form eines Menschen, aber riesig, verzerrt und...« - Roxton brauchte eine Weile, bevor er das richtige Wort fand - »unförmig. Als es sich näherte, schob es Lastkarren wie Spielzeug zur Seite. Ich musste mich entscheiden: die Frau oder Sie. Ich habe vielleicht einen Moment zu lang gezögert.« Roxton sah auf sein Gewehr hinab. »Dann sah ich, wie das Monster seine Hand nach Ihnen ausstreckte und schoss. Ich bin sicher, ich habe getroffen und dass dieses Ding es nicht einmal bemerkt hat. Sie flogen durch die Luft und wusste, dass Sie auf die eine oder andere Art an dem Kampf nicht mehr teilnehmen würden und zielte auf Jack. Ich denke, ich habe ihn erwischt, aber nicht tödlich. Er war weg, bevor ich nachladen konnte. Das Monster ebenfalls.«

»Und die Frau?« Graham fragte, obwohl er sich die Antwort denken konnte. Etwas nagte an seinem Unterbewusstsein, aber er wusste noch nicht was.

»Tot. Meine Quellen im Yard haben bestätigt, dass ihr einige Organe fehlten.«

»Sagen sie auch welche?«

»Sie war komplett ausgeweidet, aber die Gebärmutter und eine Niere sind unauffindbar. Und noch etwas: Der Bericht des Coroners sagt, dass die Organe herausgeschnitten wurden. Mit einem Messer.« Das passte nicht zur Theorie. Die Kralle eines Velociraptors war scharf, aber selbst ein mittelmäßig erfahrener Coroner sollte den Unterschied zwischen einer scharfen Kralle und einem Messer feststellen können. Und auch ein zweites Problem tat sich auf: Wenn der ominöse Riese und der Velociraptor gleich nach dem Schuss verschwunden waren, hatte keiner

von beiden Zeit gehabt, die Frau zu verstümmeln.
»Dann scheidet der Velociraptor als Täter aus.« Roxton zuckte mit den Achseln, eine Geste, die Graham erschütterte. Denn sie ließ Roxton eigenartig hilflos aussehen; etwas, was gar nicht zu dem Lord passte. »Kann es... dieses Ding gewesen sein?«
»Unwahrscheinlich. Seine Bewegungen waren zu ruckhaft. Es sah aus wie eine überdimensionierte Marionette. Es hatte sogar...« - Roxton machte eine Geste in Halsnähe - »...eine Metallstange im Hals.« Und als Graham das hörte, machte es Klick.
»Verdammt«, sagte er nüchtern. »So ergibt es einen Sinn.« Einen verstörenden, zutiefst abartigen Sinn, aber einen Sinn. Doch egal, wie abartig die Lösung war: sobald man das Muster erkannte, war es möglich, das Verhalten des Gegners vorauszuberechnen. Unabhängig davon, wie weit ihr Eingreifen die Zeitlinie bereits durcheinander gebracht hatte. Man musste nur ein paar kleine Hürden überwinden. Hürde Nummer Eins: Roxton dazu zu bringen, ihm zu glauben, ohne Graham für verrückt zu halten. Graham dachte eine Weile über das Wie nach, bis es Roxton zu lange dauerte.
»Erleuchten Sie mich mit ihren Erkenntnissen?« Graham zögerte noch kurz, bevor er antwortete.
»Haben Sie schon mal was von einem Doktor Viktor Frankenstein gehört?«
»Nein. Ich halte nicht viel von Ärzten. Je weiter man sich von ihnen fern hält, desto gesünder bleibt man.« Eine Einstellung, die Graham nachvollziehen konnte. Selbst grundlegende Dinge, wie zum Beispiel Narkose, zählten zu den bahnbrechenden Forschungsergebnissen, die noch in der Zukunft warteten. Chirurgen hielten sich im Moment an die Taktik, mit ihren Operationen fertig zu sein, bevor das Gehirn des Patienten mitbekam, was mit dem Rest des Körpers passierte. Die Times hatte von Robert Liston berichtet, der immer noch den Rekord des schnellsten Chirurgen hielt: fünfundzwanzig Sekunden für eine Beinamputation und weniger als eine Minute für die Entfernung eines Blasensteins. Allerdings kein Licht ohne Schatten: Listons Kollateralschäden waren beachtlich. Bei einer

Amputation verletzte er seinen Assistenten und einen dabeistehenden Arzt, sodass diese postoperativ verstarben; ein Fakt, den sie mit dem Patienten teilten. Dass sich Roxton von Ärzten fernhielt, zeugte von gesundem Menschenverstand.
»Von diesem Arzt sollten Sie sich ganz besonders weit entfernt halten. Eigentlich hielt ich es für eine Legende, aber die Geschichte lautet, dass er es geschafft hat, aus den Teilen Verstorbener ein Wesen zusammenzunähen und es mit Hilfe eines Blitzes zum Leben zu erwecken. Daher die Metallkontakte am Hals.«
»Dann war dieses Ding...«
»Frankensteins Monster. Die Beschreibung passt. Kurz bevor es mich weggeworfen hat, sagte es noch *Ist meine.*«
»Das verstehe ich nicht.«
»Nach dem, was ich von der Geschichte weiß, hat das Monster Frankenstein zwingen wollen, ihm eine Frau zu schaffen.« Roxton begriff schnell. Graham konnte es an dem Maß ablesen, mit der sich dessen Gesichtszüge vor Ekel und Abscheu verzerrten.
»Dann dienen diese Morde allein dazu, die benötigten Teile zu beschaffen? Das ist...« Roxton fand keine Worte dafür.
»Zutreffend«, ergänzte Graham. »Der Doktor hat seine Ware nicht bekommen. Exakt das hat der Professor gesagt. Er muss damit die Organe gemeint haben.« Roxton hatte es nicht mehr auf seinem Stuhl gehalten. Wie ein Raubtier tigerte er durch den kleinen Raum.
»Aber wozu dieser Aufwand?« fragte er niemanden im besonderen. »Gerade in den Armenvierteln verschwinden dauernd Menschen. Diese Morde, die sind viel zu auffällig!«
»Es dürfen nicht irgendwelche Frauen sein«, antwortete Graham, da niemand anderes da war. »Organtransplantationen sind nicht trivial. Die Organe müssen kompatibel sein. Beim ersten Versuch hatte Frankenstein vielleicht nur Glück gehabt und jetzt hat er dazu gelernt. Und er hat sich an M gewandt, um die Organe auf eine Art und Weise zu bekommen, die keinen Verdacht auf ihn zurückfallen lässt. Wenn M Moriarty ist, würde das passen. Soweit ich weiß, ist er hauptsächlich damit beschäftigt,

Verbrechen zu planen, die andere ausführen. Und er lässt sich mit einem Anteil der Beute bezahlen.«

»Dann sollte er diesmal besser keine Naturalien akzeptieren.«

»Stimmt. Ich frage mich, welchen Pakt er mit dem Doktor geschlossen hat.«

»Ich befürchte, das werden wir noch herausfinden.«

»Apropos herausfinden: Was ist mit den Ermittlungen der Polizei? Ich hoffe, Ihre Quellen warnen uns, falls wir in den Fokus geraten.«

»Keine Angst, darum habe ich mich schon gekümmert.« Das konnte vieles bedeuten, fand Graham. Ein Großteil seines Erfolges bei Analysen bestand darin, bei Doppeldeutigkeiten nachzufragen.

»Heißt das, wir werden gewarnt, falls Inspektor Abberline uns ins Fadenkreuz nimmt, oder...«

»Ich habe eine falsche Spur gelegt. Das dürfte diesen Mann für eine Weile beschäftigen.« Graham merkte auf. Irgend etwas war mit falschen Spuren bei diesem Fall.

»Sie haben nicht zufällig einen Brief geschrieben mit From Hell als Absender?«

»Nein. Obwohl es einen gewissen Stil hat. Ich hätte wirklich auf diese Idee kommen müssen.« Graham rieb sich über die Augen.

»Okay, versuchen wir nicht vom Thema abzukommen. Was genau haben Sie getan?«

»Ich hab mir einen Stofffetzen, der da rumlag, geschnappt. Nachdem ich Sie in Sicherheit gebracht habe, bin ich zurück und habe den Fetzen abseits in einer Straße versteckt. Falls der Inspektor das Stück findet, wird er den Mörder in der falschen Richtung suchen und wir haben freie Bahn.« Graham ahnte Schlimmes.

»Das Goulston Street Graffito.« Roxton, der gerade damit begann, von sich selbst etwas mehr begeistert zu sein als gut für ihn war, zögerte.

»Woher wissen Sie von der Schrift? Ich hatte Sie bereits hierher geschafft.« Graham ignorierte die Frage.

»Wie war der Text? Es ging um Juden, nicht wahr?«

»The Juwes are the men that will not be blamed for nothing.« Roxtons Selbstzufriedenheit war nahezu unausstehlich. Der Mann war wirklich stolz auf seinen Einfall. »Äußerst praktisch. Den Juden kann man alles in die Schuhe schieben. Außerdem habe ich doppelte Verneinung benutzt, damit ist Abberline auf Jahre beschäftigt.«

Grahams Welt stoppte für einen Moment. Die Nonchalance, mit der Roxton die Schuld auf Juden schob - Graham hatte so etwas nicht für möglich gehalten. Ehrenwerte Männer, kleine Unternehmer, Angestellte, Studenten, Arbeiter, sie alle suchten für die Ungerechtigkeiten des Lebens einen Schuldigen. Und statt - was offensichtlich sein sollte und in den meisten Fällen auch die richtige Ursache identifizierte - sich mal an die eigene Nase zu fassen, suchten diese Leute ein Ziel, welches sich nach Möglichkeit nicht zur Wehr setzte, und machten es verantwortlich für alles. Und irgendwann kommt ein Mann, nimmt dieses diffuse Unbehagen und füttert damit die größte Vernichtungsmaschinerie, die die Welt je gesehen hatte.

Die Kreideschrift an einer Hauswand in der Goulston Street war ein kleiner Schritt in diese Richtung und die Asche von sechs Millionen Juden das Ende. Roxton selbst war sich keiner Schuld bewusst. Warum auch? Er war ein Kind seiner Zeit und er kannte die Zukunft nicht. Aber durfte Graham sie ihm verraten? Was sagte das Raum-Zeit-Kontinuum dazu? Würde es die Paradoxon-Keule hervorholen und die kleine Anomalie gnadenlos und endgültig auslöschen? Tief im Inneren brauchte Graham sich die Frage gar nicht zu stellen. Es war wie die Theorie von der zerbrochenen Glasscheibe. Wird sie nicht repariert, löst sie ein Gefühl von Vernachlässigung aus. Zum ersten zerbrochenen Fenster gesellt sich ein weiteres, Vandalismus und Verfall ziehen ein, die ersten Mieter aus und irgendwann ist der Block so runtergekommen, dass dort kein Mensch mehr in eine Renovierung investieren will. Die New Yorker Polizei hatte das zum Anlass genommen, brutal gegen kleinste Vergehen einzuschreiten, was angeblich die Kriminalität enorm gesenkt hatte. Vielleicht war es

Zeit, Roxton mit aller Brutalität die Folgen seiner Schmiererei klar zu machen. Graham erzählte es ihm.

Miller's Court

»Uns bleibt nicht mehr viel Zeit. Nur noch zwei Opfer«, sagte Roxton einige Stunden später. Er hatte den Vormittag grübelnd in der Ecke seine Waffen geputzt – auf eine Art und Weise, die Graham extrem nervös machte. Und er hatte kein Wort mehr gesagt, nachdem er begriffen hatte, dass die Zukunft, die vor ihm lag, nicht ganz so rosig aussah, wie er es sich vielleicht ausgemalt hatte. Im Grunde genommen hatte Graham die Behauptung: *Alles wird gut* mit seinem Bericht vernichtet. Um Roxton nicht zu stören, bemühte sich Graham, wieder Beweglichkeit in seine steifen Glieder zu bekommen. Nach dem Kalender war er anderthalb Tage außer Gefecht gewesen; außerdem fühlte sich sein Körper an, als wäre jeder einzelne Knochen in ihm gebrochen, auch wenn Roxton das Gegenteil behauptete. Einige Stellen knackten bedenklich[59], aber er konnte sich bewegen. Das Thema Schmerzfreiheit stand auf einem anderen Blatt.

»Mary Jane Kelly. Eigentlich stirbt sie Anfang November, aber wir sollten so schnell wie möglich herausfinden, wo sie wohnt.«

»Warum das?«

»Sie wird in ihrer Wohnung ermordet. Der Vermieter findet sie, als er die Miete kassieren will.«

»Und die Adresse?« Graham kramte in seinem Gedächtnis nach der Information.

»Miller's Court Nummer 13.«

»Dann sehen wir uns die Gegend heute schon an. Ich will nicht noch einmal unvorbereitet erwischt werden.«

Whitechapel war nachts düster, geheimnisvoll und auf eine eigenartige Weise aufregend; besonders für Menschen, die an die

59 Nicht die Bodendielen. Leider.

Romantik der vergangenen Zeiten glaubten. Tagsüber war es grau, nass, kalt und eklig. Es nieselte und statt die Luft zu reinigen, brachte der Regen den Dreck aus den oberen Atmosphärenschichten mit und drückte ihn in jede Pore und jede Falte. Die Trostlosigkeit des Londoner Wetters hatte sich wie eine Decke über den Stadtteil gelegt. Ihnen begegneten keine spielenden oder lachenden Kinder - die gab es selbst in besseren Zeiten hier nicht. Jetzt holten Mütter ihre Kinder von der Straße, Frauen liefen schnellen Schrittes über das Pflaster, bedacht darauf, weder nach links oder rechts zu schauen und damit Augenkontakt zu jemanden herzustellen, der sich als ein brutaler, gewalttätiger Mörder entpuppen konnte. Dafür waren die Blicke, die hinter den Gardinen auf die beiden unbekannten Männer geworfen wurden, um so bohrender.

Kaum war Roxton auf die Straße getreten, war er wieder in die Rolle des jovialen Rosenhändlers aus Cornwall geschlüpft. Er grüßte jeden, der ihm entgegenkam - wie man das auf dem Dorf beziehungsweise in Cornwall eben so tat - grinste jeden an, als wäre es das größte Glück auf der Erde, genau hier und genau jetzt genau diesem Menschen zu begegnen und er tat sein Bestes, um hilfsbereit und nett zu erscheinen. Graham fragte sich, wie der Lord das schaffte und ob es einen Menschen gab, der ihm diese Scharade abkaufte. Zumindest das alte Mütterchen gehörte nicht zu Roxtons Fanclub; als der Lord versuchte, ihr den offensichtlich viel zu schweren Korb zu tragen, bekam er genau jenen Korb in den Schritt gerammt und - um die Sache klar zu machen - noch einen Tritt vors Schienbein. Roxton grinste trotzdem und wünschte der Frau einen wunderschönen Tag und Gottes Segen.

»Sie sollten vielleicht den jovialen Burschen vom Land zurückschrauben. Unauffällig ist was anderes«, flüsterte Graham durch die zusammengepressten Zähne.

»Wie würden Sie mich beschreiben, wenn ich keine Rolle spiele?«

»Konzentriert, fokussiert, miesepetrig.«

»Also das komplette Gegenteil dessen, was die Leute hier gerade auf der Straße sehen?« Graham begriff.

»Interessant. Aber jemand könnte auf die Idee kommen, dass Sie

nicht der sind, der Sie vorgeben zu sein.«
»Irrelevant, solange sie nicht wissen, wer ich bin.«
»Wird Abberline sich das nicht denken können?«
»Sie überschätzen die Intelligenz dieses Beamten maßlos.«
»Besser als sie zu unterschätzen.«

Graham und Roxton erreichten Miller's Court wenige Minuten später. Während die anderen Straßen einen trostlosen und nahezu verlassenen Eindruck machten, gab es hier einen Aufruhr. Eine dichte Menschentraube hatte sich vor einem Haus versammelt, auch wenn sie einen gewissen Sicherheitsabstand hielten. Aus drei geöffneten Fenstern des oberen Geschosses flogen in unregelmäßigen Abständen Habseligkeiten aller Art: Kleider, Tücher, Teller, Tassen, ein Nachttopf (wie es aussah noch gefüllt), ein Blechnapf, Kissen, Decken, eine Strohmatratze, eine Waschschüssel, zwei Stühle, ein Tisch in Einzelteilen, eine Kommode, ein Spiegel und ein Kleiderschrank. Die meisten Teile erreichten nicht einmal den Boden, bevor sie aufgefangen und von ihrem neuen Besitzer in Obhut genommen wurden. Der Kleiderschrank war eine Ausnahme; niemand war so verrückt anzunehmen, dass er ihn auffangen konnte. Und die Gravitation sorgte dafür, dass er in handliches Brennholz umgewandelt wurde.
»Welche Nummer ist das?« fragte Roxton.
»Dreizehn.«
»Was für ein Zufall.« Für einen Sekundenbruchteil schimmerte der hartgesottene Lord durch, dann verwandelte sich seine Miene und der harmlose Rosensamenhändler aus Cornwall war wieder da. Und bahnte sich seinen Weg zum Haus.
»Was haben Sie vor?« rief Graham, als er ihm hinterherlief.
»Fragen, ob ich das Bett bekommen kann.«
»Wozu brauchen Sie das Bett?«
»Überhaupt nicht, aber Brennholz benötige ich noch weniger.« Roxton, unbeeindruckt von den immer noch herabregnenden Wurfgeschossen, war ins Haus getreten und stieg bereits die Treppe hinauf. Als Graham das Haus betrat, ließ er zuerst seinen Blick durch den Flur schweifen. Das Treppenhaus roch etwas nach Staub, war aber sauber und weder Müll noch Unrat lagen

im Flur. Wahrscheinlich kehrten Mary Jane und ihre Kolleginnen regelmäßig, denn Kunden würden durch zu viel Dreck entweder abgeschreckt werden oder ihre Zahlungsbereitschaft beträchtlich sinken, beides nicht gut fürs Geschäft. Außerdem knarrten die Stufen leise, was Graham wunderte, erschwerte es doch ein unbemerktes Kommen und Gehen. Aus einer Wohnung in der zweiten Etage drang ein lautes Rumpeln, Scharren und Quietschen; dort musste der Räumungstrupp gerade am Werk sein. Roxton klopfte, als er die Wohnung betrat. Sofort erstarrten die Männer in ihrer Bewegung und beäugten Roxton misstrauisch. Der blieb in seiner Rolle des jovialen Landeis, grinste dümmlich und winkte mit der rechten Hand. Es verging ein Augenblick, dann entspannten sich die Männer. Roxton war ihrer Meinung nach - vor allem geformt durch das Keuchen vom Treppenaufstieg - keine Bedrohung. Ob Roxton selbst im vollen Kampfmodus eine Bedrohung für die Männer gewesen wäre, schien fragwürdig. Irgendwo in der Gegend musste es eine Fabrik geben, die aus Kleiderschränken Menschen machte. Die Typen hatten mehr Muskeln, als gut für sie waren. Sie konnten vor Kraft kaum gehen, sahen aber auch so aus, als könnte keiner von ihnen schwierige Matheaufgaben - wie zum Beispiel Eins plus Eins - ohne Hilfe lösen. Wahrscheinlich drückten die Muskeln den Blutfluss zum Gehirn ab.

»Einen... wunderschönen guten... Morgen. Die Herren.« Das Keuchen war eine Spur zu theatralisch, aber dem Publikum fielen solche Feinheiten des Schauspiels bestimmt nicht auf. Dafür verstärkte Roxton den Eindruck, ein vollkommen harmloser Mitbürger zu sein.

»Wat wolln Se?« fragte der am nächsten Stehende.

»Ich wollte die... formidablen Herren fragen... ob Sie mir wohl, wenn es keine... Umstände bereitet... das Bett überlassen könnten.« Die Stirn des Angesprochenen zog sich zusammen. Vielleicht war die Syntax zu komplex gewesen. Es dauerte eine Weile, dann glitt ein Lächeln über das Gesicht des Mannes.

»Se wolln das Bett?«

»Exakt. Ich benötige eins und Sie anscheinend nicht.«

»Nee. Wir brauchn nüscht von hier.«

»Könnte ich also?« Der Mann drehte sich zu seinen Kumpanen um und schaute sie hilflos an. Es gab wahrscheinlich keine Anweisung für den Fall, dass jemand kommen und sie ansprechen würde.

»Wir solln hier bloß leermachen«, erwiderte einer der anderen. »Alles muss raus. Er hat nix von verkaufen gesacht.« Das hatte Roxton übrigens auch nicht, aber Geld war eine universell verständliche Sprache.

»Hat Ihr Auftraggeber es verboten?« fragte Roxton unschuldig. Dabei spielte er wie geistesabwesend mit einer Münze, welche die Blicke der drei Männer auf sich zog. »Sicher hat er nichts dagegen, wenn drei hart arbeitende Männer einen angemessenen Lohn für ihre Arbeit bekommen?« Eine zweite Münze war in Roxtons Hand aufgetaucht, was die Abneigung der Männer gegen neugierige Störenfriede enorm senkte.

»Wir werden gut bezahlt.« Eine dritte Münze tauchte auf. Ablehnung löste sich in Luft auf.

»Schätze, M hat nichts dagegen.« Die drei Männer waren nicht die Typen für Subtilität, deshalb fiel ihnen das kurze Zusammenzucken Roxtons nicht auf. Auch Graham wurde aufmerksamer. »In Ordnung, Boss. Se könn das Bett ham.« Drei Hände wurden Roxton entgegengehalten und der Lord ließ eine Münze in jede von ihnen fallen. Die Männer versuchten nicht den Eindruck zu erwecken, dass sie ein dummes Landei gerade gewaltig über den Tisch gezogen hätten und scheiterten kläglich. Aber Roxton war noch nicht fertig.

»Nun wenn Sie so freundlich wären, es nach Wendham's Court 8 zu bringen.« Die Männer schauten Roxton an. Offensichtlich hatten sie Probleme, seine Bitte zu verstehen; das Wort *freundlich* kam in ihrem Vokabular wohl nicht vor. Roxton ließ einige Sekunden vergehen. »Natürlich würde ich Ihnen die Lieferung extra vergüten.« Der leere Gesichtsausdruck seiner Gesprächspartnern blieb. »Einen weiteren Florin für jeden von Ihnen.«

»Ah! Det is jut, Boss. Det machn wir.«

»Und der Eigentümer braucht es ganz sicher nicht mehr?« fragte

Roxton unschuldig. Die Männer grinsten unisono.
»Nee, janz bestimmt nich. Mary Jane hat das große Los gezogen. Nen Gentleman hat se in ner Kutsche abjeholt. Janz edles Teil. Hat was jesacht von nem besseren Leben. Jenseits der Themse. Is en janz Nette. Hab jehört, ihr Verlobter in n waschechter Doktor.«
»Nun, dann wäre der jungen Dame nur noch ein wundervolles Leben zu wünschen. Sie wissen nicht zufällig, wo sie hingezogen ist?« Graham wusste sofort, das Roxton es damit übertrieben hatte.

Schlagartig änderte sich die Stimmung im Raum, als wäre eine Tür zugegangen. Unwillkürlich schaute Graham nach hinten und stellte erleichtert fest, dass nur die metaphorische Tür zugeschlagen war; die physische war noch offen. Doch das konnte sich ändern, denn die Männer begannen mit ihren Muskeln zu spielen. Es sollte einschüchternd wirken. Und es funktionierte.
»Se wolln ziemlich viel wissen, Boss.«
»Is nich gut.«
»Janz schlecht für die Gesundheit.«
»Ich wollte nur freundlich sein und der jungen Dame meine besten Wünsche ausrichten. Aber Sie haben vollkommen recht: Es geht mich wirklich nichts an.«
»Un se sollten jetzt besser gehn.«
»Das werden wir, augenblicklich.«
»Auf der anderen Seite...« Graham hatte nicht vor zu erfahren, welche andere Seite die Männer betrachten wollten. Roxton auch nicht. Sie schoben sich unauffällig rückwärts zur Tür und waren draußen, bevor die Männer ihre Entscheidung getroffen hatten.
»Weg hier!« zischte Roxton.
»Schon dabei«, erwiderte Graham.

Sie blieben in sicherer Entfernung zum Haus stehen. Niemand war ihnen gefolgt und nach einer Weile flogen wieder Möbel aus dem Fenster. Als Erstes das Bett.
»Dafür haben Sie bezahlt.«
»Wir haben bekommen, was wir brauchten. M also. Dieser

verdammte M!« Roxton rammte frustriert die Faust gegen die nächste Wand. »Und ein Doktor. Wie sicher sind Sie mit ihrer Theorie?«
»Überhaupt nicht. Es sind Vermutungen für die wir keine Beweise haben. In meiner Vergangenheit ist Mary Jane Kelly in dieser Wohnung ermordet worden. Es ist fast so, als ob M das wüsste und die Abläufe gezielt verändert hat.«
»Woher soll er das wissen? Sie sind der Einzige hier, der die Zukunft kennt.« Die Erkenntnis traf Graham wie ein Schlag. Ja, er war der Einzige, der die Zukunft kannte. Aber Horatio wusste, das Graham aus der Zukunft kam. Wenn er daraus schlussfolgerte, dass Graham auch seine Pläne kannte, dann könnte er bewusst sein Vorgehen geändert haben. In dem Fall war Grahams ganzes Wissen wertlos.
»Sie sind blass geworden«, stellte Roxton fest.
»Horatio weiß, dass ich aus der Zukunft komme. Wenn er Moriarty ist, dann weiß er, dass ich seine Pläne kenne. Und er ändert sie. Wir müssen herausfinden, wohin er Mary Jane Kelly gebracht hat!« Roxton zuckte mit den Schultern.
»Nichts leichter als das.« Mit den Worten schnellte Roxtons Arm an Graham vorbei Richtung Straße. Als Roxton ihn wieder einzog, hielt er ein Bündel Dreck in der Hand, der sich nach genauerer Betrachtung als vielleicht neunjähriger Junge entpuppte. Aus dem rußschwarzen Gesicht schauten zwei Augen die Männer an, in denen mehr Verschlagenheit lag, als in einem Kind eigentlich vorhanden sein sollte.
»Kennst du Mary Jane Kelly?« Zum Glück hatte der Junge noch nicht die Kunst des Pokerns gelernt[60]. So waren seine Gedanken auf seiner Stirn klar und deutlich abzulesen. Im Moment beschäftigten sie sich mit der Frage, ob eine ehrliche Antwort Ärger oder Prügel oder beides bedeuten würde. Roxton hielt eine Münze hoch. »Du kannst dir die hier verdienen, wenn du uns hilfst.« Das war eine Option, die dem Bengel gefiel.

---

60 Was er ohne Zweifel in Laufe seines Lebens noch tun würde. Vorausgesetzt er schaffte es, die nächsten sechs oder sieben Jahre zu überleben.

»Wie ist dein Name?« erkundigte sich Graham.
»Roger, Sir.«
»Kennst du Mary Jane Kelly?« wiederholte Roxton.
»Ginger Kelly?« Graham nickte Roxton zu. Ginger war einer der Spitznamen dieses Opfers gewesen.
»Genau.«
»Wohnt in dem Haus dort vorne«, sagte der Junge. »Aber ich schätze jetzt wohl nicht mehr.«
»Sie ist mit einer Kutsche weggefahren.«
»Ja, einer großen, schwarzen. Hab ich gesehen.« Roxton lächelte. Graham vermutete, dass es nicht ganz so einfach sein würde. Möglicherweise hatte der Junge die Kutsche gesehen. Aber so ein Gefährt in Whitechapel, das war ein Gesprächsthema. Vielleicht hatte Roger es auch nur gehört.
»Hast du gesehen, wo sie hingefahren ist?« Roger schüttelte den Kopf.
»Nee, hab ich nicht.« Dann legte er den Kopf schräg und schaute Roxton abschätzend an. »Aber ich könnts rauskriegen.« Die Pause, die folgte, war psychologisch perfekt. »Für zwei Pence.«
»Ich sehe für dich eine glänzende Zukunft in der Geschäftswelt dieses Bezirks voraus«, brummte Roxton.
»Heißt das ja, Sir?«
»Nur bei Erfolg.« Ein lückenhaftes, strahlendweißes[61] Lächeln erschien auf Rogers Gesicht.
»Ist schon erledigt, Boss«, rief er und war weg.
»Er weiß doch nicht mal, wo wir wohnen.«
»Wenn er so gut ist, wie er behauptet, dann findet er es raus.«

Die Gestalt, die sie aus einem dunklen Hauseingang heraus beobachtete, bemerkten die beiden Männer nicht, auch nicht das zweite Wesen, welches im Schatten stand und keinen von Beiden aus den Augen ließ. Die erste Gestalt nickte dem Wesen zu und beide verschwanden, ohne dass jemand sie sah. Was erstaunlich war, wenn man bedachte, dass das Wesen mindestens einen Fuß größer und anderthalb breiter war als der durchschnittliche

61 Allerdings nur im Vergleich zum rußschwarzen Gesicht.

Whitechapeler.

Wie es aussah, war der Junge so clever, wie er behauptete. Nur zwei Stunden später flog die Tür zum Zimmer im Inn auf und Roger schoss herein, dicht gefolgt von einem rotgesichtigen Lutton, der vergeblich versuchte, dieses dürre Bündel Mensch zu schnappen.

»Wenn ich dich in die Finger kriege, Bursche! Dann kannst du was erleben!« Roger hatte es geschafft, sich hinter Roxton zu verstecken. Lutton kam schnaufend zum Stehen und nahm Haltung an. »Verzeihung, mein Herr, ich werde diesen Rotzlöffel sofort entfernen.«

»Roger ist ein Geschäftspartner von mir.« Lutton versuchte noch ein paar Augenblicke lang, nach Roger zu greifen, bevor sein Gehirn begriff, was Roxton gerade gesagt hatte.

»Geschäftspartner?«

»Natürlich. Solch ein Junge mit hervorragender Kenntnis jeder Straße im Viertel ist als Botenjunge äußerst nützlich. Und ich bin sicher, er wäre für einen kleinen Happen Essen äußerst dankbar.« Dass Roger etwas Essbarem gegenüber nie abgeneigt war, konnte man deutlich sehen. »Machen Sie ihm eine Kleinigkeit fertig, er wird sie nachher in der Küche abholen.« Roxton hatte keineswegs bedrohlich geklungen, aber Lutton wagte es nicht zu widersprechen.

»Natürlich, mein Herr.« Trotzdem warf Lutton dem Jungen einen Blick zu, der Bände sprach. Und zwar mit dem Inhalt: Ich weiß, was du vorhast. Ich werde dich beobachten. Überschreite die rote Linie mit einem Zeh, und ich werde dir das Bein abhacken. Wage es ja nicht, dich mit deinen kleinen, dreckigen Grabbelfingern an meinen Sachen zu vergreifen oder du wirst es bereuen. Und wenn du dich hier blicken lässt, wenn der feine Herr nicht da ist, werde ich alles von dir zurückholen, was du hier eingesteckt hast - egal, ob dieser Verrückte es für dich bezahlt hat oder nicht. Weder Roxton noch Graham entging dieser Blick. Roger auch nicht.

Kaum war Lutton wieder draußen, wurde es Roger aber ungemütlich. Irgendwas war nicht ganz so gelaufen, wie er es

geplant hatte.
»Danke für das Essen, Sir. Meine sieben kleinen Geschwister werden sich freuen, wenn ich was Anständiges zum Abendessen mitbringe.«
»Du bist viel zu jung, um sieben kleine Geschwister zu haben.«
»Was kann ich dafür, wenn meine Mom immer zwei auf einmal bekommt?«
»Mathematisch möglich, aber extrem unwahrscheinlich«, warf Graham ein. Roxton ignorierte ihn und hockte sich vor Roger.
»Was ich damit sagen will ist Folgendes: Es hat absolut keinen Sinn, mich anzuschwindeln. Ich kann sehen, wenn du lügst und wenn du das tust, werde ich sehr, sehr ärgerlich. Und du willst ganz bestimmt nicht, dass ich ärgerlich werde. Und deshalb möchte ich von dir jetzt hören, was du herausgefunden hast und das ohne Ausschmückungen und Erfindungen.« Roger war während Roxtons Ansprache kleiner geworden. Seine Aura von aufgeblasener Selbstsicherheit hatte sich verflüchtigt und zurück blieb ein kleiner Junge, der wohl keine guten Nachrichten zu verkünden hatte.
»Tut mir leid, Sir. Ich konnte nicht rausfinden, wo die Kutsche hingefahren ist. Sie ist bis zur London Bridge und dann weg.«
»Du hast die Spur verloren?«
»Nein, dann ist die Kutsche verschwunden. Und ich hab nicht rausbekommen, wo sie hin ist.« Roxton sah Graham an. London Bridge. Aber diese Basis war zerstört. Die Explosion hatte das Labyrinth beschädigt, aber nicht zum Einsturz gebracht - genau genommen war von außen gar keine Veränderung zu erkennen gewesen; zumindest keine, über die die Times berichtet hatte. Trotzdem war das Versteck enttarnt und damit wertlos. Warum verschwand genau an dieser Stelle jegliche Spur von Mary Jane Kelly? Und dann traf Graham die Erkenntnis wie ein Blitz.
»Roxton, geben Sie dem Jungen seinen Lohn. Wir haben alles, was wir brauchen.« Verblüfft gehorchte Roxton; eine Tatsache, die Graham eine eigenartige Befriedigung verschaffte.
»Roger, hier sind die zwei versprochenen Münzen.« Roger, der den Wink des Schicksals erkannte, beharrte nicht darauf, dass er

ja keinen wirklichen Erfolg gehabt hatte. »Hol dir beim Wirt das Essen und dann gehst du nach Hause, verstanden?« Roger nickte. »Und du wirst vergessen, dass du uns je gesehen hast.« Roger nickte wieder. »Verlass heute Nacht nicht das Haus und sorge dafür, dass auch keins deiner Geschwister nach draußen geht, ist das klar?« Roger nickte wieder. »Gut. Und jetzt geh.«

»Sir?« Roger war stehengeblieben und so wie es aussah, würde er sich nicht vom Fleck rühren, bevor er gesagt hatte, was er sagen wollte.

»Ja?«

»Wollen Sie den Schlitzer zur Strecke bringen?«

»Woher weißt du davon?« Roxton und Graham lebten mit der romantischen Vorstellung, dass kleine Kinder irgendwo unterhalb des Radars[62] lebten. Und dass sie das möglicherweise vor den Erwachsenenproblemen schützte.

»Ich habe Ohren.« Andererseits wurde man unter dem Radar auch nicht bemerkt und bekam dadurch mehr mit, als man sollte. »Und die sind nicht ganz so dreckig, wie man vermuten könnte?« Roger grinste.

»Es wird die ganze Zeit schon von zwei Männern geredet, die viele Fragen über die toten Frauen stellen.«

»Soviel zu unseren Bemühungen, unauffällig zu sein.«

»Da müssen Sie noch viel besser werden, Mister.«

»Offensichtlich.«

»Denken Sie, dass es der Riese ist?«

»Der mit den Metallbolzen im Hals?« fragte Graham. Roger nickte eifrig.

»Sie haben ihn auch gesehen? Ich dachte schon, ich bin der Einzige. Mir glaubt nämlich keiner!«

»Er ist mir auf dem Mitre Square begegnet«, sagte Graham. »Aber da habe ich ihn zum ersten Mal gesehen.«

»Nein, Sir, er ist schon die ganze Zeit da. Schon seit Tante Mary Ann tot ist.« Mary Ann Nichols. Graham hatte bisher keine

62 Roxton eher weniger, das Radar wurde erst in fünfzig Jahren erfunden. Aber Graham war sich sicher, dass es in dieser Zeit eine ähnliche Grenze gab, unterhalb der man nicht wahrgenommen wurde.

Vorstellung von der Frau gehabt. Sie war nicht mehr als eine kurze Zeitungsnotiz. Der Junge vor ihm war die erste persönliche Verbindung zu dem Opfer, mit dem alles begonnen hatte.
»Hast du noch etwas anderes gesehen? Etwas Außergewöhnliches, was hier nicht hergehört?«
»Wie den großen Vogel, der nicht fliegen kann? Manchmal glaube ich, der Riese jagt ihn.«
»Danke. Das ist eine sehr wertvolle Beobachtung. Und jetzt geh nach Hause und merke dir: Nach Einbruch der Dunkelheit nicht mehr rausgehen!« Graham versuchte seiner Stimme mehr Mut und Zuversicht zu geben, als er in Wirklichkeit spürte.
»Ja, Sir. Viel Erfolg, Sir.«

Als Roger den Raum verlassen hatte, sah Roxton Graham an.
»Das ist das zweite Mal, dass Sie eine Erleuchtung haben. Welche ist es diesmal?«
»Erinnern Sie sich, als wir mit Lilly den Zugang zur Bauhütte suchten? Wir fragten nach den Wartungsschächten und sie fragte Rechts oder Links.« Langsam begriff Roxton.
»Beide Pfeiler sind hohl?« fragte er verblüfft.
»Wenn selbst ein Mann wie Corelius nur von einem hohlen Pfeiler weiß, dann dürfte der andere immer noch als sicheres Versteck gelten.«
»Und wenn sich die Kutsche mit Mary Ann dort in Luft auflöst, dann sogar ein ziemlich großes.«
»Und wie passt der Riese ins Bild? Warum sollte er den Raptor jagen?«
»Vergessen Sie nicht«, antwortete Roxton nach einem Moment, »dass das nur die Beobachtungen eines einzelnen Jungen sind. Vielleicht hat er was falsch mitbekommen und dieses Monster benutzt den Saurier als eine Art Jagdhund.«
»Es passt trotzdem nicht.«
»Dann sollten wir uns aufmachen und ein paar Antworten finden.«

Showdown

Keiner von ihnen sagte ein weiteres Wort. Es wurde kein großer Plan geschmiedet und verkündet. Beide waren sich einfach nur sicher, dass sie tun mussten, was getan werden musste. Ohne es auszusprechen, wussten beide Männer, dass sie Mary Jane Kelly im zweiten Südpfeiler der London Bridge finden würden. Und dass dieses Versteck besser bewacht wäre als die Kronjuwelen. Roxton steckte mehr Waffen ein als ein durchschnittliches mobiles Einsatzkommando und nach langer, gründlicher Überlegung griff Graham nach der Blitzpistole und stellte den kleinen Hebel an der Seite auf Maximum. Eine friedliche Einstellung würde den Velociraptor nicht aufhalten, die Waffe schon. Und falls es dann wirklich noch ein Monster gab, welches es auf ihn abgesehen hatte - mit dem Thema Pazifismus und Monster konnte sich Graham beschäftigen, wenn es soweit war.

Ebenfalls ohne darüber zu sprechen, waren Graham und Roxton übereingekommen, zu Fuß zur London Bridge zu laufen. Das hinterließ weniger nachverfolgbare Spuren und schloss die Möglichkeit aus, dass ein allzu redseliger Kutscher verraten konnte, wohin er zwei schwer bewaffnete Männer in einer dunklen Londoner Nacht gebracht hatte. Vielleicht lag es an den Morden, vielleicht an dem regnerischen Wetter, aber ihnen begegneten kaum Menschen auf der Straße. Wobei sie diese nur hätten sehen können, wenn sie auf weniger als fünf Yard herangekommen wären. Der Nebel wurde in der Nähe des Flusses dichter, filterte die Geräusche der Stadt weg und addierte ein paar seltsame Echos hinzu. Graham hätte schwören können, dass er seine Schritte zweimal hörte. Aber er war zu sehr damit beschäftigt, mit Roxtons Tempo mitzuhalten.
»Wie lautet die Taktik?«

»Wir gehen rein. Wenn wir die Frau finden, werden Sie sie nehmen, nach draußen und in Sicherheit bringen. Ich kümmere mich um den Rest.« Das hieß, Roxton wollte es allein mit dem Monster und seinem Herrn aufnehmen. Graham überlegte, ob er nicht doch besser seine Hilfe anbieten sollte, andererseits war nicht sicher, ob seine Anwesenheit die Überlebenschancen Roxtons wirklich steigerte oder im Gegenteil senkte. Definitiv würde Grahams Anwesenheit seine eigenen Überlebenschancen ins Bodenlose stürzen lassen. Graham mochte es, ein Held zu sein. Aber nicht ganz so sehr wie lebendig zu sein. Er nickte kurz.

»Wir müssen durch die Kanalisation«, stellte Roxton nach einer kurzen Untersuchung des oberirdischen Teils der Brücke fest.
»Und das ist wahrscheinlich eine Falle.«
»Nicht nur wahrscheinlich, sondern mit absoluter Sicherheit.« Roxton sah sich um. Dass niemand zu sehen war, hatte überhaupt nichts zu bedeuten. Anständige Bürger waren um diese Zeit und bei diesem Wetter sowieso nicht unterwegs, die andere Sorte war einfach zu erfahren darin, nicht gesehen zu werden. Neben ihm wuchtete Roxton einen Kanaldeckel hoch.
»Hier runter!« Graham folgte dem Lord und warf noch einen letzten Blick auf die Welt oben. Er war sich nicht sicher, ob er sie wiedersehen würde.

Als sie außer Hör- und Sichtweite waren, löste sich eine kleine, schmale Gestalt aus dem Nebel, die von einer wesentlich größeren Gestalt begleitet wurde. Auf einen Wink der kleinen öffnete die größere den Kanaldeckel und beide glitten ebenfalls hinunter in die Dunkelheit. Nachdem sie den Kanaldeckel hinter sich zugezogen hatten, schien es, als wäre die ganze Zeit hier kein Mensch gewesen.

Roxton kannte den Weg, weil er bei seiner Flucht mit Lilly eine andere Abzweigung als Graham genommen hatte und hier entlang gekommen war. Und wenige Minuten später standen sie vor einer ähnlichen Tür, durch die sie vor ein paar Tagen das Versteck auf der anderen Seite der Brücke betreten hatten. Nur war diese Tür nicht offen und unbewacht. Zwei Männer standen

davor, denen man offensichtlich klar gemacht hatte, dass ein Nickerchen während der Wache der schnellste Weg zur endgültigen Ruhe war. Graham schaute Roxton an. Der zuckte nur mit den Schultern, hob einen Kieselstein auf und warf ihn in den Kanal jenseits der Tür. Beide Wächter drehten ihre Köpfe in Richtung des Geräusches. Graham beruhigte das. Jeder intelligente Mensch hätte nicht in Richtung Geräusch geschaut, sondern in die andere Richtung - da wo es herkommt. Andererseits konnten sie froh sein, dass diese zwei nicht in der intellektuellen A-Liga spielten; das hätte die Sache wesentlich komplizierter gemacht.
»War das ne Ratte?« fragte der Eine.
»Sieh nach, dann weißt du's.«
»Lohnt sich aber nich nachzusehn, wenns bloß ne Ratte is.«
»Ja. Aber du weißt, was passiert, wenns keine is.«
»Warum soll ich kucken?«
»Weil du gefragt hast.«
»Okay.«

»War doch ne Ratte«, sagte er, als er zurückkam und bevor er entdeckte, dass sich sein Kollege zu einem Schläfchen niedergelegt hatte. Und bevor er selbst zu einem Schläfchen niedergelegt wurde.
»Sollten wir sie nicht fesseln oder so?« fragte Graham.
»Die sind für eine Stunde ausgeschaltet«, erwiderte Roxton. »Bis dahin sollten wir wieder draußen sein, ansonsten sind die Zwei unser geringstes Problem.« Sie hatten die beiden Bewusstlosen in eine Nische gezogen. Abwesende Wächter würden einen gewissen Verdacht erregen, aber nicht einen so großen wie zwei niedergeknüppelte Männer.

Graham schlich hinter Roxton her. Sie kamen durch einen ähnlichen Gang wie beim letzten Mal, aber leider handelte es sich nicht um eine Kopie der anderen Anlage. Glücklicherweise schien sie verlassen zu sein. Wahrscheinlich waren alle von ihrem großen Führer auf Mission geschickt worden, möglicherweise mit Zetteln in den Händen, auf denen Grahams und Roxtons Gesichter unter der Überschrift Tot oder Lebendig! zu sehen waren.

Der Gang führte zu einer Treppe nach unten. Leider gab es nur diese Treppe – keine Nischen, keine abzweigenden Räume, nichts. Wenn eine Patrouille oder einfach nur ein Mann vorbeikam und sie sah, dann waren sie geliefert. Roxton zog eine Pistole.
»Versuchen Sie, mir nicht im Weg zu stehen«, flüsterte er.
»Ich gebe mein Bestes«, antwortete Graham.

Schritt für Schritt schoben sie sich weiter. Nicht entdeckt zu werden war ein essenzieller Bestandteil der Erfolgsstrategie. Wenn sie hier entdeckt würden, wären ihre Überlebenschancen gleich Null. Aber wenigstens einmal schien das Glück auf ihrer Seite zu sein: Kein einziger Mensch kam ihnen entgegen.

Die Treppe mündete nach siebenundvierzig Stufen in einem Gang, von dem sechs Türen abgingen, drei auf jeder Seite. Während die ersten zwei Räume mit einfachen Gittern verschlossen waren, an denen nicht einmal ein Schloss hing – die Räume dahinter waren Lagerräume, gefüllt mit allem möglichen Gerümpel – versperrten die hinteren vier massive Stahltüren. Der Geruch der ersten Tür war überwältigend und es war klar, dass es sich hier um Jacks neue Zelle handeln musste. Offensichtlich hatte jemand bei der Wahl des Gefängnisses nicht an die hygienischen Aspekte der Saurierhaltung gedacht.
»Das ist...« japste Graham und schnappte nach Luft. Roxton nickte.
»Ich weiß. Um ihn kümmern wir uns zum Schluss.«

Dass immer noch keine Wachen zu sehen waren und niemand ihnen Widerstand leistete, war zwar schön, erfüllte Graham aber mit Unbehagen. Sie kamen viel zu leicht voran. Roxton war schon bei der nächsten Tür, die geräuschlos aufschwang, als er dagegen tippte.
»Oh.« Das war das Einzige, was Roxton sagte und Graham ahnte, was er gleich sehen würde. Der Raum erinnerte an einen hochmodernen Operationssaal. Wenn man von den fehlenden

Überwachungsmonitoren und Lebenserhaltungssystemen[63] absah, dann konnte er im OP eines normalen NHS-Krankenhauses stehen. Der Raum war gekachelt, die Tische und Werkbänke aus Metall. Skalpelle blitzten chromefarben im fahlen Licht und waren genauso scharf, wie sie es in hundertfünfzig Jahren noch sein würden. In der Mitte des Bodens war ein Abfluss, direkt unter dem Tisch, auf den zu schauen Graham bis zum letzten Augenblick vermied. Sie hatten Mary Jane Kelly gefunden.

Der alles überdeckende Geruch nach Blut raubte Graham den Atem. Mary Jane Kelly war nicht einmal Mitte zwanzig gewesen, als sie starb und sie war eine hübsche Frau. Jetzt war von ihr kaum mehr als eine Hülle übrig. Graham hatte gelesen, dass ihre Verstümmelungen die stärksten waren, aber was er hier sah, überstieg sogar seine Vorstellungskraft: ihr Körper war geöffnet und ausgenommen worden. Ihre Organe standen fein säuberlich aufgereiht in Glasbehältern an der hinteren Wand. Sogar Roxton, der als Jäger so etwas eher gewöhnt war, sah erschüttert aus.
»Was für ein krankes Monster«, flüsterte Graham, als die Tür hinter ihnen zukrachte und jemand von draußen den Schlüssel im Schloss umdrehte.

Graham sprang zur Tür, aber es war zu spät. So leicht wie sie aufging, hatten sie nicht bemerkt, dass es sich dabei um massives Metall handelte. Von draußen war nur höhnisches Lachen zu hören.
»Zu spät, Roxton! Wieder einmal zu spät!« Graham presste sein Gesicht an das kleine Gitter in der Tür, um zu sehen, wer draußen war, als er grob zurückgerissen wurde. Mit einer geschmeidigen Bewegung zog Roxton seinen Revolver und schoss sechsmal durch die kleine Öffnung. Das Geräusch der abprallenden und quer durch den Flur pfeifenden Kugeln klingelte Graham in den Ohren. Nach einigen Sekunden ebbte der Schall ab.
»Wo bleibt ihre Contenance, verehrter Roxton?« Der Hohn war

63 Die bei der Art der hier durchgeführten Operationen vollkommen überflüssig waren.

sogar für Graham unerträglich. »Dabei habe ich Ihnen sogar ein Geschenk dagelassen!« Graham fuhr herum. So wie der Typ da draußen klang, musste er nach etwas Tickendem suchen. Und das schnell.

Was er fand, hatte er im ersten Moment für ein Bündel Lumpen gehalten. Nur dass es kein Lumpenbündel war, sondern ein Mann. Und nach der Art, wie er dalag, kein lebendiger.
»Sie brauchen mir nicht zu danken. Der große John Roxton hat es letztendlich geschafft, den Schlitzer von Whitechapel zu finden. Zu schade, dass Sie es niemals jemanden erzählen können.« Der Schlitzer war ein älterer Gentleman, siebzig oder achtzig Jahre alt, mit schlohweißen, wirr vom Kopf abstehenden Haaren. Seine Hände waren schmal und feinfingrig. Eindeutig die Hände eines Chirurgen. Graham ahnte, wen er vor sich hatte, aber er durchsuchte die Leiche nach Papieren, die seinen Verdacht bestätigten.
»Haben Sie sich nicht an einen ebenbürtigen Gegner gewagt?« brüllte Roxton nach draußen.
»Ebenbürtig? Glauben Sie mir, dieser Mann ist Ihnen in allen Belangen haushoch überlegen. Nur leider hatte seine Obsession die Grenze zum Wahnsinn vor einiger Zeit überschritten. Ein untragbares Risiko. Ich glaube, Sie verstehen, was ich meine. Wir sind uns ziemlich ähnlich.«
»Ich bin nicht im geringsten so ein verkommenes Subjekt wie Sie!« donnerte Roxton. »Sie ekeln mich an!«
»Tun Sie das ruhig, lieber Lord Roxton. Sie werden unter Ihrem Ekel nicht mehr lange zu leiden haben.« Graham Finger stießen in der Westentasche des Verstorbenen auf ein Papierheft. Vorsichtig zog Graham es heraus, schlug es auf und stellte fest, dass es sich um ein Scheckbuch handelte.
»Roxton!« sagte Graham leise. »Das könnte wirklich der Mörder sein.«
»Wie kommen Sie darauf?« Graham hielt ihm das Scheckbuch hin. »Der Name. Doktor Viktor Frankenstein.«
»Frankenstein?« Roxton runzelte die Stirn. »Also haben Sie recht gehabt.«

»Ihr kleiner Gehilfe ist clever. Es handelt sich tatsächlich um den ehrenwerten Doktor Frankenstein.« Roxton schnaubte verächtlich.
»Ehrenwert!«
»Es ist alles eine Frage der Perspektive. Wir lernten uns an der Universität kennen.« Universität? Der Bösewicht verkündet seine Pläne und verrät dabei mehr über sich, als er vielleicht im Moment ahnt. Wer ist denn an einer Universität? Professoren!
»Seine Forschungsarbeit war unübertroffen. Und sein Ehrgeiz, eine ungeahnte Kraftquelle. Als er mich bat, ihm zu helfen, tat ich das natürlich.«
»Sie haben für ein paar Pfund diese Frauen umgebracht und sie von ihm ausweiden lassen? Sie sind erbärmlich!«
»Mein lieber Lord, ein so unbeschreiblicher Kleingeist wie Sie sollte mit seinen Worten zurückhaltender sein. Als ob mich Geld interessieren würde! Das einzige, was zählt, ist Zeit. Lebenszeit. Dieser gute Doktor hat es geschafft, die Lebenszeit seiner Kreaturen fast bis ins Unendliche auszudehnen. Was sind schon ein paar Opfer gegen den Fortschritt der Menschheit?«
»Und deshalb haben Sie ihn umgebracht.«
»Notwendigkeit«, kam die lakonische Antwort. »Diese kleinen Vorfälle erregten zu viel Aufmerksamkeit. Kein Verständnis für Diskretion. Und ich habe, was ich brauche. Und nun Au revoir! Die Zeit wird knapp. Ihre, nicht meine! Machen Sie es sich gemütlich, denn Sie werden diesen Raum nie wieder verlassen. Und ich werde mich der Vollendung meines Werkes widmen. Sterben Sie wohl, Mylord!«
»Zeigen Sie sich, Sie Feigling!« brüllte ihm Roxton hinterher. Graham vermutete, dass dies nicht viel nützen würde. Die Akustik im Labyrinth war trickreich; der Mann, der gesprochen hatte, konnte wer weiß wo sein. Auf dem Flur war niemand zu sehen gewesen – aber genauso gut konnte der Sprecher auch hinter der Tür stehen. »Zeigen Sie Ihr Gesicht und nennen Sie Ihren Namen, wenn Sie den Mut dazu haben!« Nur Stille antwortete.

Wenigstens begann Roxton nicht wie ein Wahnsinniger an der

Tür zu rütteln und *Aufmachen!* zu brüllen. Es hätte sowieso nichts gebracht. In der Zwischenzeit sah sich Graham gründlich im Labor um. Die Wände waren massiv, es gab keine Fenster, die Lüftungsöffnungen waren so klein, dass Graham kaum seinen Arm hineinstecken konnte. Die Tür war der einzige Ausgang. Frustriert rammte Roxton seine Faust gegen das Metall.
»Können Sie das Schloss aufschießen?« fragte Graham. In Filmen funktionierte das immer.
»Nur wenn wir keine andere Möglichkeit finden. Das ist Stahl. Wenn nicht sicher ist, dass das Schloss zerstört wird, werden wir ganz sicher einen Querschläger bekommen. Und dafür ist mir dieser Raum zu klein.« Das war ein schlagendes Argument. Graham sah sich nochmal um und konzentrierte sich dabei auf die Ausstattung des Labors. Selbst wenn die Tür massiv war, hatte sie doch zwei Schwachstellen: Schloss und Scharniere. Das hier war zwar ein Labor und keine Werkstatt, aber es sollte sich doch etwas finden lassen, um diese Punkte anzugreifen. Vielleicht kein Skalpell, aber eine dünne Pinzette, die als Aushilfsdietrich herhalten konnte. Oder Haarnadeln. vielleicht hatte Mary Jane welche in der Frisur. Es war erstaunlich, wie gelassen und selbstverständlich man eine Leiche nahm, wenn man sich länger als ein paar Minuten mit ihr in einem Raum befand. Graham beugte sich über die Frau und sah sie dabei zum ersten Mal richtig an. Ihre Haare waren flammend rot, wie die Lillys und wie die von Roxtons Tochter. Und Mary Jane sah Roxtons Frau sogar ähnlich. Für den Lord musste es Folter sein, die Tote zu sehen, die ihn pausenlos an seinen eigenen Verlust erinnerte. Hatte M die Frauen speziell deshalb ausgewählt? Oder nur diese, nachdem Roxton der Lösung zu nahe kam?
»Sie sieht...«, begann Graham.
»Ich weiß«, schnitt ihm Roxton das Wort ab.
»Wollen Sie darüber reden?«
»Nein.«

Gefangen

Beide schwiegen, während die Zeit verstrich. Das einzige Geräusch, was nach einer Weile zu hören war, war das laute Knurren von Grahams Magen. Sie hatten den Raum gründlich durchsucht und nichts, gar nichts gefunden, was sich als irgendwie nützlich erwies; dafür hatte jemand gesorgt, der sich mit sowas auskannte. Roxtons Frustration war gestiegen. Graham hatte einmal vom Phänomen des Bunkerkollers gehört, weshalb es sogar Soldaten verboten war, in Bunkeranlagen Waffen zu tragen. Wenn Graham Roxton ansah, wurde ihm sofort der Sinn dieses Befehls klar. Leider hatte Roxton seine Waffen nicht abgelegt. Noch zeigte er keine Anzeichen, innerhalb der nächsten Minuten Amok zu laufen, aber das konnte sich mit einem Fingerschnippen ändern. Weshalb Graham es vermied, mit dem Finger zu schnippen.

Andererseits lief Roxton mittlerweile durch den Raum wie ein Tiger durch seinen Käfig. Es würde nur noch wenige Augenblicke dauern, bis er durchdrehte. Graham hatte sich gerade entschlossen, den Mund aufzumachen, als sie von draußen Lärm hörten: Schreie, Schüsse - und etwas Gewaltiges, was sich seinen Weg durch die Flure bahnte.
»Hinter den Tisch!« rief Roxton und sprang in Deckung. Was immer da draußen los war, es kam näher. Die Schreie draußen wurden lauter und die Worte verständlich.
»Lasst ihn nicht nach unten!«
»Schießt auf seine Beine!«
»Ich will das Ding tot sehen!«
»Stirb du...!« Der letzte Satz wurde von einem unangenehmen Knacken beendet. Offensichtlich war gerade einer gestorben, aber es war nicht... In dem Moment begriff Graham: Die Männer kämpften gegen einen einzelnen Angreifer! Und wer immer es

war, er musste gewaltig sein. Die Schreie klangen nach Schmerz, Angst und Rückzug und das Wummern des ankommenden Angriffs wurde immer lauter. Durch das Sichtfenster in der Tür waren Blitze abgefeuerter Schüsse zu sehen, manchmal vorbeifliegende Schützen. Vielleicht war der Gang keine Sackgasse, denn von denen kam keiner zurück.
»Es kommt«, rief Roxton und nickte Graham zu. Der Lord hatte sich hinter den Tisch gekauert, sein Gewehr auf die Tür gerichtet, als das, was auch immer durch den Flur walzte, direkt davor stand. Eine Sekunde später war die Tür nicht mehr da.

Graham und Roxton kniffen die Augen zusammen, um durch die Staubwolke zu erkennen, was da hereinkam.

Es war groß. Nein, es war riesig. So etwas hatte Graham noch nie gesehen. Ja, es hatte die Gestalt eines Menschen, aber eines Menschen, der weit über seine normale Größe hinaus verzerrt worden war. Graham hätte selbst ausgestreckt die Decke des Raumes gerade so mit den Händen erreichen können, aber dieses Monster musste den Kopf neigen, um hier drin zu stehen.
»Keine Bewegung!« brüllte Roxton. »Stehenbleiben oder ich schieße!« Das Ding war stehengeblieben, aber als Roxton das brüllte, kam es in Bewegung. Seine stechenden Augen fanden Roxton und der monströse Körper schob sich auf ihre Deckung zu. Und da fiel Graham auf, dass das keine leichte Sache war. Die Arme, die Beine, selbst die Hände und Finger – jedes einzelne Glied schien eine andere Größe zu haben. Als hätte jemand diesen Körper aus Teilen dutzender anderer zusammengepuzzelt. Und das Gesicht sah nicht besser aus. All das registrierte Graham in Sekundenbruchteilen.
»Nein!« sagte das Monster und machte einen Schritt in den Raum hinein. Doch sein Blick war nicht mehr auf Roxton gerichtet, sondern auf die Frau auf dem Tisch. »Nein!«, brüllte es, als es wirklich erkannte, was da vor ihm lag.
»Noch ein Schritt und ich drücke ab!« brüllte Roxton, als hinter dem Monster eine wesentlich kleinere Gestalt hervorsprang und sich vor das Gewehr stellte.

»Nicht schießen!«
»Miranda?« rief Graham.
»Lilly?« rief Roxton.

Grahams Fehler war verständlich: Es waren Mirandas Kleider, die Lilly trug. Auf den zweiten Blick war das offensichtlich, wenn auch in dem Moment vollkommen nebensächlich.
»Aus dem Weg!« brüllte Roxton und legte an. Im gleichen Moment schlug Lilly den Lauf von Roxtons Gewehr zur Seite.
»Nicht schießen!« schrie Lilly. Graham sah auf das Ding hinter ihr. Und er musste feststellen: Ja, es war groß. Ja, es sah gruselig aus. Ja, es schien in der Lage zu sein, einen Mann mit bloßen Händen in zwei Teile zu zerreißen. Aber nein: es sah nicht so aus, als würde es das in näherer Zukunft planen. Stattdessen beugte es sich über die Leiche und berührte deren Gesicht mit einer nahezu zärtlichen Geste.
»Nicht schießen!« wiederholte Lilly. Und etwas ruhiger, nachdem klar war, dass Roxton tatsächlich auf sie hörte, »Sie können doch nicht einfach alles erschießen, was sich bewegt!«
»Sie glauben nicht, wie oft ich schon versucht habe, ihm das zu erklären«, warf Graham ein.
»Aber das ist ein Monster!« sagte Roxton und zeigte auf den Riesen. Das Licht war wirklich schlecht hier drinnen, aber es sah aus, als würde der weinen.
»Sie sind eins!« fauchte Lilly Roxton an.
»Ich wollte das nicht«, schluchzte das Monster. »Es tut mir leid.«
Roxton sah den Riesen verständnislos an. Es dauerte einige Augenblicke, bis er sich wieder gesammelt hatte.
»Was hat das zu bedeuten? Und wie kommst du hier her?« In Lillys Augen blitzte etwas auf. Wahrscheinlich war Roxton bei seiner Tochter noch nie mit dem Phänomen namens Pubertät konfrontiert worden, aber Graham erkannte den Blick eines rebellischen Teenagers. Allerdings hatte Roxton einen wichtigen Punkt angesprochen. Wenn er Lilly zu Miranda gebracht hatte, dann befand sie sich gleichzeitig in der Obhut von Mrs. Tingles. Und wenn sie es geschafft hatte, der resoluten Köchin zu entkommen, dann wollte er wissen wie.

»Wie ich hierherkomme ist unwichtig.« Aha! Also hatte sie Miranda und Mrs. Tingles ausgetrickst und befürchtete nun Ärger[64]. »Es ist nur wichtig, dass ich hier bin. Und wenn Sie bis jetzt nicht herausgefunden haben, was hier los ist, Lord Roxton, dann sind Sie nicht so clever, wie Sie immer tun.« Das war eine volle Breitseite. Und irgendwie fühlte sich Graham verpflichtet, die Ehrenrettung zu übernehmen. Er wandte sich an den Riesen.

»Sie sind Frankensteins Kreatur«, stellte er fest. Das Wesen schüttelte den Kopf.

»Sohn«, sagte es langsam, so als würde das Konzept der Sprache ihm Schwierigkeiten bereiten. Graham sah sich den Riesen genauer an. Akromegalie tauchte in seinen Gedanken auf. Ein gutartiger Tumor an der Hypophyse, durch den die Drüse ein Übermaß an Wachstumshormonen ausgeschüttete. Dadurch wurde der Körper riesig und das Gehirn winzig. Für den ehrgeizigen Doktor musste so ein Sohn eine Strafe sein. Und was hatte der Doktor mit so einem Kind angefangen? In jedem Horrorfilm hatte Frankensteins Monster eine Metallstange im Hals. Dieses hier hatte eine Metallfessel um den Hals, an der noch zwei oder drei Glieder einer eisernen Kette hingen. Das Monster in dieser Geschichte war ein anderer.

»Er hat Ihnen nie einen Namen gegeben, oder?«

»Er heißt Robert«, sagte Lilly. »Wie mein kleiner Bruder.«

»Seit wann?« fragte Graham.

»Seit ich ihn getroffen habe.« Unwillkürlich hatte Lilly sich neben den Riesen gestellt. Von dort aus konnte sie ihm den Arm tröstend um die Schulter legen und dennoch Roxton das Gewehr aus der Hand schlagen, sollte der auf dumme Ideen kommen. Obwohl es im Augenblick nicht danach aussah.

»Ich wollte das nicht«, schniefte Robert, der Riese. Da war etwas in seinem Blick, was nach Scham und Schuld aussah. Aber nicht nach Gefahr oder Bosheit.

»Was bedeutet das alles?« wollte Roxton wissen. Graham überlegte. Unzählige Verfilmungen hatten die originale Geschichte überlagert, sodass sich Graham kaum noch an das

---

64 Zu recht.

Buch erinnern konnte. Es dauerte eine Weile, bevor ihm die groben Züge wieder einfielen.

»Eine Frau. Sie wollten, dass Frankenstein eine Frau für Sie erschafft.« Zögerlich nickte der Riese... Robert. Dann schüttelte er den Kopf.

»Findet. Braut finden. Ohne Angst vor mir.« Wenn man nur nach Äußerlichkeiten urteilte, dann war das auch vollkommen verständlich; selbst in dem schlechten Licht des Labors war Robert eine furchterregende Erscheinung, bei Tageslicht mochte sich dieser Eindruck noch verstärken.

»Aber Frankenstein wollte seinen Triumph vollkommen machen und eine perfekte Frau erschaffen.«

»Hat gelacht. Gesagt, zu hässlich. Alle haben Angst. Muss selbst eine bauen.«

»Soll das heißen, er hat die Frauen umgebracht, um ihre Körperteile zu bekommen?« fragte Roxton.

»Nicht ganz. Er hat sich an den Professor gewandt, und der hat ihm die Teile beschafft. Und gleichzeitig Opfer ausgewählt, die Roxtons Frau und Tochter ähnlich sahen. Ich nehme an, das war irgendein kranker Rachefeldzug«, erklärte Graham.

»Und der Velociraptor?«

»Die perfekte Waffe. Wird er gefangen, ist es nur ein Biest. Und keine Verbindung zurück zum Doktor oder zum Professor.«

»Und er?« Roxton wies mit dem Kinn in Richtung des Riesen.

»Robert hat davon nichts gewusst!« antwortete Lilly.

»Wollte das nicht!« grummelte der. »Doktor hat gesagt, Frauen krank. Nimmt nur gesunde Teile. Ich wollte doch nur nicht mehr allein sein.«

»Das bist du nicht mehr«, sagte Lilly zu ihm und das mit einer Zärtlichkeit in der Stimme, die Graham überraschte. »Das bist du nicht mehr.« Frankensteins Monster lächelte. Es war ein grauenhafter Anblick.

»Wir müssen uns um den Velociraptor kümmern« sagte Roxton nach einigen Augenblicken. »Sonst wird ihn diese Bande weiter als Waffe benutzen.«

»Wieso wir?« fragte Graham. »Es ist Challengers Haustier. Sein

Saurier, sein Problem.«
»Mit dem er großartig fertig geworden ist. Ich dachte eher an eine endgültige Lösung.« Roxton winkte mit seiner Elefantenbüchse. Das Winken erlahmte, als Robert sich vor ihm aufbaute.
»Nicht totmachen!« Die zwei Worte und eine Körpersprache, die demjenigen eine extrem schmerzhafte Zukunft prophezeite, der damit nicht einverstanden war, überzeugten Roxton. Ein neuer Plan musste her.
»Sie suchen nicht zufällig ein Haustier? Gegen die Einsamkeit?«
Die Antwort kam schnell. Und aus einer unerwarteten Richtung[65].
»Robert ist nicht einsam!« fauchte Lilly. »Er hat mich! Ich bleibe bei Robert und kümmere mich um ihn!«
»Ja?« So ungläubig, wie das klang, war Robert in diesen Teil der Zukunftsplanung nicht einbezogen worden.
»Ja. Ich bleibe bei dir.« Und egal wie missgestaltet Roberts Gesicht sein mochte, das Lächeln, das es jetzt erhellte, erreichte sogar Grahams Herz.
»Wie auch immer«, vernichtete Roxton jegliche aufkommende Romantikstimmung im Keim. »Wir müssen hier raus und ich befürchte, das wird kein leichter Kampf. Habt ihr gesehen, wie viele Leute sich hier im Versteck aufhalten?«
»Keiner«, sagte Lilly. »Sie sind alle weg. Robert hat sie vertrieben.«
Roxton und Graham sahen sich an. Graham lauschte nach draußen.
»Sie hat recht. Kein Mensch zu hören. Irgendwas stinkt hier.«
»Wer weiß, welche Teufelei M plant.«
»Nein, ich meine es wörtlich. Irgendwas stinkt hier draußen!«
Roxton steckte seine Nase aus der Tür.
»Brennendes Schießpulver!« Augenblicklich hatte Graham ein Bild vor Augen: funkensprühende Spur, dunkle Gänge und am Ziel: eine Pyramide aus Pulverfässern! Wenn die Flamme dort ankam, wollte Graham nicht in der Nähe sein.
»Raus hier!« rief Graham. Roxton reagierte sofort. Lilly zerrte

65 Unerwartet für Roxton. Graham, der mehr Zeit in weiblicher Gesellschaft verbringen durfte, hatte bereits etwas in der Richtung geahnt.

Robert an der Hand. Das Gehirn des Riesen war noch nicht auf dem Stand der neuesten Ereignisse.
»Schnell, komm raus hier, Robert«, rief sie.
»Wo ist das Tier?« fragte der.
»Zweite Tür links«, rief Roxton über die Schulter. Es war kein Kunststück, dass der Lord das Schießpulver gerochen hatte. Scharfer, beißender Rauch füllte die Gänge. Wahrscheinlich hatte M seinen Handlangern das Ausstreuen und Anzünden des Schießpulvers überlassen und war selbst schon geflüchtet. Und vielleicht wollte er nicht nur seine Gegner, sondern auch Mitwisser entsorgen.
Graham hielt nicht an. Wenn ein Irrer die Brücke in die Luft sprengen wollte, wollte er selbst nicht dabei sein. Wenn dabei ein blutrünstiger Saurier ebenfalls draufging, nannte man das Win-Win-Situation. Lilly sah das anders.
»Robert, diese Tür!« Die Geräusche hinter Graham deuteten darauf hin, dass Robert das Konzept der Türklinke nicht verstanden hatte; allerdings ließ er sich auch vom Konzept des Schlosses nicht aufhalten. So wie es klang, knallte die Tür mit voller Wucht gegen die gegenüberliegende Wand. Ein animalischer Schrei war die Antwort. Entweder hatte es den Velociraptor erwischt oder das Tier hatte sich erschreckt. Graham nahm sich nicht die Zeit, die Ursache herauszufinden. »Nimm es mit!« befahl Lilly. Für die kurze Zeit, die sie den Riesen kannte, hatte sie ihn schon ordentlich unter Kontrolle. Leichte Erschütterungen des Bodens zeigten an, dass Robert aber jetzt auch die Flucht ergriff.
»Hierlang!« brüllte Roxton irgendwo vor ihm. Der dichte Rauch machte es unmöglich, ihn zu sehen. Oder zu atmen. Graham ließ sich nach vorn in eine Art kurzen Liegestütz fallen, saugte seine Lunge voll mit Luft und rannte weiter. Von unten aus hatte er nach hinten geschaut und einen einmaligen Anblick gesehen: Frankensteins Sohn hatte unter den einen Arm den Velociraptor geklemmt, unter den anderen Lilly und rannte den Gang hinunter. Robert schien der Rauch nichts auszumachen und Graham hatte sich beeilt, wieder auf die Beine zu kommen, bevor

er als kleiner, schmieriger Fleck unter dessen Füßen endete.

Ein paar Yards vor ihm mündete der Gang in einen weiteren Flur. Links oder rechts? Graham konnte sich nicht erinnern.
»Kommt schon!« hörte er Roxtons Stimme. Es klang nach links, aber Graham war sich nicht sicher. Dann knallten Schüsse. Definitiv von links. Da lang?
»Die Tür ist offen!« brüllte Roxton und ein kleiner Luftzug machte das Atmen leichter. Und brachte den Flammen hinter ihnen frischen Sauerstoff.

Die Hitze versengte die Haare an Grahams Nacken. Hätte Roberts Körper nicht das Schlimmste abgeschirmt, wäre noch wesentlich mehr versengt worden. Mit langen, kräftigen Schritten stürmte der Riese an Graham vorbei. Der Velociraptor unter seinem Arm versuchte sich freizukämpfen, aber Lilly hing schlaff unter seinem anderen Arm. Sie waren so kurz davor diese Sache zu Ende zu bringen – das Mädchen durfte jetzt nicht schlapp machen! Graham keuchte, als er die letzten Kraft- und Sauerstoffreserven seines Körpers mobilisierte und so schnell rannte, wie noch nie in seinem Leben. Und schneller, als Major Pembrose, der pensionierte Armeeausbilder, der in seiner Schule den Sportunterricht übernommen hatte, es Graham jemals zugetraut hätte. *Bewegungsleghasteniker*, schoss es Graham durch den Kopf. *Von wegen!* Alles eine Frage der Motivation. Er war nur noch zwei Schritte von der Tür entfernt, als hinter ihm alles in die Luft flog.

Eine Explosion in einem massiv gemauerten Gang hatte auf eine Person in besagtem massiv gemauerten Gang die gleiche Wirkung wie eine Explosion in einem Kanonenrohr auf eine Kanonenkugel. Graham fühlte, wie die physikalischen Kräfte nach ihm griffen und ihn nach draußen schleuderten. Dass er das auf einer perfekt ballistischen Kurve tat, bekam er gar nicht mit: Die Welt, wie er sie sah, drehte sich atemberaubend schnell. Noch schneller drehten sich seine Gedanken nur um einen Wunsch: Hoffentlich falle ich ins Wasser[66]. Das letzte, was Graham sah, bevor er die Augen zukniff und auf das Beste hoffte, war das Brückengeländer.

Der Aufprall war hart. Härter als Wasser - obwohl der Aufprall aus knapp dreißig Yard Höhe auch nicht zu den angenehmsten Erfahrungen zählen dürfte - aber nicht so hart wie Stein.

Das war die gute Nachricht.

Die schlechte lautete: Das, worauf Graham gelandet war, war der Velociraptor.

Das Biest brüllte auf vor Schmerz und fegte Graham mit seinem Schwanz von den Beinen. Dann schaltete es auf Angriff. Die lange Zeit in der engen Zelle, ungefüttert und hungrig, hatten seine ohnehin schon negative Grundeinstellung zu Menschen nicht gerade verbessert. Graham sah die Mordlust in den Augen des Biestes und fühlte etwas Hartes in seinem Rücken: Die Blitzpistole, die im Innenfutter seines Mantels steckte.

Der Rest war Panik und Instinkt. Graham griff nach der Waffe, zerrte sie aus der Tasche, drückte mit dem Daumen den Sicherungshebel auf Maximum und richtete den Lauf in Richtung seines Angreifers. Der Saurier setzte zum Sprung an. Graham sah die ausgeklappte Kralle, die diese Tiere in ihre Opfer rammten, und drückte ab.

Die Waffe in seiner Hand vibrierte, Funken zuckten durch die Leidener Flasche und ein hohes Singen wie das eines gigantischen Moskitos löschte jedes andere Geräusch aus. Was sich wie Stunden anfühlte, waren Sekundenbruchteile, dann zuckte der Blitz aus dem Lauf und fand sein Ziel. Jacks Kopf verschwand in einem roten Nebel und der Rest der Welt in einem gleißend hellen Licht. Der übrige Körper des Reptils flog, vom eigenen

66 Würde sich dieser Wunsch erfüllen, würde automatisch der zweite Wunsch ins Bewusstsein gerückt werden: Hoffentlich trinke ich nicht versehentlich einen Schluck. Den Sturz von der Brücke in die Themse mochte man überleben, einen Schluck des Wassers dagegen ganz sicher nicht.

Schwung getragen, über das Brückengeländer. Eine Sekunde später platschte es im Wasser. Einmal. Kein zweites Mal. Das Biest war tot.

Graham starrte auf die Pistole in seiner Hand. Er hatte die Waffe in den letzten Tagen fast immer dabei gehabt, ohne zu ahnen, dass es sich dabei mehr oder weniger um das geeignete Werkzeug handelte, einen Todesstern vom Himmel zu holen. Allein der Gedanke, was alles hätte passieren können, jagte Graham kalte Schauer über den Rücken. Irgendwann später war definitiv ein Gespräch mit Miranda fällig. Sicherheitshalber zu einem Zeitpunkt, an dem sie nicht an einer Waffe arbeitete. Er stemmte sich auf, humpelte zum Geländer und schaute nach unten. Nichts. Absolut nichts. Die Dunkelheit verschluckte alles jenseits von zehn Yard. Aber das Biest war tot, oder? So ohne Kopf gab es nicht mehr viele Optionen, richtig? Jemand trat neben ihn.

»Beeindruckend«, sagte Roxton nach einer Weile. »Ich kenne nicht viele Männer, die in so einer Situation die Nerven behalten hätten.« So konnte man es auch sehen. Er drehte sich um und sah Frankensteins Sohn unter dem Licht einer Gaslaterne hocken. Lilly war bei ihm, den Arm um dessen Schulter gelegt. Es sah aus, als würde sie ihn trösten. »Woran denken Sie gerade?« Roxton musste etwas in Grahams Miene gesehen haben, doch Graham brauchte eine Weile, bevor er die richtigen Worte fand.

»Ich habe das alles gewusst. Den Namen, die Daten, die Orte. Und trotzdem sind die Frauen gestorben.«

»Nicht alle. Lilly hat überlebt.«

»Aber fünf sind gestorben!«

»In den Nächten, die vor Ihnen liegen, denken Sie immer an die eine, die überlebt hat.« Graham sah, dass der Lord genau wusste, wovon er sprach. Roxton hatte sich den Tod seiner Familie wahrscheinlich seit Jahren selbst vorgeworfen.

»Und was ist mit M? Kommt er einfach so davon?«

»Nein, tut er nicht. Ich bin ihm näher gekommen, als jemals zuvor. Dank Ihrer Hilfe. Und ich werde nicht ruhen, bevor ich ihn zur Strecke gebracht habe! Ich möchte Sie nur um eins bitten. Ein Gentlemens Agreement: Sagen Sie Lady Hastings kein Wort

von Ihrem Verdacht gegen ihren alten Mentor.«
»Aber...«
»Es würde sie in Gefahr bringen. M ist verschlagen und genial. Und er ist erbarmungslos. Falls Horatio und Moriarty ein und dieselbe Person sind, dann wird er das Wissen um seine Identität als Bedrohung wahrnehmen. Und wenn er auch nur den geringsten Verdacht gegen Lady Hastings hegt, wird er sie töten. Der Mann hat keine Gefühle und keine Skrupel, das garantiere ich Ihnen. Sie haben gesehen, wie die Opfer ausgewählt wurden.«
Graham nickte. M war ein abgrundtief böses Genie. Er wollte seine Gegner nicht nur besiegen, sondern zerstören. Egal wie Roxton sich gab, dass die Toten Ähnlichkeit mit seiner Frau und seiner Tochter hatten, traf ihn mehr als er zugeben wollte. »Wenn Sie falsch liegen, würden Sie nur unnötig Zwietracht sähen.«
Roxton machte eine Pause, dann hielt er Graham die Hand hin.
»Haben wir eine Vereinbarung?« Graham nickte. Allem, was Miranda mehr Sicherheit bot, würde er jederzeit zustimmen. Er schlug ein. »Und nun sollten wir nach diesen beiden sehen.«
»Ist Lilly wirklich sicher?« fragte Graham. Das war ein Gedanke, der ihn schon seit einer Weile beschäftigte: In seiner Zeitlinie war Lilly Honeycomb das letzte Opfer des Rippers gewesen, aber in allen Science Fiction Romanen, die er gelesen hatte, neigte die Geschichte dazu, sich nicht ohne Gegenwehr verändern zu lassen. War es hier genauso? Hatten sie Lilly nur ein wenig Zeit verschafft und nicht mehr?
»Wer kann das sagen?« beantwortete Roxton die nicht gestellte Frage. »Aber wie es aussieht, hat sie einen starken Beschützer gefunden.«

Und so sah es tatsächlich aus. Lilly saß neben dem Monster, welches trotz seiner Größe und Mißgestalt im Augenblick wie ein hilfloses Kind aussah. Als Roxton und Graham näher kamen, hob es sein Gesicht. Seine Wangen glänzten vor Tränen.
»Ich wollte das nicht«, sagte der Riese wieder.
»Das wissen wir.«
»Ich wollte nur nicht mehr allein sein.«
»Das wissen wir auch.«

»Und du wirst nicht mehr allein sein«, sagte Lilly. »Ich bleibe von jetzt an für immer bei dir.«
»Wirklich?« Die Hoffnung auf Roberts Gesicht rührte Graham. Das war ein Wesen, das sein Leben lang nichts als Hass, Spott und Verachtung erfahren hatte. Und nun war da jemand, der seine Nähe suchte. Am Ende hatten sich zwei verletzte Seelen gefunden. Vielleicht konnten sie sich gegenseitig heilen.
»Trotzdem seid ihr hier nicht sicher. Die Peeler werden bald kommen und die Öffentlichkeit dürstet nach Blut.« Lilly zog Robert am Ärmel.
»Komm Robert, steh auf. Ich finde einen Ort, an dem wir uns verstecken können.«
»Wie wäre es mit Südamerika?« fragte Roxton. »Bei den Docks liegt ein Handelsfrachter, der morgen früh ausläuft. Der Kapitän schuldet mir einen Gefallen und er ist sehr diskret.«
»Südamerika?« Lilly grinste. »Dort soll das ganze Jahr über das Essen auf den Bäumen wachsen.«
»Darf ich mitkommen?« fragte Robert. Lilly lächelte ihn an.
»Natürlich, mein Kleiner.« Sie nahm seine Hand und streichelte mit der anderen über seine Schulter. Es war ein surreal romantischer Anblick. Graham dachte an Liebe auf den ersten Blick und war sich sicher, dass diese Beiden keine Macht der Welt auseinander bringen würde. Nicht einmal die Zeit.
»Pass gut auf sie auf«, sagte er.
»Das werde ich«, antwortete Robert.

Ein neues Leben

Roxton hatte sich mit Lilly und Robert zusammen auf den Weg zu den Docks gemacht. Dort würde das ungleiche Paar den Weg in ein neues Leben beginnen. Hoffentlich - oder wenn man bedachte, wo sie herkamen, dann ganz sicher - ein besseres Leben. Graham lief allein zum Inn, ohne Angst vor einem Überfall oder ähnlichem. Warum auch? Den Ripper gab es nicht mehr; weder den menschlichen noch den Reptiloiden. Und außerdem war sich Graham sicher, dass sich die Blitzpistole wieder aufgeladen hatte. Nicht, das er die gegen einen Menschen abfeuern würde - es war sogar fraglich, ob er sie überhaupt jemals wieder abfeuern würde - aber es reichte zur Abschreckung, um eventuelle Gegner in die Flucht zu schlagen.

Auf der anderen Seite hätte er einen Überfall im Moment nicht mitbekommen. Seine Gedanken kehrten immer wieder zu Lilly und Robert zurück. Auch wenn er sie nur weniger als eine Stunde zusammen gesehen hatte, war er sich doch sicher, dass das, was die beiden hatten, echte Liebe war. Eine, die Höhen und Tiefen überdauert. Bei der beide sofort wussten, dass es für immer ist. Und die einzige Frage, die das in ihm aufwarf, war die, warum das zwischen ihm und Miranda nicht genauso lief. Und die einzige Antwort, die ihm sein Verstand präsentierte, lautete: *Weil du ein Feigling bist.*

Miranda war die fantastischste Frau, die Graham in seinem Leben kennengelernt hatte[67]. Er genoss jeden Tag mit ihr und freute sich jeden Abend, sie am nächsten Morgen wiederzusehen. Warum hatte er dann Panik bekommen, als Miranda ihm klarmachte:

67 Man sollte die Tatsache außer Acht lassen, dass sie im Grunde genommen die einzige Frau war, die er in seinem Leben kennengelernt hatte; Mama ausgenommen.

Ganz oder gar nicht? Inklusive Ehegelübde?

Eben, weil er ein Feigling war. Weil er Angst davor hatte, dass es irgendwann auseinander bricht. Und aus Angst vor diesem Tag hatte er einen Rückzieher gemacht. Weder Lilly noch Robert hatten diese Angst gehabt. Das war auch verständlich, denn bisher hatten sie ein Leben geführt, bei dem man sich keine Gedanken um den morgigen Tag machte, denn man war zu sehr damit beschäftigt, den heutigen Tag zu überleben. Was manchmal ein Vorteil sein konnte.

Graham schnüffelte an seinem Hemd. Es stank nach Iltis, außerdem hatte er den größten Teil des Velociraptor-Blutes in seinem Gesicht und seine Hände waren dreckig vom Schlamm der Straße. Manchmal mochten zu viele Gedanken schlecht sein, zu wenige aber auch. Und wenn man bereit war, ein Risiko einzugehen, so konnte es nicht schaden, es zu minimieren. Er würde sich im Inn waschen, saubere Sachen anziehen und vielleicht ein wenig schlafen. Und dann würde er zu Miranda fahren und ein Risiko eingehen.

– ENDE –

Danksagung

Vielen Dank für das Lesen dieser Geschichte. Ich hoffe, es hat dir genausoviel Spaß gemacht, wie mir das Schreiben. Und an dieser Stelle möchte ich mich ganz herzlich bei meinen Testlesern bedanken, die mir geholfen haben, das ursprüngliche Buch noch viel besser zu machen:

Philipp Kronbichler, der mir einen kleinen gedanklichen Schubs in die richtige Richtung gab und der dafür jetzt als Einziger schon die wahre Identität Moriartys kennt. Alle anderen müssen bis zum nächsten Buch warten.

Das Dreigestirn Gudrun Lenze, Christian Erhardt und Jürgen Tantau, die mit ihren Anmerkungen noch etwas mehr Steam in die Geschichte gebracht haben. Und eine Leidener Flasche.

Wolfgang Wirth, dessen Anmerkung alle Neuleser jetzt ein verständliches Vorwort zu verdanken haben.

Susanne Santo, Arne Soentgerath, Andreas Förster, Doris Aschenbrenner und Klaus Winter, die mir durch Lob und moralische Unterstützung über die postscriptorische Depression hinweg geholfen haben. Danke!

Gratis eBook

Für wen schreibe ich eigentlich?

Sind meine Leser so wie ich - mittelalt, MINT-affin und nerdig? Oder ziehe ich Gegensätze an?

Ich bin neugierig darauf, vor allem, um mich in meinen zukünftigen Büchern besser darauf einstellen zu können, z.B. wird die Anzahl der Nerd-Witze im direkten Verhältnis zu den MINTlern unter meine Lesern stehen.

Wenn dir dieses Buch gefallen hat und du gern mehr davon lesen möchtest, dann hilfst du mir wirklich, wenn du die kurze Leserbefragung ausfüllst. Vielen Dank dafür!

Hier geht es zum Formular:

https://forms.gle/CKL51WktZxb7Ajwk7

Wer an der Befragung teilnimmt, bekommt als Dankeschön von mir die vollkommen unromantische, aber möglicherweise lustige Geschichte *Die mechanische Braut* zugeschickt.

Hinweis: Der Link führt zu einem Google-Formular. Die zugehörige Datenschutzerklärung ist auf der Seite verlinkt.